国家示范性高职院校重点建设教材

金融专业群核心课程教材

金融职业道德概论

JINRONG ZHIYE DAODE GAILUN

主　编　王　琦
副主编　赵宏秋

中国金融出版社

责任编辑：彭元勋　葛莲芳
责任校对：李俊英
责任印制：丁淮宾

图书在版编目（CIP）数据

金融职业道德概论（Jinrong Zhiye Daode Gailun）/王琦主编．—北京：中国金融出版社，2008.9
（国家示范性高职院校重点建设教材）
ISBN 978－7－5049－4716－1

Ⅰ．金…　Ⅱ．王…　Ⅲ．金融—工作—职业道德—高等学校：技术学校—教材　Ⅳ．F830.2

中国版本图书馆 CIP 数据核字（2008）第 096864 号

出版发行　中国金融出版社
社址　北京市丰台区益泽路 2 号
市场开发部　(010)63266347，63805472，63439533（传真）
网上书店　http：//www.chinafph.com
(010)63286832，63365686（传真）
读者服务部　(010)66070833，62568380
邮编　100071
经销　新华书店
印刷　北京华正印刷有限公司
尺寸　170 毫米×228 毫米
印张　15.75
字数　242 千
版次　2008 年 9 月第 1 版
印次　2011 年 7 月第 2 次印刷
印数　5001—10000
定价　25.00 元
ISBN 978－7－5049－4716－1/F.4276

前 言

在人们的向往和追求中，始终存怀着对某种理想人格和理想社会中的道德关系的追求，这就是道德理想。孔子赞许和景仰的道德理想人格为“君子”“仁人”。儒家思想主张个人修养以“爱人”为宗旨，通过主体自觉达到仁智勇信、温良俭让、重义轻利、勤勉有为和己所不欲、勿施于人的崇高境界；依循“为政以德”“修身齐家治国平天下”的政治路径，谋求“大道流行”“天下为公”的理想社会。此外，亦有道家关于“真人”和“无为而治”的道德理想，墨家关于“兼爱”“非攻”“尚贤”的道德理想，等等，都以修身、慎独、克己的“德性”文化，教诲人们使其品格道德趋于完善。道德理想总是引导、激励着人们的道德实践，成为人们自觉遵循道德规范的内在动力。孔子曾说：“苟志于仁矣，无恶也。”（《论语·里仁》）要求“志士仁人”要作出榜样，“无求生以害仁，有杀身以成仁”。（《论语·卫灵公》）这种道德理想使后世涌现出无数志士仁人。民族英雄文天祥说：“孔曰成仁，孟曰取义。惟其义尽，所以仁至。读圣贤书，所学何事。而今而后，庶几无愧。”（朱轼《历代名臣传·文天祥》）道德理想渗透于中华民族的社会生活之中，成为中国传统道德文化的重要组成部分。

任何一个时代、任何一个社会都离不开伦理道德，都要有自己所提倡的道德理想人格，用以引导、激励人们成为道德高尚的人。新中国成立后，以全心全意为人民服务为核心内容的社会主义道德理想在我国社会发挥着重要作用。改革开放以来，又逐渐形成了与市场经济相适应的某些新的道德价值观念，个人的正当利益、要求及个人的价值日益受到社会的尊重和社会道德舆论的支持。然而，在以追求利益为目标的市场经济的冲击下，出现了唯利是图、见利忘义、钱权交易的现象，一些社会成员的个人主义、拜金主义和享乐主义思想日益膨胀，社会主义的道德理想受到冷落和嘲讽。当前，有相当一部分人仍然处于道德理想的缺失状态。这与我们长期未能认清和摆正道德理想在社会道德价值体系中的地位直接相关。在当前市场经济条件下，需要继续大力倡导全心全意为人民服务的道德理想，建构适应中国特色社会主义建设需要的道德理想人格，在全社会形成一种正确而强有力的道德价值导向。

道德理想能否实现，首先取决于人的道德行为选择。道德选择是道德行为的开端，也是道德行为的指南。有什么样的道德选择，就会有什么样的道德行为。人们对道德理想的追求，要在实现道德理想的各种可能性中进行选择。面对各种道德思想体系和道德规范，人们的选择意识和选择能力至关重要。当今社会是一个大变革的社会，是一个信息涌动、多元价值并存的社会，各种不同的道德思想体系、道德规范或道德准则同时展现在人们的生产、生活和休闲娱乐中。何去何从？人们必须慎重对待，在理与情、义与利、知与行、行与止、坚定与动摇等诸多道德冲突中认真选择，使道德理想与道德行为结合起来，努力提高道德主体的选择能力，这是道德个体解决自身道德发展矛盾、实现道德超越的有效途径。

现实生活中，很多人的道德行为并没有体现或者符合社会所倡导的道德理想。虽然如此，只要他的行为没有背离或违反该社会最基本的道德规范，它在道德价值属性上既谈不上善，也不至于恶，它们因其符合一般的道德规范而属于“正当的”“可接受的”或“能认可的”。道德理想与道德规范是社会道德价值体系的两个基本层次，其中，道德理想是激励性的，其功能主要在于通过少数先进分子的示范作用来提升整个社会的道德水平；而道德规范则是禁止性的，其功能主要在于通过社会舆论的劝导作用来维持社会道德生活的常规水平。如果没有道德理想，社会道德生活的进步就会失去精神动力，人们的社会行为至多也就只能维持在道德底线水平；而如果没有具体的道德规范，则不仅会使社会的道德理想流于空泛，而且还会使整个社会的道德生活陷入极度混乱的状态。毋庸置疑的是，为实现道德理想而孜孜以求的人，必然会认真选择自己的道德行为，必然会自觉遵守社会的道德规范。在当前市场经济条件下，要重视包括经济生活、政治生活和文化生活等领域的社会公共生活道德规范的制定和完善。其中，关于社会经济生活领域的道德规范，要大力倡导诚实守信、公平竞争、等价交换，这主要是为了协调市场经济条件下人们之间的利益关系，防范唯利是图、见利忘义的市场行为。

人性有善恶两重倾向性，未经社会关系熏陶的人性犹如一块白板，无所谓善恶；引导它们成为现实的是后天的道德实践。如墨子所说："染于苍则苍，染于黄则黄。"（《墨子·所染》）道德实践是人在某种道德理想的指引下，或者是在遵循基本道德规范的基础上，依据自己的行为选择而进行的、有目的的行为活动，它用是非善恶等道德观念和准则评价。人们通过道德实践获得道德认知，坚定道德意志，然后再回到实践中去，将道德认知变为实际的道德行为，并坚持下去，形成稳定一贯的道德品质，再反作用于实践。道德实践是人的道德品质形成的基础和源泉，也是道德品质修养、提高的动力。只有道德实践，才最终使有道德理想的人成为一个真正有道德的高尚的人。

社会生活的任何一个方面、任何一个领域、任何一个个人，其道德修养水平，都直接或者间接地影响着他人的生存状态和生活质量。所有公民都是道德活动的参与者。本书在关注金融伦理与金融职业道德的同时，从更广泛的意义上阐述道德问题。这即是出于一种简单而实际的认识：哪怕是局限于金融领域，道德问题仍然不仅仅是金融从业人员的问题。我们本真地希望生活在具有理想道德人格的人群之中，希望生活在"大道流行"的理想社会之中。作为金融从业人员，或者是财经类高职院校所培养的金融人才，必须怀有崇高的职业道德理想，在复杂的金融工作实践中，有正确的行为选择能力，以坚定的信念践行基本的职业道德规范，坚守职业道德节操；作为须臾不能离开社会经济金融活动的每一个社会公民，同样必须怀有崇高的道德理想，对道德理想人格怀有深切的期待和热切的赞许。孔子曾称赞颜回说，"贤哉，回也！一箪食，一瓢饮，在陋巷，人不堪其忧，回也不改其乐。贤哉，回也！"（《论语·雍也》）诩颜回为"仁人"，赞其"用之则行，舍之则藏"，无论进退都能保持良好的心态，时时处处注意用道德规范约束自己的思想和行为，不因穷困而改变自己积极向上的生活乐趣。孔子曰："见贤思齐焉，见不贤而内自省也。"理想人格通过如颜回等理想人物的高尚道德品质体现出来，这种榜样、楷模的作用反过来将影响更多的社会成员，从而使这种理想人格为更多的人所接受和追求。可以说，社会对道德的期望有多高，行业从业人员的道德境界就会有多高，行业在制定和完善道德规范方面的建设力度就会有多大。

本书可作为财经类高职高专院校培养金融人才的金融职业道德教育教材，可作为金融行业加强金融职业道德建设、提高金融行业从业人员职业道德素质的参考资料，也可作为个人学习道德知识、提高道德修养的参考读本。社会发展的关键在于人。冀望通过阅读和学习本书，能够促进整个金融行业从业人员职业品质的提升，促进行业活动参与者在道德行为方面彼此协调，互动互进；冀望借助于本书的道德宣传作用，把各类道德规范的“他律”转化为人们心中的“自律”，把道德理想内化为人们的自觉追求，在全社会普遍形成一种人心向善的道德风尚。

作　者

2008 年 7 月

目 录

第一章
导　论
DAO　LUN

【学习目的与要求】

通过本章学习，了解道德和职业道德的基础知识，从总体上把握道德与职业道德、金融伦理与职业道德的内在联系，明确金融职业道德的内涵、特征和基本原则，认识金融职业道德建设的现实意义和社会主义金融职业道德素质的养成路径。

道德是一种十分复杂的社会现象，渗透在社会生活的各个方面，对社会生活起着巨大的能动作用。金融从业人员要继承和弘扬优良道德传统，加强职业道德修养，全面把握金融职业道德建设的核心、原则，做一个知荣辱、讲道德、牢固树立社会主义荣辱观的人。

第一节 金融伦理和职业道德

一、道德和职业道德

（一）道德

在中国古文字中，“道”和“德”两字，本来是分开使用的。“道”的原意是道路，表示行人之路，后来逐渐引申为支配自然和人类社会生活的法度、准则及运行规律。“德”字原意为正道而行，也有心中有所得到的意思。将道德两个字连起来可能最早始于《史记·夏本纪》，其中记载一个叫皋陶的人说：“信其道德，谋明辅和。”在西方，“道德”一词源于拉丁文 Moralis，这个词的复数 Mores 指风俗习惯，单数指个人性格、品性等。

综合国内外对道德的研究，可以认为，道德属于上层建筑的范畴，是一种特殊的社会意识形态，它通过社会舆论、传统习俗和人们的内心信念来维系，是对人们的行为进行善恶评价的心理意识、原则规范和行为活动的总和。道德也是个人自我完善的一种手段，是一种目标，是个人自由全面发展的一个重要组成部分。

1. 道德的本质。所谓道德本质，是指道德区别于他物的根本性质。马克思主义认为，道德的本质蕴藏于社会生活之中。道德是一种特殊的社会意识形态，受到社会关系特别是经济关系的制约。

（1）道德是一种社会意识。在阶级社会中，由于阶级利益不同甚至根本对立，形成各个阶级不同的甚至完全对立的道德观念、道德情感和道德规范体系。它们之间的矛盾和斗争，也总是围绕着本阶级现实的和未来的利益而展开的。

在同一个社会里，社会经济关系的某些变化，常常引起社会道德的相应变化。当某种社会经济关系内部发生某些变化时，生活在这一经济关系中的人们，就会随着对自己利益认识的发展而不断给道德加进新的内容，或赋予原有道德要求以新的意义。

（2）道德是一种特殊的调节规范体系。道德的一般社会本质，即道德是一种受经济基础决定的社会意识形态和上层建筑。道德还有着区别于其他意识形态的特殊本质，即道德是一种特殊的调节规范体系，这主要表现在：

第一，道德规范是一种非制度化的规范。政治规范、法律规范是制度化的规范，是经国家、政治团体或阶级以宪法、章程、司法机构等形式表现出来的意志，是特殊的社会制度。而道德规范则不同，它并没有制度化，不是被颁布、制定或规定出来的，而是处于同一社会或同一生活环境的人们在长期的共同生活过程中逐渐积累形成的要求、秩序和理想，它表现在人们的视听言行之上，深藏于品格、习性、意向之中。

第二，道德规范并没有也不使用强制性手段为自己开辟道路。法律规范以强制手段强迫人们执行，违反法律规范必然要受到惩罚。道德规范的实施不同，它主要借助于传统习惯、社会舆论和内心信念来实现。教育、宣传、大众媒介等也常常是道德规范转化为人们实际行动的重要手段。

第三，道德规范是一种内化的规范。道德规范只有在为人们诚心诚意地接受并转化为人的情感、意志和信念时，才能得到实施。法律规范不管人们是否有遵守的动机，只要在行动上没有违反就不去干涉，而道德规范必须有内在的善良愿望才能加以遵守。那种迫于外界压力而循规蹈矩的人，可以是法律意义上的好公民，但不是道德意义上的善人。

（3）道德是一种实践精神。道德不仅是一种特殊的社会意识和行为规范，而且是人类的实践精神，是人类把握世界的特殊方式，是人类完善发展自身的活动。道德需要促使人类结成相互满足的价值关系，推动人们改善这种关系，调节人与人的交往、协作，完善人的人格，形成人类特有的实践精神。道德作为实践精神，其实践方式具有特殊性。与以真假范畴把握世界的科学、以美丑表现世界的艺术不同，道德以善恶方式把握世界。它高扬善的、正当的和应该的，鞭挞恶的、不正当的和不应该的，不断推动着人类社会的发展。

道德的本质作为一种实践精神也昭示人们，学习金融职业道德不仅仅在于掌握有关的理论知识，更在于将这些理论知识应用于实践。我们诉诸理智、情感，更要诉诸行动，要自觉修养，成为一个道德高尚的人。

2. 道德的功能。道德是在一定的社会物质生活条件的基础上产生的。道德一经产生，就以自己的特殊职能和特有方式反作用于社会经济基础和整个社会生活，表现出巨大的能动作用。道德的功能就是指道德作为社会意识的特殊形式对于社会发展所具有的功效与能力，集中表现为处理个人与他人、个人与社会之间关系的行为规范及实现自我完善的一种重要精神力量，主要有认识功能、教育功能、辩护功能和调节功能，调节功能是其中的核心功能。

（1）认识功能。道德教导人们认识自己对家庭、对他人、对社会、对国家应负的责任和应尽的义务，教导人们正确地认识社会道德生活的规律和原则，从而正确地选择自己的行为和生活道路。道德的认识功能主要是通过道德意识和道德判断来实现的，其目标在于提高道德生活的自觉性。当然，对于现实社会的道德认识，是轮廓性的，不如科学的或理论的认识那样准确、严密和根据充分，但是，它可以从社会及其发展变化方面，给科学的、理论的研究提供一条往往是正确、可靠的线索。

（2）教育功能。道德通过舆论、习惯特别是良心，教育人们、培养人们形成良好的个人道德意识、品质和行为，从而提高人们的精神境界和道德水平。道德评价、道德榜样、道德理想等都是道德教育的方式，它教人懂得什么是善，什么是恶，并树立正确的义务、荣誉、正义和幸福等观念，目标是使受教育者成为道德纯洁、理想高尚的人。

（3）辩护功能。道德的辩护功能又可称为道德的论证功能，即对某些事物和现象特别是制度和秩序的合理性进行道德的辩护和论证。人们在选择自己的行为过程中，总是要思考行为所遵循的制度和秩序的合道德性问题。当一种制度和秩序通过道德辩护和论证后被认为是善的，是符合道义的，那么在人们的义务、良心、荣誉等观念中就会获得强有力的精神支持。反之，被认为是恶的，违背道义的，不仅得不到支持，而且还会受到谴责和贬斥。道德的辩护为某种制度和秩序的形成、发展和巩固产生了良好的社会道德氛围，促使社会个体成员在遵循制度和秩序中获得积极的、愉快的体验。

（4）调节功能。人不是孤立的存在物，人是生活在社会中的。人总是要和自己的同类发生这样或那样的关系和联系，因此，不可避免地要发生各种矛盾。在非对抗性的矛盾范围内，就需要有道德加以调节。调节人与人之间的关系，包括个人与家庭成员，如与父母、妻子、儿女、兄弟、姊妹等的关系；调节个人与朋友、同志的关系；调节个人与领导的关系；调节个人与集体乃至与国家的关系。调节功能是道德最主要最重要的社会功能。它通过评价、命令、教育、指导、示范、激励、沟通等方式得以实现。它以“应当怎样”为尺度，来衡量和评价人们行为的现状，并力图使“现状”符合于“应当”。如果这个“应当”正确地反映了社会发展的客观必然性，那么，就能引导和激发人们的历史主动性和社会积极性，达到道德调节的目标。

案例分析

广东韶关一银行行长贪污公款2176万元被判死刑

2001年12月20日南方网讯　贪污公款人民币两千多万元的前广东韶关某银行行长官××，今天上午被韶关市中级人民法院一审判处死刑，剥夺政治权利终身，并处没收个人全部财产。今年52岁的官××是广东曲江县人，中共党员，案发前任广东发展银行韶关分行行长。官××于去年2月至10月间，指使本银行下属部门，将巨额公款多次汇往无任何业务往来的深圳、珠海、东莞等地的一些公司，兑换成港元后再转入澳门某些赌场指定银行账户，先后贪污公款人民币2176万元。这些公款都被官××在澳门狂赌殆尽。因其在澳门某赌场不止一次下过单注最高上限100万港元的赌注而名声大振。

分析：从金融内部犯罪案件中不难发现，一些员工道德滑坡，价值观念扭曲，不遵守道德规范，在“金钱万能”驱使下铤而走险。有效防范和治理金融犯罪案件不能头痛医头，脚痛医脚，要标本兼治，重在治本。要加强职业道德教育，引导员工学规知规，遵章守纪，增强道德意识和法制意识。要加强对有不良行为员工的转化教育，严防道德风险。

（二）职业道德

职业活动是人类社会生活中最普遍、最基本的活动。今天，在高度工业化、城市化和知识化的现代社会，职业分工日新月异，涉及的范围非常广泛，包括政治、经济、文化、科技、教育、服务等各个行业，而且还有各种各样的新职业在不断涌现。在职业生活中，由于经济活动而产生出共同的利益，形成统一的职业道德要求、职业态度和情感。尽管不同阶级对职业道德的看法可以不同甚至相反，但维持职业内的特定秩序、延续职业的良好习惯，履行职业的社会责任，是由职业分工的共同利益决定的，应该成为职业内所有人的道德要求，职业也因此有了特定的业务要求和职责规定。长期从事某种职业活动的人通过职业训练，逐渐养成特定的职业心理、职业习惯、职业责任心、职业荣誉感等。

职业道德，就是指从事一定职业的人在职业活动中应当遵循的具有职业特征的道德要求和行为准则。职业道德体现了从事一定职业活动的人们的自律意识。职业生活能否顺利，是否成功，既取决于个人专业知识和技能，也取决于个人的职业道德素质。从实际生活来观察，一些人就业之后发展缓慢甚至遭受大的挫折、失败，问题往往不是出在专业知识和技能的缺乏上，而是出在职业道德素质不高上。

1. 职业道德的特点。职业道德中的行为准则和传统习惯，是由各种职业的社会地位、活动方式和内容以及各自的特定利益和义务决定的，是在长期的职业活动基础上逐渐形成的。由于职业分工不同，从事不同职业的人对社会承担的责任不同，其职业理想往往不同，其人生观和道德理想也往往不同；由于不同的职业在社会政治、经济或文化结构中所处的地位不同，相应的利益要求不同，具有的权利、义务也不一样，其从业人员的道德观念和道德良知往往不同，他们判别是非、善恶的道德标准也往往不同，从而形成特殊的职业习惯和道德传统；由于不同职业的活动方式和工作环境不同，其从业人员的兴趣、爱好和情操往往不同，由此形成特殊的品格和作风。职业生活的这几个侧面表明，从事一定职业的人在道德品质和道德境界上有其特殊性。职业生活对职业道德的制约作用，使得职业道德具有以下一些突出的特征：

第一，在规范的内容上，职业道德总是反映社会对某一具体职业活动的特定要求。

例如，对银行职员的道德要求显然不同于对医护人员的道德要求，银行职员面对的是消费者，他应当诚实守信，服务周到；医护人员面对的是病人，他应当救死扶伤，尊重患者。对领导干部的道德要求也不同于对一般职工的道德要求，领导干部应当比一般职工承担更多的道德义务。正如恩格斯所指出："每一个行业，都各有各的道德。"[1] 有多少种职业分工，就会有多少种职业道德，不同的职业道德各有自己的个性特征。例如，法律工作者出于办案需要可以翻阅私人信件、日记、账目等，只要他为当事人保守秘密，严格依法办案，这种行为没有任何道德问题；但如果邮电工作人员拆看他人的信件或其他邮件，那不仅违背本职业的道德规范，而且还触犯了刑律，是一种违法行为。再如，医生看病、检查身体可以不分男女，只要尊重病人，对病人的隐私严守秘密就行；但公安人员执行公务时如果需要搜身，就必须注意男女有别，否则就会受到道德谴责，乃至纪律处分。总之，职业道德以其职业的特殊性，区别于其他道德。

第二，在调节范围上，职业道德仅限于规范本职业的从业人员及其相关的职业活动。

职业道德的调节对象是因本职业活动的展开而形成的各种社会关系，包括从事同一职业的工作人员间的内部关系，从业人员与职业活动对象之间的相互关系。对从事某一职业的工作人员的道德要求，不能够也不应该用于其他职业的工作人员；对从事某一职业的工作人员行之有效的道德规范，对其他职业的工作人员或该职业从业人员在职业活动之外的行为就不一定、有时也不应该具有约束力。例如，"百问不厌""有问必答"，对于商场营业员是一种必备的职业道德素养，但对商场营业员在非职业时间内的活动就不能也不应该提出这一要求。对负有保守国家机密的政府官员和公安人员来讲，那简直是一种渎职行为。

第三，在表现形式上，职业道德具有灵活、多样、具体的特点。

职业道德是适应各种职业活动的特点与交往方式的要求而形成的，它在表现形式上，既可以是较为抽象的一些原则性规定，也可以通过严格、规范的规章制度、守则公约、纪律条令的形式来表达，还可以用简明生动的格言、标语、口号等方式来警示和激励本职业的工作人员，其形式可视职业活动的特点和具体环境而灵活多变。例如，贴在店堂里的一纸"服务守则"，挂在办公楼出入口的一块横匾，横在建筑工地上的一条标语等，都能够起到对从业人员需遵守的道德规范的提示作用。职业道德就总体而言，不仅有职业道德规范，还有与之相应的道德观念、道德情操和道德品

---

① 恩格斯. 路德维希·费尔巴哈和德国古典哲学的终结［M］//马克思恩格斯选集：第四卷. 北京：人民出版社，1995：240.

质等，后面这些职业道德内容往往存在于人们的社会意识和信念之中，同样规约着人们的职业活动。

第四，在历史发展方面，职业道德具有较强的稳定性和连续性。

职业道德作为社会道德体系的一个组成部分，也要受社会经济基础的制约，受一定历史时期居主导地位的社会集团的道德观念的影响，并随社会历史条件的变化而变化，这是职业道德发展中带有规律性的现象。但是，职业道德又总是与特定的职业活动相联系的，而同一种职业在不同的社会中有大体相同的工作要求和服务对象，有大体相同的特殊利益和义务，有大体相同的工作内容和活动方式，从而使该职业的从业人员在长期的职业活动中形成比较稳定的职业心理和行为模式，形成世代相传的职业传统。这些职业模式和传统虽然也会随着时代的发展而变化，不断增添新的内容和要求，但不会全部消失。与此相应，反映社会对某一职业道德要求的职业道德规范就会呈现出相对稳定性和连续性，虽然它也会有变化、有发展，但只要某一职业继续存在并稳定发展，与它相关的某些职业道德规范就会被世代相传和沿袭。例如，无论医疗环境和医疗技术有多大不同，"救死扶伤"始终是医生要遵循的基本道德要求；无论教学内容、教学手段、教学条件发生多大变化，"学而不厌""诲人不倦"历来是对教师的基本道德要求；而"诚实无欺、买卖公平"则是商人必须具备的职业道德素养。职业道德的这种稳定性和连续性较之其他道德规范表现得更为明显。

2. 职业道德的功能。职业道德是整个社会道德体系的一个组成部分，它的功能也是多方面的。例如，职业道德能在一定程度上影响人的道德观念、道德理想和道德心理，影响社会道德体系的演变，对社会经济文化发展产生反作用，等等。在此，仅对人们职业活动的影响这一角度，谈谈职业道德的功能。

(1) 职业道德具有调节从业人员与其服务对象之间相互关系的功能。

某一种职业之所以能够存在，是因为它在社会分工体系中占有一席之地，社会有对它的需要，它能为社会及公众提供特定的产品或服务。因此，从业人员开展某项职业活动必然会发生如何处理与社会、与其服务对象之间关系的问题，而这一关系处理得如何直接关系到该职业在社会上的声誉和形象，关系到该职业的生存和发展。职业道德规范的主旨在于促使从业人员尽心尽职，更好地为社会、为公众提供优质产品和服务，解决服务对象遇到的问题，满足他们提出的各种要求。例如，有许多商场要求其雇员“买卖公平，童叟无欺，礼貌待客，微笑服务，热情周到，方便顾客”，就是为规范和指导营业员正确处理与消费者的关系而制定的行为准则。如果从业人员都能自觉地将这些职业道德规范付诸实践，那就能与服务对象建立起良好的互动关系。需要指出的是，职业道德规范调节从业人员与服务对象间相互关系的功能，主要是通过引导和制约本职业内部的工作人员的思想和行为而实现的，它不能用于本职业以外的其他社会成员，所以不可能也不应该要求本职业以外的社会成员遵守特定的职业道德规范。

（2）职业道德具有调节职业内部从业人员之间相互关系的功能。

一项职业活动的有序展开，不但需要妥善处理从业人员与服务对象之间的相互关系，而且还需要正确处理本职业内部从业人员之间的相互关系。从业人员之间的协调、配合和合作，是任何一种职业活动正常、有效进行的必不可少的条件。从业人员之间的内部关系包括同事间的关系、上下级的关系、不同部门间的关系，等等。这些关系有它不同于社会上一般的人与人之间关系的特点，也需要特定的职业道德规范来调节。例如，美国通用电气公司所属工厂为其管理人员制定了专门的行为规范：“要仔细听取别人的意见，即使是不正确的意见，要有极大的耐心。要和气，任何时候也不要发脾气。要公平合理，特别是对待下属人员。不要当着第三者的面指责下属。要经常对下属人员的出色工作表示感谢……”，这就是专门针对管理人员如何处理与同事、特别是下属人员的相互关系而制定的道德规范。通过这种调节，促使从事本职业的工作人员为了共同的目标和自身的正当利益而团结一致、协调工作，相互信任、相互配合，彼此尊重、和睦相处，增进感情、避免纠纷，以共同完成好本职业所承担的社会责任。在一个单位内，凡从业人员能够按照自己的分工尽职尽责，遵守了相关职业道德规范的，就能够得到肯定、积极的道德评价；凡不能尽职尽责，违反相关职业道德规范的从业人员，就会得到否定、消极的道德评价。这样，就能避免从业人员之间可能出现的矛盾和纠纷，消除内耗，营造一种健康、文明、温馨的工作环境。

（3）职业道德具有提高从业人员整体道德素养的功能。

一个人的道德素养受许多因素的制约，比如他所处的时代、全社会的道德风貌、他的个人经历、他的家庭环境等。在人的道德素质的养成过程中，他的职业活动及工作环境无疑也发生着重要的影响。从业人员在职业活动中能否遵守相关的职业道德规范，将影响到上级、同事对他作出怎样的道德评价，影响到服务对象对他作出怎样的道德评价。这些职业活动过程中发生的社会评价，能够唤起人的道德良知和道德责任，形成对正义、高尚的职业行为的认同，对非正义、失职行为的厌恶和反对，并进而把职业道德要求内化为自己的道德信念和自觉行动。

3. 职业道德素质的养成。职业道德素质是个人通过教育、职业实践和自我修养等途径而形成和提高的。作为大学生，培养职业道德素质需要着重抓好如下环节：

（1）努力学习职业道德知识。只有首先通过知识的学习和积累，才能够掌握现时代职业道德要求的基本内容，明白职业活动的基本规范和目的，从而提高自己在这方面的认知能力和判断能力。

（2）努力提高职业道德意识。大学生要提高自己的职业道德素质，不应当停留在对道德知识的记忆和背诵的层面上，仅仅成为一个装载知识的“容器”，而应当内化为自身素质的组成部分，提高到自觉意识的层面，并体现在职业活动中。

（3）努力锻炼实际履行职业道德规范的能力。在大学学习虽然不是一种职业，但是也有许多做“职业人”的机会，同学们应当积极利用假期或实习的机会，到职业领域寻找实践和锻炼的机会，多接触社会，多接触职业生活，使自己的知识、意识、能力在服务社会的过程中得到升华和提高。

二、金融伦理和职业道德

（一）伦理和道德

在西方，“伦理”一词源于希腊文 Ethos，后演变为“伦理的”“德行的”。在中国，“伦”和“理”原本是两个词，东汉文字学家许慎在《说文解字》中对这两个词解释为：“伦，从人，辈也，明道也；理，从玉也。”“伦”的意思，指人际关系显示出符合一定的规矩、准则，而且代代相传；“理”的原意，指依照玉本身的纹路来雕琢玉器，使得玉器成型有用，后引申为治理、协调社会生活和人际关系。现代学者整合汉语中“伦”与“理”之义，将“伦理”定义为“处理人们相互关系所应遵循的道理和准则”[1]。

“伦理”和“道德”是伦理学或道德哲学中的两个核心概念，其基本意义相似，都是指通过一定原则和规范的治理、协调，使社会生活和人际关系符合一定的准则和秩序。但它们有着各自的概念范畴和使用区域，不能相互替代。“伦理”是伦理学中的一级概念，而“道德”是“伦理”概念下的二级概念。在日常用法中，“伦理”更多地用于物和事，更具有客观、客体、社会、团体的意味；而“道德”更多地用于人，更含主观、主体、个人意味。[2] 例如，我们会说某个人“有道德”，或者说是“有道德的人”，但一般不会说某人“有伦理”，或是“有伦理的人”。

伦理和道德的主要区别是：

第一，伦理和道德的发生机制不同。伦理产生于社会交往。张岱年先生说：“人己关系是伦理思想所研究的中心问题。”[3] 西方社会学交换理论代表者乔治·霍曼斯认为，所有生活于这个社会中的人，其行为都趋向于社会肯定方面，随着互动次数的增多，就会形成共同遵守的行为规范，维持着社会的整合。显而易见的是，伦理规范为实现人的需要提供了外在保障。道德则产生于心理认同。伦理是反映共同需要的规范经社会认可后的具体化；道德是行为主体对伦理的认同和修养。孔子道德修养的过程是“志——学——思——行”，最终使主观完全符合“道”，以至于“从心所欲不逾矩”。中国古代伦理思想中“反身内省”“内讼”“慎独”的方式，正是在心理认同的基础上，从心内求、反求诸己以修养道德。

第二，伦理和道德的性质不同。伦理的善的保证是通过规则而达到的，规则明确告诉我们什么可以做和什么是善的；伦理的任务就是通过概念、标准和规则确立善恶之分界，并借此约束人们的行为。道德与伦理的规则性相反，具有不规则性。道德是个体对规则的内化和确认，道德责任是自我决定的行为。道德最重要的不在于主体外部的规范表现，而在于主体纯洁的动机和自律。伦理义务具有一种外在的约束，以“他治”的方式发生作用；道德责任则是一种内在的要求，以“我治”的方式产生效果。

---

① 辞海：上［M］. 上海：上海辞书出版社，1999：625.

② 何怀宏. 伦理学是什么［M］. 北京：北京大学出版社，2002.

③ 张岱年. 中国伦理思想的基本倾向［J］. 社会科学战线，1989（1）.

第三，伦理和道德的作用机制不同。伦理发生作用的主要机制是他律。伦理的普遍目的就是在社会联系中建立一种秩序，用社会普遍认同的规范体系对个体行为加以约束，也就是说，伦理必须通过规范体系才能发挥作用。道德发生作用的主要机制是自律。形成自律的环节可以概括为：对伦理规范的认知——道德实践活动——道德主体性（道德意识、道德信念、道德自觉性）的形成。黑格尔对道德形成过程曾做过这样的精辟论述："伦理一旦化为个人的自觉行为，变为一个人的内在操守，即为道德，道德以伦理为内容。"① 需要指出的是，伦理和道德要对社会和个人产生影响，必须树立权威。伦理权威的形成依靠制度力量，遵循的是"强制性逻辑"，即"必须"（must），有时也借助于政治权力。在中国传统伦理思想发展过程中，经帝王专制化后的儒家伦理就已经背离了孔孟德性伦理的初衷，成为一副强有力的"应当"枷锁，禁锢着人们道德意识的发展。而道德权威的形成依靠心性力量，遵循的是"价值性逻辑"，即"应当"（should）。道德权威要发生作用、体现道德价值，必须通过主体对道德客体（包括原则、规范、实践、现象等）的评价、认可和自觉接纳才有意义。

（二）金融伦理和职业道德

1. 金融伦理反映金融领域共同需要的规范经社会认可后的具体化，是一种他律的伦理标准。

金融是现代经济的核心，担负着稳定货币、发展经济的重任。金融工作做得好坏，与社会的稳定、国家的繁荣发展息息相关。金融实践表明，金融发展不仅是金融技术效率的提高，更要关注金融产品的社会后果、金融交易的道德行为和金融制度设计的公正性。科学揭示金融发展的伦理基础，对维护金融体系的健康稳定，发挥金融对经济和社会发展的推动力作用具有重要意义。

第一，金融发展的伦理性质。金融契约是以高诚信为基础的契约。金融交易的参与者是具有道德前提的契约人，作为金融交易的契约人具有善性或恶性的道德前提。善性道德前提是契约人具有某种完善自我道德的内在需要，目的是履行契约人自身所应做的事情；恶性道德前提是契约人动机的自然机会主义，即契约人为实现目标而寻求自我利益的深层次条件。

---

① 黑格尔. 法哲学原理［M］. 北京：商务印书馆，1961.

契约人这种善性或恶性要受社会道德环境的支配，具有可变性和可塑性。因此，参与金融交易的契约人总要基于社会的道德环境，按照自己认定的某些伦理原则进行金融交易，以谋求其金融资产的理想配置，获取最大的收益。金融契约设计作为一项制度安排，总要承载一定的道德判断，要反对私利，提倡公利和互利；强调公开、公平、公正和诚实守信的金融市场交易，为金融契约的运行提供期望的伦理规则。信誉机制在金融契约的履行中起重要作用，缔约方的信誉可以影响第三人对缔约方履约能力的判断。金融契约的实施显示了签约人的道德水准。

第二，金融伦理的运行机制。伦理要素作为金融发展的内在基础，客观上要求建立制度化的金融伦理运行机制，其目标是维持金融发展的道德标准，构筑金融交易的声誉机制和诚信体系。金融伦理的运行机制包括内在道德机制和外在道德机制。外在道德是指金融关系的伦理性或合理性，是一种他律的伦理标准。内在道德是适应金融发展的自律性伦理标准，是金融交易契约人的核心道德价值观。金融伦理的运行机制就是通过二者的融合和转换，并与法律机制配合实现金融发展的持续效率和社会福利的最大化。

金融伦理是反映金融领域共同需要的规范经社会认可后的具体化。在改革的推动下，我国金融产业获得了长足的发展，而金融领域的伦理要素则经历了由一定程度的缺失到逐步发展、完善的过程。当金融领域的伦理要素在一定程度上缺失的情况下，金融市场的伦理冲突就不可避免，甚至十分严重。在我国，金融领域的伦理要素缺失主要表现在三个方面：

一是金融诚信缺失。从资本市场的“基金黑幕”和郑百文、银广夏等一批上市公司的财务造假到信贷市场的违规信贷和银行债务的逃废，无不表明金融伦理的混乱无序对金融发展的危害。

二是金融发展过程中“三公”（公开、公平、公正）原则遭到肆意践踏。在金融市场上，一些机构或个人，通过虚假信息和资金优势进行内幕交易，损害广大中小投资者的合法权益。在金融制度设计上，产业垄断的特征依然突出，大量的中小企业和弱势群体很难得到金融资源的配置。

三是相当一部分金融从业人员（尤其是高级管理人员）的职业道德水平低下，缺乏责任感，滥用职权，以牺牲社会利益、国家利益和公众利益来换取个人利益或小团体的利益，表现为严重的金融腐败和金融犯罪，王雪冰、朱小华等事件就是很好的例证。

我国金融发展中的伦理冲突使金融职业道德的需求与供给严重失衡，影响到金融体系的稳定和金融产业的可持续发展。因此，重构我国金融发展的伦理体系，确立金融市场的道德规范和价值取向，是实现我国金融产业高效率发展的重要保证。

案例分析

沦落的高官——王雪冰严重违法违纪案

2003 年 12 月 11 日晚 7 时，王雪冰出现在北京市第二中级人民法院审判庭上的电视图像播放之后，很快传遍了全球。王雪冰，男，中共党员，1988 年起，历任中国银行纽约分行总经理，中国光大（集团）总公司副总经理、党组成员，中国银行行长、董事长、党委书记，1997 年 9 月当选为中共十五届中央委员会候补委员，2000 年 2 月至 2002 年 1 月任中国建设银行行长、党委书记，中国信达资产管理公司党委书记。

经查，王雪冰主要违纪违法问题是：（1）利用职务之便，贪污受贿。（2）生活腐化，道德败坏。（3）工作严重失误，给中国银行造成巨大损失。

分析：王雪冰案件是一起高级领导干部贪污受贿、腐化堕落、严重失职的典型案件。王雪冰严重违纪违法的根本原因是长期放松思想改造，权力观、利益观严重扭曲，把党和人民赋予的权力当做牟取私利的工具。

2. 金融职业道德是金融从业人员对金融伦理的认同和修养，是一种自律性伦理标准。

金融从业人员的职业道德与经济信用，是整个金融伦理的基石。职业道德鲜明地体现在责权利的分配与使用上。所谓“责”即责任感，源于每个人对自己行为的一切后果负责的道德义务。所谓“权”是指每种职业都享有一定的社会权利，即职权，如使用、操作、管理或支配某些社会资源的权利，通过职务报酬获得社会财富的权利。这些权利是社会公共权利的一部分，体现着社会公共道德，因此要求对权利的使用要得当，不能乱用职权，以权谋私。所谓“利”是指每种职业都体现和处理着一定的利益关系，尤其是那些以公众为服务对象的职业，都是社会利益（或国家利益）、公众利益、行业集体利益和个人利益的集结点。如何处理它们之间的关系，既是职业的责任和权利所在，也是职业内在的道德内容。

“要在金融领域形成一种社会导向，那种旨在强化道德选择能力的个人认知开发比盲目坚持行业规范更为重要。无论规范制定得多么全面，都不能解决个人内心的冲突和两难困境。”① 为了解决金融交易契约人内心的冲突和困境，金融伦理的规范机制必然要上升到内在道德的自律层面。这一机制反映了金融交易契约人的伦理标准由外在道德约束演变到自律标准。契约人行为并非基于利益或市场的驱动，而是源于对金融伦理标准的内化与超越，从而具备对现有伦理标准的理性认知和进一步自我开发的能力。历史和现实的经验证明，做好金融工作，关键是要有一支政治可靠、道德高尚、精通业务的干部职工队伍。金融职业道德是金融从业人员对金融伦理的认同和修养，反映了社会对金融职业活动的特定要求，体现了从事金融职业活动的人们的自律意识。

第二节 金融职业道德概述

一、金融职业道德内涵及特征

（一）金融职业道德的内涵

金融职业道德，是指金融从业人员在金融活动中用以调整和处理与社会有关部门、服务对象之间关系，调整和处理金融行业内部人际之间和部门之间关系，调整和处理个人同集体、国家之间关系所应遵循的行为准则。金融职业道德以金融伦理所要求的金融、保险、证券等具体金融行业从业人员职业道德规范和行业具体准则为基石，以金融职业道德评价与行为选择为落脚点，阐释金融部门人际道德、金融职业意识与职业责任、金融职业道德节操与修养。

① 安德里斯，R. 普林多，比莫·普罗德安. 金融领域中的伦理冲突［M］. 北京：中国社会科学出版社，2002.

社会主义金融职业道德是人类社会金融职业道德发展的“高级阶段”，是对以往历史上优良的金融职业道德遗产的批判继承，以及对国外金融职业道德优良成果的借鉴和吸收。社会主义金融职业道德既是金融职业生活和劳动要求的反映，又是以马克思主义理论为指导，不断总结本行业先进人物的思想和事迹，在实践中完善和丰富起来的。社会主义金融职业道德既有要求为社会主义建设和人民服务的一面，又有体现社会主义金融工作纪律性的一面，具有行政约束力。金融从业人员应当树立正确的道德思想，加强道德修养，自觉遵守金融职业道德的行为规范和准则。

（二）金融职业道德的特征

金融职业道德的特征主要体现在专业性、阶级性两个方面。

1. 专业性。金融职业道德主要表现在实际从事金融职业的人们的意识和行为之中，在适用范围上具有很强的专业性。如金融从业人员必须诚实守信，任何形式的弄虚作假都是违背金融伦理和职业道德的；而在医生的职业中，有时为了有助于病人增强治疗疾病的信心，不得不向病人隐瞒病情，有时为了宽慰垂危病人，不得不说谎，对即将去世的病人也要说病会治好，这在医生的职业道德中则是被提倡的。

2. 阶级性。金融职业道德作为一种社会意识形态和上层建筑，反映了人们社会关系的一个特殊方面，它同上层建筑的其他部分一样，受一定的社会物质生活条件的制约和决定，受一定的阶级道德影响，并在不同程度上体现着阶级道德的要求；而一定的阶级道德也在某种程度上通过金融职业道德形式表现出来。具体地说，社会主义金融职业道德与资本主义金融职业道德，有着本质的不同。资本主义金融职业道德规范是在资产阶级思想和个人利己主义的道德原则指导下建立起来的，它所体现的是个人或集团的利益要求；而社会主义金融职业道德规范是在共产主义思想和集体主义的道德原则指导下建立起来的，它所体现的不仅是金融行业发展的要求，而且是整个社会和广大人民群众的要求。金融从业人员一方面在为别人服务，另一方面也需要并得到别人的服务，既是“服务员”又是被服务的对象，这种权利和义务的统一，是社会主义金融职业道德的本质特征。

二、金融职业道德基本原则

道德的基本原则，是处理个人利益和社会整体利益关系的根本原则，是调整人们相互关系的各种规范要求的出发点，是道德的社会本质和阶级属性最直接最集中的反映。社会主义金融职业道德是社会主义道德体系的一部分，因此，确定社会主义金融职业道德的基本原则，应当从社会主义道德所反映的无产阶级和广大人民群众的根本利益出发，充分体现人民群众对金融工作的基本要求，充分体现党在金融体制改革中的方针、政策；应当从社会主义金融事业的特点出发，使之成为规范金融工作者职业行为和进行金融职业道德评价的基本标准。

（一）遵循廉正守信、全心全意为客户服务的基本原则

我国社会主义金融职业道德早在革命根据地的苏维埃银行时期就已经产生，并随着革命战争的胜利和金融事业的发展逐渐完善，其根本宗旨是“人民金融为人民”。新中国成立后，又明确提出“为政治服务，为生产服务，为人民服务”的道德要求。现阶段，我国社会主义金融职业道德的基本原则就是“廉正守信、全心全意为客户服务”。

“廉正守信”，是对金融职业的基本特点和要求的高度概括。“廉”意为清白，与损公肥私和贪污行为相对立；“正”意为刚正不阿，要求在金融工作中必须严格按制度、原则办事。所谓“廉正”即廉洁、正直。所谓“守信”即遵守信用，这是金融工作者必须履行的道德责任。金融工作者必须讲究社会主义金融信誉，严格执行各项规章制度，同削弱、破坏金融信誉的现象作坚决的斗争，以增强金融的吸引力，更好地开展金融业务活动。

“全心全意为客户服务”要求金融工作者树立客户第一的思想，这是金融职业道德的核心内容，也是金融部门坚持全心全意为人民服务的宗旨在职业道德中的具体反映，充分体现了集体主义原则。这里的“服务”不仅是满足客户有关金融方面的各种合理要求，不断改进信贷、结算、储蓄、保险、证券融资等服务工具，而且还应包含敬业爱岗、精技勤业、做到“一准、二快、三安全”等优质服务的内容，做到金融服务的规范与创新。

金融职业道德基本原则要求金融从业人员不仅要维护本行业的职业利益，而且更为根本的是维护国家和人民的利益。必须把维护社会利益、本行业利益及从事金融职业的个人利益三者结合起来，对人民负责，对社会负责，在职业活动中事事处处为群众着想。

（二）社会主义金融职业道德基本原则的实质及要求

社会主义金融职业道德基本原则的内容，是社会主义道德关系和金融道德实践的总结、提炼和抽象，虽然其表述形式可以随着认识的深入而进一步修正、完善和深化，但是其精神实质是不变的，始终反映了社会利益的要求，体现了为人民服务的宗旨；反映了正确处理个人利益和集体利益关系的要求，体现了金融工作者应有的社会主义劳动态度；反映了金融职业道德规范的本质，体现了金融职业道德规范体系的灵魂。

遵循社会主义金融职业道德基本原则，要求金融从业人员深入理解金融职业道德基本原则的内容和实质，进而形成金融职业道德心理、道德情感和道德意志。

社会主义金融职业道德基本原则，要求金融从业人员在自己业务实践中做到“对工作极端负责、对同志对人民极端热忱、对技术精益求精”。没有这两个“极端”和一个“精益求精”，“廉正守信、全心全意为客户服务”就成了一句空话。金融从业人员对工作的极端负责任，就是要热爱自己所从事的金融工作，立志献身于社会主义市场经济的金融事业，在实际工作中无私奉献自己的聪明才智。实践证明，金融从业人员只有具备了热爱金融工作的职业理想，才能够安心本职工作，才有可能在本职岗位上发扬负责到底的精神；才能够发挥主观能动性，进行创造性的劳动，并体验到金融工作的无穷乐趣。金融从业人员对人民的极端热忱，就是要通过自己的金融业务活动，在金融领域内部和外部业务往来人员之间建立起真正同志式的相互合作关系，这也是建立新型人与人之间社会关系和社会主义精神文明建设对金融工作者的客观要求。

金融职业道德基本原则之所以要求每个金融从业人员对技术精益求精，是因为只有业务精，才能真正搞好金融服务工作。业务精通是金融从业人员实现其职业道德责任必不可少的主观条件。一方面，如果没有熟练的金融业务技能，就无法实现对工作的极端负责任和对客户的极端热忱，从而也就无法使为客户服务的原则在实际工作中得到很好贯彻；另一方面，如果没有熟练的金融业务技能，就容易出差错、犯错误，甚至不知不觉地为别有用心的人提供便利条件，使国家和人民蒙受损失。尽管每个人的能力有大小，水平不尽相同，但明知不好好学习、不努力提高业务素质会给人民利益造成损害，却还是不思进取、安于现状，这就是不道德。目前，随着科学技术的发展，知识更新越来越快，特别是在金融管理知识方面及计算机应用方面，如果不刻苦地学习和掌握，势必会影响或耽误管理水平的提高，造成“失职”。

三、金融职业道德建设的现实意义

目前，随着金融行业以及金融电子化的飞速发展，一些金融从业人员受到了诸多压力和诱惑，致使职业理想偏轨，职业道德淡漠，有章不循，违规操作，不守信用，一定程度上损害了金融业的良好形象。近几年来，金融系统经济犯罪案件屡屡发生，内外勾结，通过冒领、挪用储户存款、虚开存单、伪造信用卡、利用电脑作案贪污、诈骗客户存款等手段进行犯罪活动。从涉案人员看，逐渐呈现年纪越来越轻、文化程度越来越高、业务骨干和部门领导犯罪所占比例上升等特点。[①] 金融市场是一个较容易滋生贪婪的场所，而这种贪婪的不断膨胀如果没有伦理和道德的规范与约束，就会使市场的价值取向发生扭曲，陷入秩序混乱甚至践踏法律的无序状态。

以信贷资金违规进入股市为例。在中科创业案中帮助庄家创造2个月内“融资”54亿元的中介机构，正是明知其操纵股价违法违规，却又争先恐后不遑稍让的众多证券公司，其中绝大多数是国有大型证券公司，总计牵涉153个营业部。在亿安科技案中，罗成自炒本公司股票的资金相当一部分来自银行贷款，至少涉及4家银行[②]；而在罗成投入股市的18亿元之外另有19亿元，则来自证券公司的融资安排，总共54家营业部[③]。

（一）金融职业道德的作用

金融职业道德的作用表现在四个方面。第一，道德主体由他律转化为自律。第二，内在道德机制调适的动力来自金融契约人对伦理标准的理性认知和自我开发。契约人不仅能充分理解既有的伦理规范标准并以其指导自身交易行为，而且还能自主进行伦理规范的开发，以自身行为修正有关伦理规则或调适程序。第三，在金融组织中，处于领导地位的管理者的伦理标准起核心作用，它决定着组织整体的自律能力。第四，金融职业道德作用的结果，一方面可以实现金融契约人资产价值增值与道德价值增值的统一；另一方面可以改进金融资源配置效率，促进金融可持续发展。[④]

---

① 赵莉琴．金融职业道德现状及对策［J］．河北金融，2004（9）．

② 胡舒立．吕梁、罗成和“东方不败”的支撑体系［J］．财经，2003（7）．

③ 国际金融报，2001-06-07（1）．

④ 丁瑞莲．金融发展的伦理基础［J］．山西财经大学学报，2006（6）．

（二）社会主义金融职业道德建设的现实意义

金融职业道德建设是金融行业文化建设的重要内容，对金融行业来说，明确职业道德要求，规范职业道德内容，强化职业道德教育，控制职业道德风险，在当前应对加入世贸组织后所面临的挑战、规范金融秩序、保障国民经济稳健运行方面，具有极其重要的意义。

1. 保证我国金融业沿着中国特色社会主义方向健康发展。金融事业的发展方向，从根本上说是由经济性质决定的，金融职业道德作为上层建筑领域中意识形态的内容，对其社会性质产生能动的强化作用。通过金融职业道德理论研究和教育实践，使广大金融从业人员树立起对金融事业的职业情感，把共产主义道德体系的基本内容融入金融工作中去，坚定不移地执行党和国家的金融政策，从而使我国金融业沿着中国特色社会主义方向不断前进和发展。

2. 促进金融从业人员整体素质的提高。金融战线的广大工作者，既是金融职业行为的主体，也是金融职业道德的践行者。开展金融职业道德理论研究和教育实践，对提高金融干部职工的政治素质和业务素质具有直接的促进作用，既能够提高金融从业人员掌握专业知识和专业技能的自觉性，进而促使自己勤奋学习努力工作，还能够使金融从业人员正确理解和处理金融活动中人与人、个人与集体、集体与国家之间的关系，树立正确的世界观和人生观。

3. 促进金融行业纠正不正之风，加强三个文明建设。纠正行业不正之风，加强三个文明建设，职业道德教育是关键。随着金融业的迅猛发展，在金融行业内部违法乱纪案件时有发生，大力加强社会主义金融职业道德教育势在必行。只有不断弘扬和倡导社会主义金融职业道德教育，使广大金融从业人员正确认识和处理好各种关系，自觉地运用金融职业道德规范约束和指导自己的行为，才能促进行业纠正不正之风。

金融业的服务范围广泛，与经济建设和人民生活休戚相关，直接关系和影响着社会主义物质文明建设成果，而物质文明又是精神文明和政治文明建设的基础，因此，金融职业道德的建设与开展，对于净化社会风气，带动行业新风，以至于促进整个社会精神文明和政治文明建设与发展，都有着十分重要的现实意义和深远的历史意义。

四、社会主义金融职业道德素质的养成

加强金融职业道德建设，重在金融职业道德素质的养成。

1. 自我修养是金融职业道德素质养成的关键。金融职业道德素质的养成，除了外部条件，更重要的是靠内因起作用。只有在自己头脑中自我剖析、自我反思、自我鉴别，高尚的思想品德才能形成。金融职业道德的修养，首先要有自我意识，自我意识越正确，越强烈，就越能坚持自我教育和自我调节，职业道德自我修养也就越有成效。

2. 金融职业道德培养与思想政治教育相结合。思想政治教育与精神文明建设的内容是金融职业道德教育的核心。只有把思想政治教育、精神文明教育贯穿于金融职业道德教育的始终，才能使金融职业道德教育成为有源之水，才有益于我们社会主义金融事业的发展。

3. 金融职业道德培养要注重发挥先进典型的示范作用。广泛宣传英雄模范人物的先进事迹，使他们的付出得到社会的公认和应有的回报。这对推动金融职业道德教育将产生重大影响。

4. 金融职业道德教育要持之以恒、常抓不懈。金融职业道德素质养成具有长期性特点，不能一蹴而就，急躁不得；金融职业道德素质养成受客观环境和形势的影响较大，必须把职业道德的准则、规范融入有效的管理之中，制定和完善制约机制，把金融职业道德素养与岗位责任目标完成情况的评比结合起来，与干部的提拔任用挂起钩来，使金融职业道德教育落到实处，常抓不懈，为全社会职业道德良好局面的形成树起一面旗帜。

本章小结

道德属于上层建筑的范畴，是个人自我完善的一种手段，是一种目标，是个人自由全面发展的一个重要组成部分。职业道德是反映社会对某一具体职业活动的特定要求，体现了从事一定职业活动的人们的自律意识。

金融伦理是反映金融领域共同需要的规范经社会认可后的具体化，是一种他律的伦理标准。金融职业道德以金融伦理所要求的金融、保险、证券等具体金融行业从业人员职业道德规范和行业具体准则为基石，以金融职业道德评价与行为选择为落脚点，阐释金融部门人际道德、金融职业意

识与职业责任、金融职业道德节操与修养，是金融从业人员对金融伦理的认同和修养，是一种自律性伦理标准。金融职业道德遵循廉正守信、全心全意为客户服务的基本原则；社会主义金融职业道德基本原则，要求金融从业人员在自己业务实践中做到“对工作极端负责、对同志对人民极端热忱、对技术精益求精”。在建设中国特色社会主义新时期，需要加强金融职业道德建设，促进金融职业道德素质的养成。

思 考 题

1. 对于金融从业人员来说，道德是否是必要的？为什么？
2. “伦理”和“道德”有何区别？
3. 社会主义金融职业道德基本原则的含义和要求是什么？

主要参考文献

[1] 罗国杰. 伦理学 [M]. 北京：人民出版社，1989.
[2] 肖祥. “伦理”与“道德”之辨析 [J]. 唯实，2006 (7)：3 ~ 6.
[3] 唐海波. 加强金融职业道德教育　促进社会主义金融事业健康发展 [J]. 现代农业，2006 (8)：69.
[4] 周中之. 伦理学 [M]. 北京：人民出版社，2004.
[5] 李萍. 伦理学基础 [M]. 北京：首都经济贸易大学出版社，2004.
[6] 章海山，张建如. 伦理学引论 [M]. 北京：高等教育出版社，2004.

第二章
银行职业道德规范

YINHANG ZHIYE DAODE GUIFAN

【学习目的与要求】

本章的学习任务和目标是了解职业道德规范的基本含义，领会社会主义职业道德规范的基本要求，掌握银行职业道德规范的基本内容，努力做到在思想上和行动上自觉履行职业道德规范。

规范是指约定俗成明文规定的标准，也就是准则。道德规范是人们道德关系和道德行为普遍规律的反映，是一定的社会制度对人们提出的应当遵循的行为准则。职业道德规范是社会道德规范中的重要组成部分，它是调整职业活动中各种关系、判断职业行为善恶的准则，是从业人员职业道德行为和职业道德关系的普遍规律的反映。

第一节 职业道德基本规范

职业道德规范是根据各行各业职业的特点、性质、地位和作用，按照职业活动的客观要求而制定的。虽然它不能代替各行各业的具体职业道德要求，但它具有各行各业在职业活动中所具有的共性，是各行各业从业人员必须共同遵守的行为规范和准则。根据《公民职业道德建设实施纲要》，这些基本规范包括：爱岗敬业、诚实守信、办事公道、服务群众、奉献社会。

一、爱岗敬业

爱岗敬业是职业道德的基础和核心，是社会主义职业道德所倡导的首要规范，是职业道德建设的首要环节。爱岗敬业是人们对工作态度的一种普遍的要求，在任何部门、任何岗位工作的从业人员，都应该爱岗敬业，从这个意义上说，爱岗敬业是各项事业成功的基础，不爱岗，不敬业，就会导致事业的失败。正如古代思想家荀子所说："百事之成也，必在敬之；其败也，必在慢之。"

（一）爱岗敬业的含义

所谓爱岗，就是热爱自己的工作岗位，热爱自己从事的职业，能够为做好本职工作尽心尽力。爱岗是职业工作者做好本职工作诸多因素中必不可少的重要前提条件。职业工作者的任何职业才能都不是天生的，而是后天通过努力得到的。热爱则是最好的老师。一个人只有真正热爱自己所从事的职业，才会自觉地学习与本职工作相关的知识，主动掌握本职岗位所需要的基本技能，培养、锻炼从事本职工作的本领，切实把本职工作做好。

所谓敬业，是指专心致力于所从事的职业，即用一种恭敬、严肃、负责的态度来对待自己的职业，对自己的工作有一丝不苟、兢兢业业、埋头苦干、任劳任怨的强烈事业心和忘我精神。敬业是职业工作者对社会和他人履行职业义务、道德责任的自觉行为和基本要求。

总之，爱岗敬业是职业道德中最基本、最主要的规范，两者是相辅相成、互为前提的。没有职业工作者对自己所从事的工作岗位的热爱，就不可能自觉做到忠于职守。反之，只有对本职工作的热爱之情，没有勤奋踏实、忠于职守的实际行动，敬业就是一句空话。只有当职业工作者把对本职工作的热爱之情体现在忘我的劳动创造以及为取得劳动成果而进行的努力奋斗中，爱岗敬业才能真正和谐完美地统一起来。

（二）爱岗敬业的具体要求

在社会主义社会里，尽管人们在不同的工作岗位从事着不同的职业，但其爱岗敬业的职业道德要求却是相同的。概括说来，有以下几点：

1. 树立正确的职业观。每一个从业者对自己所从事的本职工作的意义要有明确的认识，从内心热爱并热心于自己从事的职业和岗位，把干好本职工作当做最快乐的事。在我国社会主义社会中，职业只有分工的不同，没有高低贵贱之分。事实上，社会上的每一个岗位，每一种职业，都是同千千万万老百姓的生活息息相关的，同整个社会的发展紧密相连的。正是由于这些工作为社会、为千千万万老百姓所需要，它才能成为一种职业，才能在社会分工中获得一席之地，才能给我们从业者以谋生的机会。刘少奇同志在接见掏粪工人时传祥时曾说过：我是国家主席，你是掏粪工人，我们只是社会分工不同。在社会主义社会，一个人的社会地位、社会荣誉并不取决于他的职业，而是看他对社会的贡献。每一个劳动者，只要在自己平凡的工作岗位上，兢兢业业、踏踏实实地乐于奉献，都会获得应有的社会地位和荣誉。

2. 要乐业。我国自古就有敬业、乐业之说。敬业，就是忠于职守；乐业，就是热爱职业。乐业体现在职业情感和职业行为两个方面。职业情感是人们对所从事的职业的情绪与态度。首先是对自己的工作的一种崇高的职业尊严感和荣誉感，不论别人怎样看待自己的工作，都能保持自尊和自信，深信自己的工作是有益于国家、有益于民族、有益于社会、有益于他人的。其次是对自己的工作抱有浓厚的兴趣，倾注满腔的热情，把职业生活看做是一种乐趣，并在刻苦奋斗取得成就时感到无比的兴奋和快乐。职业行为是人们在工作中的所作所为。对本职工作的热爱，必定会具体体现在日常的工作态度和工作作风上。只要你对自己的工作发自内心地热爱，即使是在平凡的岗位上，也能创造出奇迹。公交行业的楷模李素丽就是一个很好的榜样。

3. 要勤业。勤业是指勤奋刻苦，认真负责，不懈努力。勤业既是一种劳动态度，也是一种职业作风。一个人拥有了知识和技能，还只是一种潜在的价值。他必须勤奋工作，为社会和集体创造财富，作出贡献，才能把潜在的价值转化为外在价值，即实现了的社会价值。要做到勤业，一要勤奋，二要刻苦，三要坚强。勤奋就是要做到手勤、脚勤、脑勤、眼勤，这是提高学习和工作效率的关键。刻苦就是经受得住工作中的艰难困苦。顽强就是有勇气、有毅力，去克服各种困难。凡在本职工作中作出贡献的人，无不具备顽强的意志和不怕困难的精神。

4. 要精业。精业是指对本职工作业务纯熟，精益求精，力求使自己的技能不断提高，使自己的工作成果尽善尽美，不断地有所进步，有所发明，有所创造。首先，要有好学上进的态度，只有不断地在实践中学习，才能掌握过硬的本领，从而使自己得心应手。其次，要不断追求工作的完美，在社会主义市场经济条件下，企业竞争越来越激烈，消费者对产品的要求也越来越高，因此，从业者必须对自己提出越来越高的职业道德要求，不断追求工作的完美。最后，要开拓创新，每一个岗位，每一项工作，都有自己的特殊规律，需要我们去认识、去发现，在职业活动中，每一个从业者要充分发挥主观能动性，有所创新，有所发明，有所作为。

总之，乐业、勤业、精业，这三者是相辅相成的。乐业是爱岗敬业的前提，是一种职业情感；勤业是爱岗敬业的保证，是一种优秀的工作状态；精业是爱岗敬业的条件，是一种完美的人生追求。

案例分析

在“铁人”王进喜精神的激励下，王启民同样以“宁肯少活二十年，拼命也要拿下大油田”的壮志豪情，全身心地投入到大庆油田的勘探开发工作中。他栉风沐雨近40年，以顽强拼搏、锲而不舍、敢为天下先的精神风貌，投入油田科研工作，提出了更科学的“分层开采”理论，进行了一次又一次艰难的试验，克服了一个又一个难题，为大庆增加了相当于地质储量7.4亿吨的油田，价值达2000亿元之多，为大庆油田连续22年保持稳产高产作出了重大贡献。这些年来，王启民先后主持了8项开发试验任务，参加或组织了40多项科研攻关课题，获得“全国科学大会奖”“‘九五'中国十大科技奖"“中国科技成果特等奖”等几十项奖励。在这些重大科研成果背后，虽然没有趴冰卧雪、人拉肩扛的悲壮，但在破解地下油层科技攻关的执著中，同样凝聚着“铁人”精神。江泽民在接见王启民时，握着他的手深情地赞扬说：“你是科技战线的‘铁人’，新时期的‘铁人’!”

资料来源：师宁，王颉．中国公民素质训练100例［M］．北京：新世界出版社，2002.

二、诚实守信

诚实守信是职业道德的根本，也是中华民族的传统美德，更是社会主义职业道德的根本规范之一，它是人们在职业生活中处理人与人之间关系的重要行为准则。

（一）诚实守信的含义

诚实守信是互为关联的两个概念。所谓诚实，就是忠诚老实，不讲假话。所谓守信，就是信守诺言，说话算数，讲信誉，重信用，履行自己应承担的义务。诚实和守信二者是相通的，是互相联系在一起的。诚实是守信的基础，守信是诚实的具体表现。诚实侧重于对客观事实的反映是真实的，自己内心的思想、情感和表达是真实的。守信侧重于对自己应承担、履行的责任和义务的忠实，毫无保留地实践自己的诺言。

诚实守信不仅是做人的准则，也是做事的原则。一个人要想在社会上立足，干出一番事业，就必须具有诚实守信的品德。一个从业人员做事，如果不能诚实，他所代表的社会团体或经济实体就不能树立良好的信誉。

（二）诚实守信的具体要求

法国文学家巴尔扎克在《乡村医生》中指出：实际上，做一个诚实的人，存于心还不够，还得见诸行。社会仅仅靠道义的思想是生存不下去的，要生存，还需要符合于这种思想的行动。

诚实守信重要的是行动，是实践。每一个公民在社会活动中都应做到以下几个方面：

1. 确立诚实守信的观念和意识。“诚信”之德，历来是被人们所称颂的美德。它已经根植于我们民族心里之中，人民群众对各式各样的假冒伪劣行为深恶痛绝。我们要自觉抵制各种不正之风，树立以诚实守信为荣，以见利忘义为耻的理念。要在广大从业人员中，加强诚实守信意识的教育，在职业活动中坚持表里一致，言行一致，绝不弄虚作假，自欺欺人。中国历代有见地的经商者都遵循以“诚”为核心的商业伦理。晚清时期创办的杭州胡庆余堂之所以声名卓著，就在于讲“诚信”。胡庆余堂的营业厅内挂有两块巨匾，一块朝着顾客，上书“真不二价”四个字，另一块匾面对柜台，上有创办人胡雪岩亲笔手书的“戒欺”二字。

2. 要自觉遵守诚实守信的职业道德规范。古人常说：“衣食可去，诚信不可失。”在我国传统社会，诚信从个人道德修养渗透到社会经济活动中，形成了一些约定俗成、天经地义的道德规范。道德教育的一贯原则是“知”“行”统一。言而有信本身也是诚信的一种表现。在生活和职业活动中，我们都应该讲老实话，做老实人，办老实事。今天，我们正处在社会主义市场经济的形势下，市场经济既是一种法制经济，也是一种道德经济、信用经济，信用是实行市场经济的道德前提。不讲信用，交换就不能进行，社会劳动分工就会遭到破坏，社会生活就不能正常进行下去。

3. 要信守承诺，言行一致。“人先信而后求能”，对于一个人来说，先应该讲信义，然后再论及他的本领如何。如何对待自己作出的承诺，是“言必信，行必果”，还是言而无信，说一套做一套，这是一个职业道德的问题。社会主义职业道德提倡“讲究信用”，从根本上说是要做到谨慎承诺，有诺必践。当前，各行各业都在建立和完善社会服务承诺制。社会服务承诺制是对传统道德中讲求“信义”思想的继承和发展，是社会主义市场经济条件下诚实守信职业道德规范的具体要求。

4. 要旗帜鲜明地与不诚信的行为作斗争。从业人员要坚持诚实守信的职业道德规范，就必须旗帜鲜明地反对以假乱真、以次充好、弄虚作假的欺诈行为，与不诚信的行为作斗争。由于某些人缺乏诚实守信的职业道德，在职业生涯中为了金钱，什么信誉、道德、良心、人格全都抛在脑后，经商也好，为人也好，能欺则欺，有骗则骗，社会上的坑蒙拐骗现象屡禁不止。要维护市场经济的秩序，就必须和这种不诚信的行为作坚决的斗争。

总之，诚实守信作为从业人员的职业道德规范，一方面为从业人员从事职业活动提供了赖以生存的基础；另一方面又为从业者的职业活动注入了新的生机和活力。

案例分析

1996 年 5 月的一天，济南工商银行大观园储蓄所赵安接待了一对前来存款的夫妻，钱装在一只编织袋中，他们是做水果生意的，钱又散、又乱、又破旧。存款凭条上填写的数目是 7.4 万元。赵安同志细心地数了两遍，都是 8.4 万元。赵安对这对夫妻说，你们数错了，他们不信，又数了一遍，果真是 8.4 万元。这对夫妻对赵安同志诚实不欺的高尚品德十分感激。事情传出去以后，引来许多前来存款的生意人。

资料来源：上海市精神文明建设委员会主编．道德实践活动 100 例［M］．上海：上海人民出版社，2003．

三、办事公道

（一）办事公道的含义

办事公道是指我们在办事情、处理问题时，要做到廉洁公正，不仅自己清正廉洁，不以权谋私，还要秉公执法，做到出于公心，主持公道，不偏不倚，既不唯上、不唯权，又不唯情、不唯利。

办事公道是职业道德的基本准则。它要求各行各业的劳动者在本职工作中，要以国家的法律、法规、各种纪律、规章以及道德准则为标准，秉公办事，公平、公正地处理问题，遵守本职工作所制定的行为准则，平等待人，不以私害公。办事公道，就是要求从业人员在处理各种利益关系时，要坚持实事求是、客观公正的立场和态度，绝不强词夺理或倚仗权势来袒护某一方利益，排斥另一方利益。它是对人们的权利和义务、报酬与贡献、奖惩与功过之间的相对性、对等性关系的确认和肯定。

办事不公道，实际上是把那些应服务于全社会、全体人民的职业，变成只服从于社会某一部分人的职业，甚至变成谋取私利的工具，使这些职业的社会性质发生根本的扭曲和改变。

（二）办事公道的具体要求

在职业活动中要做到办事公道，除在思想上要牢固确立为人民服务的价值以外，还必须遵循以下几个方面：

1. 照章办事，一丝不苟。照章办事就是要按照规章制度来对待所有的人和事。由于现实情况的复杂性和具体性，许多规章制度都包含着给执行者以灵活处理问题的一些权限，能否做到办事公道，就取决于办事者的职业道德品质。要做到照章办事，必须努力克服不同的主观感受带来的不同态度。每个人性情不一，要求不同，作为从业人员不可能挑选服务对象，只能去适应，不能因为服务对象的特点与自己不同而采取不同的服务态度。

一丝不苟就是遵循国家法律，严守职业纪律。它要求人们熟悉了解章程制度，不违反或曲解章程，严格按照章程制度办事。

照章办事，一丝不苟就是要抛开“权力”，摒弃“人情”，认事不认人，认事不认权，以法治事，不分亲疏远近，不管职位高低，都一丝不苟，按章办事。

2. 坚持原则，客观公正。坚持原则是一切从业人员必须具备的最起码的道德品质。只有坚持原则，才能扶持正气，顶住歪风。否则，正气不长，邪气必生，长此以往，必然正不压邪，从而丧失了公道。坚持原则要求从业人员按照法纪法规行使权利，履行职业义务。从业人员只有在法纪要求的范围内行使职权，履行职责，才能保证社会经济、政治、文化生活秩序的有条不紊，保证国家、集体、个人三者利益的协调一致，保证物质文明、精神文明和政治文明的顺利进行。

客观公正就是凡事都要从客观事实出发，作出客观、公正的判断和处理。不弄清事实情况，马马虎虎作出处理，必然错误百出；而故意歪曲事实，则属于卑劣行径。在现实生活中，许多不公正的事情，往往是由于没有做到客观判断而发生的。

“坚持原则，客观公正”还要与灵活性相结合。原则和政策是抽象的、静态的，而现实是具体的、动态的。要做到客观公正，就必须实事求是地分析执行原则、政策过程中遇到的种种问题，在分析的基础上作出正确判断。当然，这样往往会突破一些规定而作某种变通。对此，不能认为是违背了原则或政策，相反，这实际上是维护了原则和政策。灵活性是办事公道不可或缺的要求。须注意的是，讲究灵活性的同时还应讲究策略。比如，在什么情况下要向上级请示，在什么情况下不宜请示；在什么情况下需要自己决断，在什么情况下需要取得他人的赞同。如果不讲究策略，往往会弄巧成拙，把事情办坏。

“坚持原则，客观公正”就是要求人们在办理事情、处理问题时，要客观判断事实，重视证据，要客观地按照规则的本来意义解释和运用规则，要以超然、客观的态度公正地对待所有的当事人，最根本的是在实际生活中，要有“实事求是”的科学态度和正直无私、刚正不阿的道德品质。在社会主义市场经济条件下，“办事公道”是对我们每一个从业人员职业道德素养的要求。

3. 待人公平，一视同仁。待人公平就是把每一个人都当做“一个人”来尊重，对所有的人一视同仁；以人与人之间的相互理解、尊重的公平之心来对待每一个人。有了尊重人的仁爱之心，你就自然地能排除好恶之心，而以充满了生气的、生动的交往方式来对待他人，就能在职业活动中达到人与人相互理解、相互沟通的根本目的，这才是公平待人的最高境界。

一视同仁就是从业人员在处理个人和群众，以及群众和群众之间关系的问题上，要公平对待。不论职位高低、关系亲疏，一律以尊重态度热情服务，一律按党的方针政策办事，按规章制度办事，该怎么办就怎么办。

案例分析

毛泽东的姻兄赵浦泽，曾写信给毛泽东，诉说乡间减租土改时侵犯了他的个人利益，请求毛泽东为其撑腰，出面帮助他解决难题。毛泽东回信说：“乡间减租土改等事，弟因不熟悉具体情况，未便直接干预，请与当地人民政府朱同志妥为接洽，期得以解决。”

毛森品是毛泽东青少年时期的一位同窗好友，当他来信请求毛泽东为他推荐工作时，毛泽东十分委婉地加以拒绝：“吾兄出任工作极为赞成，其步骤似宜就群众利益方面有所赞助表现，为人所重，自然而然地参加进去，不宜由弟推荐，反而有累清德，不知以为然否?”

大革命时期，毛泽东同志在清溪一带从事革命工作时，曾经得到过彭石麟的帮助，然而，新中国成立之后，毛泽东也回绝了彭石麟要求为之说情的事，在给彭石麟的回信中，身为人民政府主席的毛泽东吐露了自己的心迹：“我不大愿意为乡里亲友形诸荐牍。”

资料来源：上海市精神文明建设委员会. 道德实践活动 100 例 [M]. 上海：上海人民出版社，2003.

四、服务群众

服务群众是为人民服务的道德要求在职业道德中的具体体现，也是各行各业的从业人员必须遵循的职业道德规范。服务群众提示了职业与人民群众的关系，指出了从业人员的主要服务对象是人民群众。

（一）服务群众的含义

服务群众就是全心全意地为人民服务，一切以人民的利益为出发点和归宿。在服务过程中要做到热心、耐心、虚心、真心为群众排忧解难，为群众出谋划策，提高服务质量。

全心全意为人民服务是社会主义职业道德的核心，是社会主义国家一切职业活动的出发点和根本归宿，因而也是社会主义职业道德的灵魂。服务群众是为人民服务的道德要求在职业道德中的具体体现，是国家机关工作人员和各行各业从业人员必须遵守的道德规范，是职业行为的本质。服务群众揭示了职业与人民群众的关系，指出了职业服务的主要对象是人民群众。服务群众就是要求每个职业工作者时时刻刻为群众着想，急群众之所急，忧群众之所忧，乐群众之所乐，真心诚意地做好服务工作。服务群众的根本点是尊重群众，方便群众，向人民群众负责。

尊重群众是服务群众的前提。人民群众是社会物质财富和精神财富的创造者，是我们的生活之源。没有人民群众的创造，就没有我们辉煌的事业；没有人民群众的需要，就没有我们正在从事的职业活动。我们一定要尊重群众，始终与人民群众保持血肉联系，只有这样，才能无往而不胜。

方便群众就是要更多地为群众谋福利。陈云曾经说过："我们不应该只知道向群众要东西，更应该时刻注意为群众谋福利。"① 革命战争时期，叶挺将军率领新四军官兵为出行不便的村民架设大木桥，乡亲们尊称"叶挺桥"；20 世纪 60 年代河北邢台大地震，周恩来总理不顾个人安危，亲临震区指挥抗震救灾；1998 年长江流域发生百年不遇的洪涝灾害，各级领导和部队官兵决战千里江堤"严防死守"，排除险情；等等。这种关心群众利益大于关心自己生命的品行，是我们每一个青年学习的楷模。

向人民群众负责是服务群众的具体体现。在社会主义市场经济条件下，责、权、利的观念在发生深层次的变化。市场经济应该是一种责任经济，随着市场经济发展的完善，它要求人们树立服务群众的责任意识。这

---

① 陈云．陕甘宁边区的群众工作［M］//陈云文选（一九二六——一九四九年）．北京：人民出版社，1984：107．

种“服务群众”的责任意识更多的是对群众利益的关注，这种责任是对社会应负的责任，是对人民应负的责任。毛泽东同志曾说过：“我们的责任，是向人民负责。每句话，每个行动，每项政策，都要适合人民的利益，如果有了错误，定要改正，这就叫向人民负责。”①

（二）服务群众的具体要求

在社会主义社会，我们所从事的各项正当的职业都是为群众服务，为社会服务。服务群众作为职业行为的本质有着具体的要求，每一位职业工作者都必须按照这些要求去做，否则就是“渎职”，就要受到相应的惩罚。

1. 要树立服务群众的观念。我们要牢固树立全心全意为人民服务的思想，兢兢业业、踏踏实实地做好本职工作，甘当群众的服务员。毛泽东曾经指出：“全心全意地为人民服务，一刻也不脱离群众；一切从人民的利益出发，而不是从个人和小集团的利益出发；向人民负责和向党的领导机关负责的一致性；这些就是我们的出发点。”② 这段话非常深刻地阐述了我们党的根本立场和行动准则。

一个普通职业工作者，作为群众的一员，既是别人服务的对象，又是为别的群众服务的主体。在社会主义社会，每个人都有权利享受他人的职业服务，每个人也承担着为他人进行职业服务的职责。因此，每一个从业人员都要树立全心全意为人民服务的思想，热爱本职工作，甘当人民的勤务员。做到心中有群众、真情待群众、尊重群众、方便群众、尽职尽责地为公众服务，时刻把人民群众的安危冷暖放在心上，关心群众疾苦，努力为群众办实事、办好事，为祖国的社会主义事业献计出力。

2. 自觉履行职业责任，遵守职业规则。自觉履行职业责任就是要求从业人员把职业责任变成自觉履行的道德义务，积极发挥本职业、本岗位的职能作用。不同的职业有着不同的职业规则，从业人员不但要熟悉本职业的全部规则，还要严格按照规章制度办事，并承担自己责任范围的后果。

遵守职业规则就要在职业活动中进行公平竞争。公平竞争客观上要求

---

① 毛泽东．抗日战争胜利后的时局和我们的方针［M］//毛泽东选集：第四卷．北京：人民出版社，1991：1128.

② 毛泽东．论联合政府［M］//毛泽东选集：第三卷．北京：人民出版社，1991：1094～1095.

有平等的起点、平等的规则、平等的激励机制和平等的外部环境。公平竞争要求从业人员做到：积极主动地参与竞争；严格遵守竞争规则，合理运用竞争激励机制和外部环境，确立正确的竞争观念，自觉抵制各种不正当的竞争行为；以诚实的态度参与竞争，自由、平等、公开、有序地竞争。我们在履行自己所承担的职业责任时，对他人、对社会要表现出较高的思想道德和文化素质，坚持正义、从善如流、谈吐文雅、举止大方、主动周到。

3. 热情周到，满足群众需要。热情周到就是从业人员对服务对象要抱以主动、热情、耐心的态度，把群众当亲人，服务细致周到，勤勤恳恳。满足群众需要就是从业人员要努力为群众提供方便，想群众之所想，急群众之所急，关心他人疾苦，主动为他人排忧解难。

热情周到，满足群众需要，要注重调查研究，切实把握人民群众的需求及其变化。真心为民，让群众满意，是我们各种职业活动的宗旨，但要做到这一点并不容易。因为在现实生活中，对于满意不满意，智者见智，仁者见仁，常常会出现这样的矛盾，即自认为已做得不错了，该令人满意了，可人家并不满意。因此，从业人员要十分关注人民群众的现实需求，搞清他们的所想所求是什么。只有这样才能提供让群众满意的产品，让群众乐意接受的服务，才能体现为人民服务的一片真心。

热情周到，满足群众需要，还要切实提高产品质量和服务质量。随着人民群众生活水平的提高和生活质量的提升，社会对产品质量和服务质量的要求也越来越高，尤其是科技的进步，使产品趋向高级化、复杂化，产品在使用上更离不开良好的服务。产品和服务达不到优质，真诚也就打了折扣。市场经济是一种责任经济，随着市场经济的发育和完善，它要求人们树立热情周到，满足群众需要的责任意识。这种责任意识更多的是对人民群众利益的关注，是对社会的高度负责和对人民的高度负责。

案例分析

河南省登封市公安局局长任长霞，因车祸不幸以身殉职。

她的遗体运回登封后，干部群众纷纷自发前往吊唁，三天三夜人流不息。举行遗体告别仪式那天，登封十里长街挽幛如云，哀声一片。在任长霞灵柩经过的路旁，肃立着14万胸戴白花的群众，直到当晚9点，参加告别仪式的群众仍不肯散去。是什么让数十万老百姓自发地为一个公安局长送行呢？

据说，她一年不请一次假；工作时间约2000个小时，而任长霞的实际工作时间是4600个小时；3年来，她处理群众来信来访3467人次，曾经有一次，她从上午8时接访，到23时30分送走最后一个来访者，一天接待了124名。

任长霞曾经说："我当公安局长的日子，感受更多的是一种强烈的责任感，十几年的公安工作，实现了我人生最高的价值。我认为警察就是我的天职，为自己所执著追求的事业而献身，值！"

资料来源：曾凡龙，王世华. 职业道德教程［M］. 上海：上海交通大学出版社，2005.

五、奉献社会

奉献社会是社会主义职业道德的特有规范，是社会主义职业道德的最高境界，它提倡的是一种忘我无私的精神。

（一）奉献社会的含义

奉献社会是指把自己的全部智慧和力量投入到为社会、为他人的服务之中去，而不期望等价的回报和酬劳。奉献社会的精神是一种忘我的全身心投入的精神。无论什么行业，无论什么岗位，无论从事什么工作，任何人只要他爱岗敬业，努力工作，就是在为社会作出贡献。在工作过程中不求名，不求利，只奉献，不索取，就是无私奉献精神的体现。

奉献社会的职业道德规范具有显著的特点：一是自觉自愿地为他人、为社会贡献力量，完全为了增进公共福利事业而积极劳动；二是有热心为社会服务的责任感，充分发挥主动性、创造性，竭尽全力；三是不计报酬，完全出于自觉意识和奉献精神。爱岗敬业、诚实守信、办事公道、服务群众、奉献社会是社会主义职业道德的基本规范。奉献社会是五项要求的最高道德境界，也是做人的最高境界。一个能够奉献社会的人，同时也是一个高尚的人、有道德的人。

（二）奉献社会的具体要求

1. 懂得人生的幸福在于奉献的真谛。人生的幸福是什么？世界观、人生观和价值观不同，理解和答案就不同。有的人认为，人生的幸福就是享受，就是让别人为自己服务，于是不劳而获、中饱私囊，利用手中的职权为自己谋幸福，假公济私、损公肥私，最终在损害社会和他人的同时也葬送了自己。

我们认为，人生的幸福在于奉献。正如法国作家雨果在其名著《莎士比亚》中所说："献身的人是伟大的！即使他处境艰困，但也能平静处之，并且，他的不幸也是幸福的。"苏联著名教育家苏霍姆林斯基在《给儿子的信》中说："什么是生活的最大乐趣？我认为，这种乐趣寓于与艺术相近的创造性的劳动之中，寓于高超的技艺之中。如果一个人热爱自己所从事的劳动，他一定会竭尽全力使其劳动过程或成果充满美好的东西，生活的伟大、幸福就寓于这种劳动之中。"

在市场经济条件下要做到奉献社会，就要处理好"义"和"利"的关系，处理好社会效益和经济效益的关系，处理好个人利益和单位利益、个人利益和社会利益的关系，把奉献社会真正落到实处。

2. 积极倡导无私奉献社会的精神。奉献社会是职业工作者的天职。有首歌唱得好："只要人人都献出一点爱，世界将变成美好的明天。"我们的世界是人与人交互而成的社会，不管是痛苦还是幸福，每个人的一切都与他人有着密切的关系。正如法国著名思想家卢梭所说："贤明的人首先关心的是大家的利益，然后才是个人的利益；因为每一种利益都属于整个的人类，而不属于其中的某一个人。"奉献社会是高尚的道德情操，是中华民族的传统美德。奉献社会不能是一句口头上的宣言，而应该落实在实际的行动中。当别人有困难的时候，我们能伸出援助之手，有钱出钱，有力出力，帮助有困难者渡过难关；当国家和人民需要我们的时候，我们能挺身而出，不惜为祖国、为人民献身。

奉献社会也并非都是做轰轰烈烈的大事，我们所做的事情，无论大小，只要有益于国家，有益于人民，就是奉献。鲁迅先生说过："能做事的做事，能发声的发声。有一分热，发一分光。"好干部孔繁森、好战士徐洪刚等为我们树立了无私奉献的好榜样。

3. 弘扬求真务实精神，发扬艰苦奋斗作风。求真务实是共产党的优良传统和共产党人应该具备的政治品格。求真务实，关键是要不断求我国社会主义初级阶段基本国情之真，务坚持长期艰苦奋斗之实。在新的历史时期，艰苦奋斗已经不再停留在特定生活状态下的"红米饭，南瓜汤""新三年、旧三年，缝缝补补又三年"了。我们今天讲艰苦奋斗，当然不是要人们去过清教徒式、苦行僧式的生活，也不是要否定合理的物质利益，而是要大力提倡艰苦奋斗、自强不息、与时俱进、开拓创新的精神。

艰苦奋斗的时代内容应是：在远大目标指引下，奋力拼搏，自强不息，励精图治，知难而进；顾全大局，无私奉献，吃苦耐劳，埋头苦干；勤俭节约，适度消费，不畏险阻，奋发图强。

案例分析

安徽大学生命科学院植物学老师何家庆怀里揣着一张中华人民共和国地图和一张《国家八七扶贫攻坚计划贫困县名单》，从 1998 年 2 月 12 日起，孤身一人启程，开始了他的大西南扶贫行动，他走了 305 天，行程 3 万多公里。安徽、湖北、湖南、浙江、重庆、四川、贵州、云南等省市的 102 个地（州）市和县，27 个少数民族聚集地，207 个乡镇，426 个村寨，都留下了他令人难忘、令人感动的身影。他为农民举办技术培训班 60 余次，直接受训的有 2 万多人。这一路，耗尽了他 16 年积蓄的 27720. 80 元。

安徽大学代校长黄德宽说："何家庆把对物质的需求降得不能再低了，他始终追求的是把自己所掌握的科技知识转化为农民脱贫致富的工具，只知奉献，没有索取啊！"

资料来源：上海市精神文明建设委员会. 道德实践活动 100 例 [M]. 上海：上海人民出版社，2003.

第二节 银行职业道德基本规范

银行职业道德是指从事银行职业的人员，在银行业务活动中处理与社会有关部门、服务对象的关系，处理行业内部人际之间、部门之间的关系，处理个人同集体、国家之间的关系所应遵循的行为准则。银行职业道德和职业道德之间的关系，是特殊与一般、个性与共性的关系。职业道德决定着银行职业道德的作用方向，规定着它的作用范围。银行职业道德则是职业道德的体现、补充和延伸。社会主义银行职业道德是社会主义道德在银行领域职业活动中的具体化。

银行职业道德和其他职业道德的关系，两者都从属于社会道德体系，其基本原则和精神有着一致性。但涉及具体的道德要求，却带有不同的行业特点和不同的适用范围。银行职业道德只是银行职业范围内的特殊的道德要求，只能在银行这个特定的范围内起作用。对其他行业从业人员的行为是不适用的；同样，其他行业的职业道德，对银行工作人员的职业行为也是不完全适用的。

银行职业道德与银行的管理制度、法规的关系，两者都具有行为规范的性质。但是，银行的管理制度、法规是强制执行的规范，依靠行政手段和纪律处分及法律等来实施；而银行职业道德则具有观念规范的性质，是从道义上要求人们以一定的思想、感情、作风和行为去待人、处事和履行职责，只能依靠人们的内心信念和社会舆论来维持。两者的作用方式不同，但又互相联系，相辅相成。

社会主义银行职业道德规范是在共产主义思想和集体主义道德原则指导下建立起来的，它所体现的不仅是银行业发展的要求，而且是整个社会、全体人民的要求。它是银行业广大职工在长期的银行工作实践中形成的一些基本的、比较固定的处理道德关系的要求。概括地说，主要有以下几个方面：

一、忠于职守

忠于职守是整个银行职业道德规范体系的基石。没有这块基石，其他道德规范的实践和道德境界的提高就无从谈起。

（一）忠于职守的含义

忠于职守是社会主义职业道德的一个最基本的要求。它是指负有一定责任的人对待本职工作极端热忱，对业务精益求精的精神；是一种兢兢业业、任劳任怨、坚持原则、不为任何名利所诱惑、不向任何邪恶势力屈服的品质。简言之，忠于职守就是忠诚于自己的职业，尽心尽力做好自己的工作。

（二）忠于职守的具体要求

1. 要树立全心全意为人民服务的思想。全心全意为人民服务，是社会主义职业道德的主旋律，也是银行职业道德的核心。人民群众是社会的主体，国家的主人，社会主义的创造者。银行从业人员只有树立为人民服务的思想，才能使自己的思想和职业行为符合社会主义历史发展的要求，为社会主义经济建设提供最佳的金融服务。

2. 要精技勤业，争创第一流的服务、第一流的效率、第一流的成绩。岗位有区别，分工有不同，但每一个具体的岗位都是整个金融事业不可缺少的，每一个银行从业人员的职业工作都对整个金融事业有必不可少的重要作用。好比一台复杂的机器，由无数个单位的零配件构成，每一个零件都关系到机器的正常运转。银行从业人员只有认真钻研业务技术，不断提高工作技能，并熟悉党和国家的经济建设方针、政策，掌握一定的金融基础知识并加以灵活运用，才能出色地完成本职工作。

3. 要具有临危不惧、坚守岗位的崇高献身精神。这是银行从业人员高尚的道德理想、优秀的道德品质在非常情况下的特殊体现。银行从业人员在日常工作中要时刻提高警惕，严格制度，堵塞漏洞，加强防范，在银行账款一旦遭受水火灾害侵袭时，尤其是遇歹徒抢劫盗窃时，每一个银行从业人员都要坚守岗位，临危不惧，挺身而出保护国家和人民的钱财不受损失。

二、严守信用

银行业是一种经营货币信用的社会职业。它的经营方式就是信用，严守信用对银行业来说具有特殊的意义。

（一）严守信用的含义

严守信用是银行职业道德的一个主要规范，它是指一切与银行业务活动相关的个体行为，都应站在银行职业群体的立场上，把重合同、守信用，维护和增进银行及银行职业群体的声誉放在首位，一切言行都应以不损害客户的利益和不损害银行职业群体的信用和声誉为准则。严守信用是银行的立业之本。社会主义银行事业是人民的事业，更应该取信于民，树立起银行的信誉，取得客户的支持和信任。

（二）严守信用的具体要求

1. 组织存款，信用为重。存款是银行业务活动的起点，银行组织存款的过程，实际上也是坚持信用为重，提供信用保证，搞好信用服务的过程。在组织存款中，要求每一个银行从业人员尽职尽责，严格按金融政策和有关规章制度办事，切实保障客户合法的正当权益不受侵犯。具体落实到日常生活中，就是保证存取自由，做到存款有息，为储户保密，以维护储户的利益。

2. 发放贷款，遵约守信。发放好贷款是银行业务活动的关键。银行发放贷款的过程，实际上是银行向社会公众提供的一种授信行为。“发放贷款，遵约守信”是信贷活动规律的内在要求，为此，要求在办理贷款业务时必须做到：第一，正确处理好国家、企业、银行三者的利益关系。在银行业务活动中，上述三者的利益关系是通过国家的信贷政策体现的，按照信贷政策合理发放贷款，是正确处理国家、企业、银行三者利益的重要保证，也是银行从业人员应有的职业道德的一种表现。第二，树立信用观念，自觉履行合同。借款合同一经确立，就具法律的约束力，必须严格遵守，履行合同规定的义务，维护合同的严肃性。银行从业人员要有强烈的信用观，把借款合同看做是以信用为基础，以法律为保障的契约，认真履行自己承担的道德责任和义务。

3. 办理结算，维护权益。银行从业人员办理结算、维护权益既是社会主义结算的特点，又是严守信用在结算业务活动中的具体体现，是银行从业人员所必须具备的职业道德品质。在办理结算中维护收付双方的正当权益，主要是通过严格执行结算制度，克服本位主义，站在公正的立场维护结算纪律和加强结算监督来体现的。为此，要求银行从业人员做到：第一，严格执行结算开户规定，如果不严格按照开户条件进行审批，对不符合结算制度规定的予以开立账户，就可能损害双方的利益，同时也会为一些不法分子通过结算账户进行诈骗活动提供条件，这是一种不负责任、失信于客户的行为，有损于银行业的信誉。所以严格执行结算开户规定，是结算业务严守信用的起点。第二，克服本位主义，保障结算双方的合法权益。要求银行从业人员在办理结算时，决不能从银行自身利益出发，为缓解信贷资金不足，或因自身头寸不足，有意扣押支付凭证，无理拒付，或积压联行报单，或占用他行资金，这都是有损结算双方正当权益的不道德行为。第三，要加强结算监督。结算监督是国家赋予银行对经济进行管理的重要职责，也是维护收付双方正当权益的必要手段，应充分认识到放弃监督本身就是一种失职行为，也有害于银行职业道德建设。

三、廉洁奉公

廉洁奉公是银行从业人员处理个人与国家、银行与客户之间关系的道德准则。廉洁奉公是银行从业人员道德的基本行为规范。

（一）廉洁奉公的含义

廉洁奉公就是不徇私枉法，不贪污受贿，不搞任何特权，不利用手中掌握的权力为个人和少数人谋利益，而是为绝大多数人谋利益。廉洁奉公，对每个银行从业人员来说，就是要严格遵守银行工作守则，敢于维护银行工作的严肃性和纯洁性，反对贪污受贿行为。大公无私、清正廉明、廉洁奉公，是银行从业人员处理个人与国家、银行与客户之间关系的道德准则。每个银行从业人员只有严格遵守这一道德规范，在从事日常银行业务活动的过程中，始终保持洁身自好、节俭不贪、持权不乱的高尚品质，才能保证银行业健康稳步地发展，使社会主义银行业真正做到廉洁、高效、全心全意为人民服务。

（二）廉洁奉公的具体要求

1. 自觉遵纪守法，鄙视阳奉阴违。纪律和法规都是强制性的行为规范，违纪违法，必将受到行政处罚和法律制裁。遵纪守法贵在自觉，这种自觉性是最起码、最基本的道德要求。阳奉阴违，表面一套，暗中一套，既已违纪或违法，又设法掩盖，说起假话堂而皇之，导致诚实、求实美德的丧失，故阳奉阴违的做法历来受到道义的谴责。银行从业人员理应鄙视阳奉阴违，摒弃“上有政策，下有对策”之类的不良行为，做自觉遵纪守法的表率，在自己的职业行为中体现和传播社会主义精神文明。

2. 以勤俭节约为荣，以铺张挥霍为耻。勤俭节约是劳动人民的传统美德，是廉洁奉公这一道德规范的要求。坚持勤俭节约就是保持劳动人民的本色，就是保持无产阶级的政治本色。唯俭可以助廉。无数事实表明，银行队伍里一些干部的变质、堕落，都是从“懒、贪、占、馋”开始的。因此，银行业从上到下，均应树立“以勤俭节约为荣，以铺张挥霍为耻”的道德观念。

3. 持权不贪不浊，洁身自好为民。银行业务活动的核心是经营货币这一特殊商品，作为银行从业人员，是服务于人民的公仆，必须履行党和人民赋予的权力和义务。权力是党和人民给的，银行从业人员只有为民造福的义务，而无持权谋私的权力，尤其是各级领导、管理干部，应牢记“廉洁奉公”这一道德规范，全心全意为发展金融事业而奋斗，不仅应做到持权不贪不浊，廉洁清正，而且应以高尚的情操、洁净的心灵、淳厚的作风、正直的品质为人民造福，为部属作出表率。

4. 刚正不阿反腐蚀，严于律己扬清风。银行从业人员是社会成员的一部分，对社会各界有广泛影响。个体素质的差异，在任何时候都是绝对的。在相同的环境下，有的人不断丰富、充实、提高自己的精神境界，永远保持着道德上的纯真，有的人却相反；在贪图享乐、攀比阔气、金钱至上、吃喝风猛刮时，一些人掉进了污浊的泥坑，而另一些人却表现得更高尚更坚强；一些职业群体奋发向上，不断开拓创新，而有些职业群体却腐败现象丛生，正不压邪。

四、竭诚服务

竭诚服务是银行从业人员必须遵守的职业道德规范。银行从业人员做到竭诚服务，不仅有利于促进国民经济的发展，方便人民生活，而且对整个社会风气的好转也起着一定的促进作用。

（一）竭诚服务的含义

竭诚服务是银行业的基本职业道德规范，也是社会主义人与人的新型关系在银行业务活动中的具体体现和要求，是银行从业人员的重要道德规范。全心全意为经济建设服务，为人民生活服务，是社会主义银行业的宗旨。在指导思想上和实际工作中，必须把为经济建设服务、为客户服务放在第一位，建立社会主义的新型银企关系，竭尽全力，诚心诚意，满腔热情地服务。

（二）竭诚服务的具体要求

1. 客户至上，甘当公仆。这是做到竭诚服务、优质高效的思想基础。我们提倡客户至上，就是要从人民的利益出发，以公仆的身份去更好地为人民服务。银行从业人员如果不能把客户的正当利益放在首位，不去积极主动地为客户服务，就无法按照竭诚服务的要求，竭尽全力、诚心诚意地为客户提供优质高效的金融服务。客户至上，甘当公仆，是银行从业人员坚持全心全意为人民服务的宗旨在职业道德规范上的具体反映。

2. 礼貌待客，文明服务。银行是传播社会精神文明的重要窗口，银行的服务对象来自四面八方，银行从业人员必须把文明服务、礼貌待客作为自己的职业道德要求。要求在日常业务活动中做到：第一，要有主动热情、耐心周到的服务态度。银行从业人员的良好服务态度，不仅能促进业务本身的发展，促进各行各业的发展和流通的扩大，而且还能促进社会风气的好转。为此，应做到“四心”，即诚心、热心、细心、耐心。第二，要有整洁、大方、文雅的仪表风度。银行从业人员要做到仪表整洁，讲究卫生，举止大方，彬彬有礼，谈吐文雅，说话和气，以体现良好的精神面貌，在客户心中树立良好的形象。第三，要有优美、整洁的行容、行貌。这是搞好金融服务的重要条件。一个优美、整洁的环境可以给客户精神上带来轻松和愉悦，一个脏、乱、差的环境会给客户带来心境上的不愉快感。

3. 开拓进取，敢于创新。竭诚服务还要求银行从业人员必须具备开拓进取、勇于创新的精神，不断开拓新的服务领域，增加服务种类，为社会提供优质、高效、全功能的最佳服务。为此，银行从业人员应做到：第一，要有锐意进取精神。“进取”就是不满足于现状，是刻意求新、不断发展，只有进取才能创新。一个人有了进取精神，就会勇于向前，不断拼搏。第二，要有勇于创新的胆识。银行从业人员必须在坚持四项基本原则、坚持改革开放的方针下，解放思想，大胆探索，不断排除习惯势力的影响，打破陈旧、停滞、封闭、僵化的观念，克服安于现状、思想懒惰、墨守成规、不求上进、惧怕改革的思想，树立市场观念、效益观念、服务观念，努力探索中国特色社会主义金融事业的规律。第三，要努力学习，勤于思考。银行从业人员必须努力学习马列主义、毛泽东思想、邓小平理论、“三个代表”重要思想和科学发展观，努力学习党的路线、方针、政策，在政治思想上始终与党中央保持一致；要善于学习、借鉴国外金融理论和金融业务实践的有益经验，通过比较分析的方法，取其精华为我所用。

五、顾全大局

顾全大局是正确处理银行职业群体内外关系的最基本道德规范，是一切先进的银行职业群体长期道德实践的理论概括。

（一）顾全大局的含义

顾全大局，即在原则上树立整体观念和全局观念，把全局利益、整体利益放在首位，在个人与整体、局部与全局、当前与长远利益发生矛盾时，个人应服从整体、局部应服从全局，当前应服从长远，顾大局，识大体，以维护整体利益、全局利益、长远利益为道德原则。顾全大局的道德意义在于：在协调处理银行职业群体关系时，如果以优化群体素质和整体功能为最高利益，以全局利益为重，就是道德的；如果为了当前利益而损害了长远利益，或者为了个人利益而损害了群体其他成员的利益，就是不道德的。

（二）顾全大局的具体要求

1. 要立足金融，胸怀全局。广大银行从业人员在职业生活中，应牢固树立全国一盘棋的思想，识大体，顾大局，自觉地把全局利益放在首位，团结一致地为企业服务、为发展经济服务、为社会服务。首先，牢固树立“立足金融，胸怀全局”的职业指导思想。把从经济全局的高度充分筹集资金，挖掘现有资金能力，扩大信贷资金来源作为自己对国家和社会经济全局承担的责任和义务；同时必须管好用好资金，反对本位主义，把国家宏观调控机制落实到自己的职业岗位上，在宏观政策指导下，搞活微观经济，为发展社会生产力作出应有的贡献。其次，正确处理银行部门利益与社会利益的关系。银行业在追求自身经济效益的同时，还必须重视社会的整体利益，应把提高社会效益作为提高银行业自身效益的前提。当两者利益发生矛盾时，部门效益应该服从社会效益。

2. 团结协作，相互支持。这是社会分工和社会进步的必然要求，也是社会主义新型职业道德的一个显著特点。银行业是比较复杂的行业体系，每一个银行组织内部存在着多种岗位和分工，它们之间紧密相连，互为依存。这从客观上要求每一个银行从业人员在各自的岗位上齐心协力，发挥整体力量。在银行的上下级之间，应提倡下级服从上级、上级为下级服务的职业道德风尚，反对有令不行、有禁不止的个人主义和高高在上的官僚作风。在银行的相邻岗位之间，应提倡把困难留给自己，把方便让给别人的风尚，反对那种相互推诿、钩心斗角、争权夺利的不道德行为。

3. 互助互学，共同进步。这是社会主义的新型社会关系的要求，也是社会主义银行职业道德的一个重要要求。共同的事业客观上要求银行从业人员相互间团结互助、互帮互学、取长补短、共同进步。它要求银行从业人员做到：第一，在业务上互帮互学。提高银行部门全体职工的业务技能和水平，除了组织专门的业务学习和培训外，另一重要途径就是依靠各岗位的职工在日常生活中的互帮互学，以老带新，使银行职业群体中形成一种“比、学、赶、帮、超”的学习风尚。第二，在工作上互相支持。在坚持原则的前提下，求大同、存小异，不斤斤计较，不以分工不同为借口互相推诿责任。对于工作中遇到的矛盾，应先从自身找原因，摆问题，互相配合，共同研究和分析，找出解决矛盾的有效办法。对工作中发生的差错和事故，应勇于“挑担子”，知难而进。另外，还应提倡协商讨论、同谋共事的工作作风，反对“事不关己、高高挂起”的自由主义思想。

第三节 外汇经营管理职业道德规范

改革开放以来，对外经济交往不断扩大。为了维护我国对外开放条件下的经济利益，促进对外贸易的发展，更好地吸收利用外资，引进先进的科学技术，加速经济建设的进程，国家专门设置、扩大了外汇管理机构，大批人员走上外汇管理的工作岗位，成为外汇管理的执行者，从事外汇管理职业。外汇管理人员的职业道德问题也因此显得更为突出和重要。

一、外汇管理人员职业道德规范

外汇管理又称外汇管制，它是指我国政府为平衡国际收支和稳定货币汇率，通过法律、法令和条例等形式对外汇资金的收入和支出、汇入和汇出、本国货币和外国货币的兑换方式及兑换比例所进行的限制。一国实行外汇管理的主要目标，是通过国际收支的平衡和货币汇率的稳定来保证国内金融的稳定和发展，促进国际竞争力的提高和国民经济的持续稳定增长。

外汇管理是国家宏观经济管理的重要方面，我国实行严格的外汇管理制度有十分重大的作用。首先，我国对外经济开放，使得国内经济和国外经济联系在一起，国际经济风云变幻，会直接影响我们国内经济的发展和国际收支平衡。实行外汇管理可以减少国外经济对国内经济的冲击，确保国内金融物价的稳定，维护我国的经济利益。其次，实行外汇管理可以把有限的外汇资金加以集中，统一合理安排，保证国家重点建设项目用汇，发挥最大限度的经济效益，避免浪费外汇资金。最后，科学的外汇管理可以出效率、出速度、出财富。实行外汇管理，还可以监督外汇资金用途，引导外汇资金的流向，收到事半功倍的效果。

外汇管理人员的职业道德，除具有一般金融职业道德规范的共同属性外，还有其自身的特殊要求。具体来说，有以下几个方面：

（一）以国家利益为重

以国家利益为重就是要求外汇管理人员忠于国家，这是外汇管理人员首要的思想品质。外汇管理人员代表国家统一管理外汇、外债，应以国家利益为重，处处为国家的整体利益着想。什么是国家利益？国家利益就是人民群众的长远利益和根本利益。因此，外汇管理人员在管理活动中，无论涉及国内或国外，都要从我们国家的长远利益出发，维护国家的根本利益。

首先，外汇管理人员要懂得，我们是发展中国家，还处在社会主义初级阶段，还比较穷，国家外汇资金有限。为加速经济建设，必须集中外汇资金，把它们用于能源、交通、教育、国防等部门的重点建设项目，以使整个国家的经济发展保持后劲，这是国家的长远利益。集中资金，统一安排使用，是整个国民经济建设的需要，外汇管理人员要顾全大局，处理好中央、地方、企业三者的利益，保证国家利益的实现。

其次，外汇管理人员要充分理解国家的各项改革方针和政策，并以实际行动支持国家采取的外汇管理措施。1986 年以来，国家在外汇管理方面先后采取了一些重要的改革措施，目的是为了加强国家对外汇的宏观控制，确保改革开放顺利进行和外贸体制改革顺利出台。不采取这些措施，就会影响外贸体制改革和我国的对外信誉，给国家的利益和信誉造成损失，这是大局，是根本。外汇管理人员心目中有了这个大局，就能积极认真贯彻这些措施，自觉地认识到为了国家的大局和长远利益，某些地方和部门作出一定的牺牲和经受暂时的困难也是必要的。国家信誉提高了就能够加快对外贸易的发展和吸收外资，最终对局部利益大有好处。如果没有职业道德的规范约束，就会出现“上有政策，下有对策”、“有令不行，有禁不止”，自行其是的现象；就会出现只顾眼前和局部利益，损害国家利益的情况。

最后，以国家利益为重是外汇管理人员处理国与国之间经济利益的原则。对外开放以来，我国积极发展外向型经济，大力发展进出口贸易，大力引进外资，举办外商投资企业，开展“三来一补”业务，外汇管理就涉及国与国之间经济利益。作为外汇管理人员，要以国家利益为重，以高度的责任感最大限度地维护国家的经济利益，为国家创造更多的财富。对于违反外汇管理规定的外商投资企业，必须以国家利益为重，坚决予以查处，以维护我国的金融秩序，创造良好的投资环境，发展对外经济。

（二）严格管理与热情服务相结合

外汇管理的目的，是要把有限的外汇资金管好用活，提高外汇资金的经济效益。要达到这个目的，必须做到严格管理与热情服务相结合，要求外汇管理人员在履行国家赋予的管理职能的同时，牢记为人民服务的宗旨，积极热情为管理对象服务。这应成为外汇管理人员重要的职业道德准则。

首先，外汇管理人员是国家干部，在我们社会主义国家，外汇管理岗位和工作权力是人民赋予的，为管理对象服务是外汇管理人员的责任。只有脚踏实地为管理对象服务，不断增强服务意识，才能提高外汇管理的水平。

其次，严格管理与热情服务相结合是外汇工作内在的要求。如果只强调管理忽视热情服务，就可能把外汇管死，脱离实际工作。因为，外汇管理规定千条万条也不能全部囊括经济中发生的现象。单靠文件规定、开会、收报表进行管理，会使管理效能低下，收益甚微。只有外汇管理人员熟悉、了解被管理对象，并热情地为他们服务，才能达到外汇管理的目的。在强化管理的同时，外汇管理人员要牢记服务的职业要求，为企业、基层等管理对象提供信息和咨询服务，想他们之所想，急他们之所急，寓管理于服务之中。

最后，严格管理与热情服务相结合作为职业道德规范，要求外汇管理人员自觉自愿地为国家、为人民服务，必须杜绝外汇管理人员违反职业道德的行为。少数外汇管理人员不讲为人民服务，对所管理的企业“吃、拿、卡、要”，不给好处不办事；还有的外汇管理人员脱离基层、高高在上、办事拖拉、不讲效率、官气十足。这种官僚主义作风极大地降低了外汇管理的工作效率，损害了外汇管理人员的形象。每个外汇管理人员都要与这种思想和行为作长期的斗争。

案例分析

全国金融系统文明优质服务先进单位——中国银行北京分行学院路分理处，位于北京语言学院中，主要为外国来华留学生服务。他们认真负责地办理每一笔业务，不分肤色、国籍，热情接待每一个顾客，给留学生们留下了深刻的印象。许多人回国后还写来感谢信、寄来贺年卡，保持友谊。有一位泰国留学生回国后来信说："亲爱的中国银行朋友，我非常想念你们，回想起在中国学习期间的美好时光，你们的热情服务深深地印在我的脑海里。"

资料来源：龚宏富. 财经职业道德［M］. 杭州：浙江大学出版社，2004.

（三）精通外汇管理业务

精通外汇管理业务是外汇管理人员职业道德的基本要求。外汇管理是国际金融领域的一个重要而复杂的问题，它既关系到世界各国政治、经济、文化关系和贸易往来的协作、交流与发展，同时又是世界各国在国际货币金融领域里矛盾和斗争比较激烈的焦点之一。这说明外汇管理涉及的内容十分广泛，外汇管理人员必须具有多学科知识和实践经验，对外汇管理工作必须是精通而不是熟悉，否则难以胜任外汇管理工作。

首先，精通外汇管理业务是发展对外经济的需要。我国对外开放时间不长，参与国际竞争和国际交换，使我国的外汇管理面临许多问题。一方面在对外经济交往中缺乏丰富的经验，交了不少"学费"，吃了不少亏；另一方面有些外汇管理还处在摸索阶段，还没有形成一套完善的管理制度，有时被外商钻了空子，占了我们的便宜。这种局面要求外汇管理人员必须学会与发达国家打交道，防止由于不精通业务而吃亏上当。因此，外汇管理人员要刻苦钻研外汇管理业务，努力学习管理知识，提高管理水平，成为外汇管理的行家。只要精通了外汇管理业务，又有不甘落后奋勇开拓的事业心，就能逐步建立一套适应我国国情的外汇管理体制，以适应发展对外经济的需要。

其次，精通外汇管理业务是做好本职工作的基础。外汇管理内容日益复杂，业务日益繁重。靠什么去管理，主要是靠外汇管理部门制定的方针、政策，颁布的各项法规、制度、办法。制定这些政策和规章制度是外汇管理人员的本职工作，也是管理活动的一部分。实际工作中，外汇管理人员都在出主意、想办法，为搞好外汇管理出谋划策，拿出一个好的政策，获得高的经济效益，推动了外汇管理。外汇管理人员要想做好本职工作，拿出好的政策或主意，必须努力钻研业务，精通外汇管理。因为外汇管理是政策性和专业性较强的工作，如果外汇管理人员不熟悉不了解具体业务知识，就很难把外汇管理推向深入。精通外汇管理不是单纯地“啃”书本知识，重要的是参加社会实践，认真搞好调查研究，这是作为一个外汇管理人员的基本功，也是职业道德的基本要求。外汇管理人员向政府部门汇报情况及制定方针、政策都是建立在调查研究的基础上，可见调查研究是十分严肃、认真而又艰苦的劳动。外汇管理人员必须掌握这个基本功，只有掌握这个基本功，才能精通外汇管理业务，把本职工作做好。

最后，精通外汇管理业务，要求外汇管理人员热爱本职工作并具备较高的技能和专业知识。从外汇管理人员的地位和肩负的责任来看，一些人无论是在理论政策水平，还是在技术业务本领和组织能力方面，都存在一些不相适应的问题。为了解决这些不相适应的问题，外汇管理人员必须加强学习。学习永无止境，“肚里知识多，手中钥匙多”，知识越多，工作效率越高。作为外汇管理工作者，一是要掌握外汇管理的基本理论，提高综合分析能力；二是要学习专业知识，掌握一定的经济、贸易、金融、外汇业务、会计基础、国际结算等知识；三是要学会操作计算机等现代办公用具，以及掌握一门外语。当前，需要外汇管理人员学习的知识非常多，要加强学习，提高业务素质，一定要克服“轻视学习”“不求甚解”“混日子”的思想。只有这样，外汇管理人员才能热爱自己的工作，努力精通业务，逐步成为一个称职的外汇管理人员。

（四）杜绝以外汇管理权谋私利

外汇管理涉及方方面面的经济效益。外汇管理人员手中掌握着审批权、分配权、管理权和处罚权，要正确行使手中的权力，廉洁奉公，严禁以这些权力为自己谋私利，这是外汇管理人员最重要的一条职业道德准则。外汇管理部门作为我国中央银行的一个重要职能部门，担负着为政府管理外汇的职能，绝不允许为自己谋利，必须坚决杜绝以外汇管理权谋私利的腐败现象。

利用外汇管理权为自己谋利，是“权钱交易”的腐败现象在外汇管理行业中的重要表现。社会上一些人往往想方设法利用外汇管理人员的私心杂念逃避管理，而我们有的外汇管理人员又想利用手中的权力为自己谋利。这种腐败风气不仅败坏了外汇管理行业的声誉，而且严重地损害了国家的利益。

利用外汇管理权为自己谋利是一种腐蚀剂。有些外汇管理权有一定灵活性，罚不罚灵活性很大。如果外汇管理人员放松警惕，吃了人家的，拿了人家的，就可能会作出违反原则的事，导致对权力的滥用。对有的外汇管理人员来说，开始觉得拿礼品、吃顿饭问题不大，逐步就会习以为常，甚至伸手要礼物。最后可能会经不住物质利益的诱惑，索贿受贿走向经济犯罪。

杜绝以外汇管理权谋私利作为外汇管理人员的职业道德准则，关键在于能否真正落实。在外汇管理的实践中，这个问题并没有完全解决好。外汇管理人员处在改革开放的第一线，要坚持从自己做起，用职业道德准则规范自己，杜绝以外汇管理权谋私利。切不可一方面大喊反对腐败，另一方面以手中的权力为自己谋利。

二、外汇经营人员职业道德规范

外汇经营工作是我国进入国际金融市场，积极参与国际金融活动，为国民经济建设组织、筹集、融通外汇资金的一项十分重要的工作。外汇经营工作同其他金融业务工作相比具有鲜明的特点。一是政策性、专业性强。外汇经营工作具有严肃的政策性和政治性，它对内执行国家的各项方针、政策，对外代表着国家金融、经济、政治方面的形象、主权。二是涉外活动广泛。与其他金融业务工作相比，外汇经营工作在社会交往和涉及面上更为广泛。三是工作要求优质高效。外汇经营工作的质量、效率、服务水平、管理经营优劣都直接关系到我国在国际金融市场上的形象，以及在利益上的得失。

外汇经营人员直接担负着为国家筹集、积累、掌管和运用好外汇资金的重要任务，并为对外经贸活动服务。同时，通过外汇经营活动来贯彻国家的有关政策，增收节支外汇，扩大国际经济技术合作与交流，进一步促进经济建设的发展，增强国家在国际上的地位和影响。因此，外汇经营人员，除了具备过硬的专业知识和业务能力外，还必须具有良好的政治思想素质和职业道德素养。外汇经营人员的职业道德规范，具体来说，有以下几个方面：

（一）忠于祖国，维护国家利益

忠于祖国，维护国家利益是外汇经营人员首先必须具备的职业道德品质。外汇经营人员不论在国内还是在国外工作，其工作内容和性质都涉及国家和民族的利益，涉及国家的主权和民族尊严。为国家多创汇、快创汇、使用好外汇是外汇经营人员的重要职责。因此，外汇经营人员应时刻为祖国的经济建设着想，立足本职为国家创汇作贡献。不论在何时、何地做何事都要热爱祖国，牢记自己是中国人，是中华人民共和国的代表，是国家利益的体现者和维护者。事事处处都要旗帜鲜明地维护国家主权和民族利益，坚决维护民族尊严，不做任何不利于祖国的事，不说不利于祖国的话，对损害祖国经济利益或政治声誉的事和人，进行有理、有利、有节的斗争，要采取摆事实、讲道理、以理服人的方式，维护社会主义祖国的利益和尊严。

案例分析

1989年初夏，西方敌对势力掀起了一股反华浪潮，在经济上对我国实行所谓的“制裁”。他们一方面混淆视听，大肆造谣，另一方面煽动客户在世界各国挤提中国银行海外机构的存款。同时，拖延或者停止对我国的外资贷款，并向国际银行机构施加压力，让他们减少或中止与中国政府的外汇业务往来，不向中国融通资金，企图使我国出现外汇支付困难，进而使中国经济建设受到巨大打击，向中国政府施加政治压力。1989年6月5日这一天，仅在香港地区，就提走存款81亿港元。在澳门有人挂出几十米长的大标语，上面写着煽动性的口号：“提走在中国银行的存款，不留一分钱！”在美国、澳大利亚等地，也同时发生了挤提存款事件。香港一些报纸还发表文章，“论证”挤提和其他限制措施会对中国银行和中国经济产生多大的影响，毫不隐讳地说什么“会在短时间内对中共政权的外汇资金运用，以至整个政权的对外经济关系、国内经济关系，产生巨大的打击作用、恐吓作用”。这种政治性挤提浪潮来势之猛，压力之大，人数之多，款额之巨，持续时间之长，在世界银行史上是罕见的，在中国银行的历史上也是空前的。对于这样的冲击和压力，可以说，世界上任何一家银行都很难顶得过去。面对这几乎是全球性的严重政治性金融事件，中国银行及其外汇业务机构，从国家利益出发，处乱不惊，沉着应付。一方面，在政治上针锋相对，驳斥谣言，坚持回击，做好宣传解释工作，顶住政治性挑衅，挫败政治阴谋；另一方面，正确决策，采取合理性保护措施，国内外机构仍然坚持营业，提供热情、周到的服务，不卑不亢，团结一致，保持良好的精神风貌。挤提浪潮虽然来势凶猛，持续时间长，使海内外外汇业务量陡增，但却没有出现一笔差错。在政治斗争和经济斗争中，我国的外汇经营工作者以强烈的政治责任感和工作责任心，为人民立了功，为国家作出了贡献，把损失降到最低限度。有一位海外客户特意称赞中国银行工作人员“临危不乱，服务文明热情”，“与客户为善”，“以浓郁的情感来应付危机”，“这种真正的爱国之心，最终将赢得客户的心”。

资料来源：龚宏富．财经职业道德［M］．杭州：浙江大学出版社，2004.

（二）廉洁奉公，遵守外事纪律

廉洁奉公，遵守外事纪律是社会对每一个外汇经营人员提出的最起码的道德要求，也是关系到银行信誉、银行的生存和发展的重要问题。外汇经营人员都应该做到洁身自好，珍惜党和国家的信任，努力提高自身道德素质，为人民、为国家掌好财权。

由于外汇的特殊作用，有少数银行职员，设法通过外汇经营工作这一渠道，用各种非法手段谋取外汇。如：利用职权和工作之便，贪污、受贿、套汇、私自买卖外汇、截留外汇；长短款不报，吃牌价差，侵吞国家和顾客利益。所有这些，败坏了行风，破坏了银行外汇工作的声誉，给国家和银行的经济利益以及客户的利益造成损失。这些行为，一害国家，二害银行，三害客户，四害自己。

遵守外事纪律就是要求外汇经营人员自觉遵守、严格执行各项外事纪律，涉及国家的经济机密和经济信息要保密，以维护国家的信誉和人民的利益。外汇经营人员在对外业务活动中，应分清内外，严守国家机密，严格执行保密规定；加强组织纪律性，不该讲的内情决不言传，不该提供的资料决不提供；在外国客商面前，切忌过分表现自己，夸夸其谈，言多必失，即使是无意泄密，同样会使国家遭受损失。在与外国客商打交道时，不准利用职权和工作关系搞私下交易和牟利，也不准同外商相互受授礼品。对于外国客人出于友谊赠送的礼品要谢绝，或者收受后主动交公，由组织处理，一定不能丧失中国人的人格和国格。在涉外工作中，要有一套完整的请示汇报制度，记好工作日记，内部要互通情报，防止意外事情的发生。在陪同外国客人参观旅游、出席晚会时，要遵守时间，不迟到、不早退，有特殊情况不能到场时，要事先请假说明情况，恳请谅解，以避免产生误会，影响到国家的声誉。遵守外事纪律，还要求外汇经营人员敢于揭露各种不良倾向、不正之风和违反外事纪律的现象，并与之作坚决的斗争。要真正做到自觉遵守外事纪律，严守机密，重要的前提就是要有较强的抵制腐蚀的能力。一方面，对某些外商和客户的拉拢、行贿，要站稳立场，经得住考验，并予以坚决抵制；另一方面，要自觉地杜绝利用手中的权力和职务之便为自己牟利的腐败现象。

（三）信誉至上，取信广大客户

当今世界，商品生产和商品交换高度发展，任何一个国家经济的顺利发展，都离不开信用的支持。从这个意义上讲，市场经济是一种信用经济。围绕商品生产和商品交换的资金活动多是通过信用方式来进行的。银行是办理信用业务的专门机构，是联结国民经济各部门的纽带，是沟通我国与世界上其他各国金融交流的桥梁。能否坚持信誉第一，不仅对银行本身，而且对全社会的经济活动都有影响。只有讲信用，守诺言，实践成约，在外汇经营工作中树立信得过、可依靠的形象，才能取得中外客户的信任和支持。信誉好与不好，关系到外汇业务工作的发展。由此可见，外汇经营人员必须把恪守信用作为自己的职业准则来严格履行。

长期以来，我国外汇经营部门在对外筹资、担保见证、国际结算等业务活动中，坚持把重合同、守信用作为一条行为准则，在对外业务中遵守国际统一惯例和有关法规，并从各个环节上注意避免出现影响合同执行、有损于我国银行信誉的行为。比如，信用证条款要明确，缮打要清楚，不能因条款乱而不清给信用证的执行带来困难。又比如，在与代理行的函电往来中，收到对方的函电，一定要及时答复，不能迟迟不作处理，影响信用证的执行。总之，外汇经营工作一定要使重合同、守信用的思想贯穿在国际结算的每个环节，体现在每一个工作人员的每项业务活动之中。只有开出的信用证、担保书、缔结代理合同等全部得到履行，才能在国际上取得良好的信誉。

案例分析

伊丽莎白是一家大型公司的资深人事主管，在谈到员工录用与晋升方面的尺度时，她说："我不知道别的公司在录用及晋升方面的标准是什么，我只能说，我们公司很注重应征者对金钱的态度。一旦你在金钱上有了不良的记录，我们公司就不会雇用你。如果品行有污点，即使应聘者工作经验丰富，条件优越，我们也不会聘用的。"这样做的理由有四点：第一，我们认为一个人除了对家庭要有责任感外，对雇主守信是最重要的。你在金钱上毁约背信，就表示你在人格上有所缺陷；第二，如果一个人在金钱上不守诺言，他对任何事都不会守信用；第三，一个没有诚意信守诺言的人，他在工作岗位上必定也会玩忽职守；第四，一个连本身的财务问题都无法解决的人，我们是不任用的。因为频繁的财务困难容易导致一个人去偷窃和挪用公款。在金钱方面有不良记录的人犯罪率是普通人的10倍。当我们支出金钱时，要诚实守信，这一点也同样适用于我们的为人处世。

资料来源：姚予. 做好本职工作［M］. 北京：中国纺织出版社，2007.

（四）文明服务，热情对待客户

文明服务，热情对待客户是外汇经营人员职业规范的核心内容，它要求从业人员认识到服务质量的好坏，直接影响着银行的信用和对外业务的发展。因此，外汇经营人员应牢固树立一心为顾客服务、一切为顾客提供方便的思想，通过文明优质服务，在国际金融领域中进一步树立良好形象。

文明优质服务主要包括：优良的服务态度，高标准的服务质量，快捷的服务效率。

文明服务，热情对待客户，要求外汇经营人员做到：第一，使用规范化和恰当的语言。由于外汇经营工作所接待的客户国内国外都有，因而在语言上更应准确规范，彬彬有礼；言者亲切，听者入耳。在接待客户或洽谈业务的过程中用词要恰当。应选择与客户平等、敬重和自谦的语言。切忌使用命令、失敬、自傲的词语。在正确使用语言的同时，要辅以语调、表情，把握用语时机，注意语言的艺术性。第二，仪表要端庄文雅。仪表端庄看起来是小事情，但由于外汇经营单位是信用机构，工作人员应该使客户有信任感，而不应给对方留下办事毛糙、不可信赖的感觉。外汇经营人员仪表要端庄文雅，使客户一见面就会产生一种亲近感、信赖感。第三，行动要热情。客户到银行办理外汇业务，除了希望听到顺耳的语言、受到热情的接待外，更希望承办人把他所要办的业务妥善地办好，否则，语言美、态度好都是空的。因此，外汇经营人员一定要以极大的热情认真负责地办好每一项业务。第四，熟练掌握业务技能。银行是国民经济的综合部门，外汇经营工作任务繁重，工作本身对每一个工作人员提出了很高的要求。每个外汇经营工作者应懂得国家的经济建设方针、金融政策、法律法规、熟悉国际金融业务、银行经营管理知识，通晓规章制度、操作规程、计算机应用技术、会计核算技术以及与银行外汇业务有关的外语、外事、市场知识等。在新的历史时期，新情况、新问题不断出现，只有坚持不懈地钻研业务，熟练掌握业务技能，才能适应新形势的需要。第五，要不断开拓业务。随着国际金融事业的发展，国际化、电子化、现代化水平日益提高，外汇经营人员必须不断破除因循守旧的思想，勇于开拓、积极探索，从我国实际情况出发，积极采用国际上新的、科学的经营方法，增加业务种类，努力提高服务水平，使外汇经营工作在国民经济中发挥更大作用。

本章小结

社会主义社会的各种职业都有其相应的职业行为准则，这些准则就是社会主义职业道德规范。根据《公民道德建设实施纲要》，其基本规范包括：爱岗敬业、诚实守信、办事公道、服务群众、奉献社会。

社会主义银行职业道德规范，是社会主义条件下从事银行职业的人们在银行业务活动中形成的特殊道德标准，是银行从业人员应当遵循的思想行为的准则，它包括五个方面的内容：忠于职守、严守信用、廉洁奉公、竭诚服务、顾全大局。

外汇管理人员职业道德规范为：以国家利益为重、严格管理与热情服务相结合、精通外汇管理业务、杜绝以外汇管理权谋私利。外汇经营人员道德规范为：忠于祖国、维护国家利益，廉洁奉公、遵守外事纪律，信誉至上、取信广大客户，文明服务、热情对待客户。

思考题

1. 职业道德规范包括哪些内容？
2. 从业人员如何做到爱岗敬业？
3. 从业人员应怎样做到诚实守信？
4. 如果你在一个平凡的岗位上，打算怎样奉献社会？
5. “严守信用”这一道德规范有哪些基本要求？
6. 如何遵守“廉洁奉公”的职业道德规范？
7. 怎样才能做到文明优质服务？

主要参考文献

[1] 刘建民. 职业道德与法律基础 [M]. 上海：立信会计出版社，2005.

[2] 曾凡龙，王世华. 职业道德教程 [M]. 上海：上海交通大学出版社，2005.

[3] 龚宏富. 财经职业道德 [M]. 杭州：浙江大学出版社，2004.

[4] 郝连儒，庞业明. 职业道德与就业指导教程 [M]. 北京：中国商务出版社，2005.

[5] 张国宏. 职业素质教程 [M]. 北京：经济管理出版社，2006.

[6] 姚予. 做好本职工作 [M]. 北京：中国纺织出版社，2007.

[7] 中国银行业协会银行业从业人员职业操守专家小组. 银行业从业人员职业操守解读 [M]. 北京：中国财政经济出版社，2007.

第三章

银行职业道德具体准则

YINHANG ZHIYE DAODE JUTI ZHUNZE

【学习目的与要求】

通过本章学习，了解银行业从业人员职业道德的具体准则，理解临柜人员、客户经理和管理人员相应的道德规范的具体要求，结合对各条准则的掌握和对案例分析的理解在实际工作中自觉实践，将理论学习和实际工作结合起来。

银行业务涉及社会经济活动的方方面面，近年来，中国银行业在各方面取得了长足的进步，但是要想使其服务质量和水平有更快的提升，就必须使其从业人员具有良好的职业道德和操守。银行业从业人员分为临柜人员、客户经理和管理人员，在社会活动中应当遵循《银行业从业人员职业操守》所规定的职业道德具体准则。

第一节
临柜人员职业道德具体准则

一、礼貌服务

《银行业从业人员职业操守》第十八条要求：银行业从业人员在接洽业务过程中，应当衣着得体、态度稳重、礼貌周到。对客户提出的合理要求尽量满足，对暂时无法满足或明显不合理的要求，应当耐心说明情况，取得理解和谅解。

礼貌服务是指服务人员出于对客人的尊重或友好，在服务中注重礼仪、礼节，讲究仪表、举止、语言，执行服务操作规范。银行临柜人员在工作过程中以客户为中心，行为举止得体、为客户提供礼貌周到的服务是从业人员履行职责的基本要求。

对银行业从业人员灌输礼貌礼仪、行为规范、服务意识思想，培养良好的精神面貌，树立良好的仪容仪表形象，使员工的举手投足更好地满足顾客的心理要求，有利于优化服务质量，树立银行服务的良好形象。

一般来讲，银行机构对员工的着装、言行都有较为明确的规定和要求，作为银行业临柜人员均应该自觉学习和遵守这一要求。

做到礼貌服务要求银行业临柜人员具有耐心的优良品质和较好的人格修养，只有如此，才能在具体的工作和服务过程中行为举止得体，服务优质，并在处理纠纷的过程中，使矛盾得以有效化解。

案例分析

小李是某银行柜台操作人员。其所在银行规定，每天16:30停止对外营业，进行内部账目核对、点钞等工作。

某日下午16:00，在小李的窗口前仍有10位客户排队等候，且陆续有新的客户加入。同事小张提醒小李道："应该告知新入列客户即将停止营业的情况。”但小李毫不理会。到16:30，仍有8名客户在排队等候，小李在不作任何解释的情况下，将暂停服务的告示牌放在柜台上，并示意让客户明天再来。部分客户非常着急，希望小李能给予通融，小李生硬地回绝道：“我们行里规定16:30停止营业，我不能给你们办业务。”

事后，一些客户向小李所在支行进行了投诉。

点评：小李作为一名柜台人员，以下两种做法明显违反了职业操守：

1. 未提前提醒客户16:30停止营业的情况，且在同事提醒后仍置若罔闻，耽误了客户的时间。

2. 在客户提出质疑之后，生硬地回绝了客户的请求，没有耐心礼貌地向客户说明情况，取得谅解。

资料来源：中国银行业协会银行业从业人员职业操守专家小组．银行业从业人员职业操守解读［M］．北京：中国财政经济出版社，2007.

二、公平对待

《银行业从业人员职业操守》第十九条要求：银行业从业人员应当公平对待所有客户，不得因客户的国籍、肤色、民族、性别、年龄、宗教信仰、健康或残障及业务的繁简程度和金额大小等方面的差异而歧视客户。对残障者或语言存在障碍的客户，银行业从业人员应当尽可能为其提供便利。但根据所在机构与客户之间的契约而产生的服务方式、费率等方面的差异，不应视为歧视。

银行业临柜人员能够做到公平对待所有客户是应有的工作态度。无论是对待大客户还是小客户，无论是老客户还是新客户，也无论是你喜欢的人还是不喜欢的人，都能够在具体的工作过程中为其提供优质服务是一个银行临柜人员必须具备的职业道德操守，也是维护所在单位即银行良好形象的关键要求。

银行业从业人员尤其是临柜人员每天都会和各种各样的人打交道，所面对的客户在性别、年龄、语言、信仰和风俗习惯、民族、家庭背景、受教育程度等方面均不尽相同。作为临柜人员，不管客户是什么样的具体情况，都应该以一种公平的、一视同仁的态度对待，不能因为客户身份的高贵而特殊对待，也不能因为客户的贫寒或具有某些生理缺陷而存在歧视的心理和态度，这也是做人的最起码准则。

《银行业从业人员职业操守》要求，“对残障者或语言存在障碍的客户，银行业从业人员应当尽可能为其提供便利。”这是对弱者的尊重，也是银行业从业人员尤其必须注意的职业道德准则，在服务过程中，还应该做到不让人感到对其怜悯或过分同情，避免客户产生不适感。这其实是对银行业临柜人员比较高的服务技巧的要求。

在具体的工作过程中，每一个客户所要求的业务内容往往存在较大的差异，对银行来说，经济效益当然也会存在较大差异，但是，作为银行临柜人员，不应因为业务繁简程度或经济效益上的差异，对那些业务繁杂或经济效益差的客户怠慢，而对于那些业务简单或经济效益好的客户过于热情，以至于让客户感觉到明显的待遇差别。

此外，应该明确的是，因银行产品设计上的差异而导致的费率和服务便捷程度等方面的差别与公平对待客户的职业操守要求并不矛盾。因此，《银行业从业人员职业操守》也指出：“根据所在机构与客户之间的契约而产生的服务方式、费率等方面的差异，不应视为歧视。”因为，银行毕竟也是商业单位，在服务社会的同时，也要追求最大的商业利润，因此，为不同的客户群提供不同的服务窗口，是可以理解的，也是合理的。但是，为在服务费率和服务便捷程度上与普通客户有差异较大的客户（如 VIP 客户）提供的营业场所，银行应该设置明显的标志，以免引起误解和造成纠纷。

案例分析

老李经营一个蔬菜摊点，每日有大量零钞进账。一般情况下，老李都会在第二天上午将前一日的营业收入送到银行点钞入账。

有一段时间，因家中事情耽搁，老李有半个月未到银行点钞入账，积聚了一大包零钞、硬币。等老李空闲下来，到银行柜台存款，柜台人员小刘非常不耐烦地以业务繁忙为由，要求老李到一边等候，等她把其他一些客户的业务办理完了再作处理。老李在银行等候了3个多小时，临下班前，小刘开始很不耐烦地为老李点钞，言语中充满了对这种小业务的不屑一顾。

点评：小刘因为业务的烦琐而对客户有所怠慢，且言语之中的不耐烦，完全违反了银行公平对待客户的基本服务理念，违反了职业操守的规定。

资料来源：张国宏．职业素质教程［M］．北京：经济管理出版社，2006．

三、客户投诉

《银行业从业人员职业操守》第二十六条要求：银行业从业人员应当耐心、礼貌、认真处理客户的投诉，并遵循以下原则：（1）坚持客户至上、客观公正原则，不轻慢任何投诉和建议；（2）所在机构有明确的客户投诉反馈时限，应当在反馈时限内答复客户；（3）所在机构没有明确的投诉反馈时限，应当遵循行业惯例或口头承诺的时限向客户反馈情况；（4）在投诉反馈时限内无法拿出意见，应当在反馈时限内告知客户现在投诉处理的情况，并提前告知下一个反馈时限。

《银行业从业人员职业操守》的这些原则的设立，目的只有一个，就是要求银行业从业人员在具体的工作过程中，坚持服务客户、客户至上的价值理念，稳妥地处理客户投诉，有效化解纠纷和矛盾。

银行业从业人员应该如何有效处理客户投诉呢？首先，要用理性的思维方式，耐心倾听投诉。临柜人员在面对各式各样的客户的投诉时，因为开始并不知道客户的投诉是否合理，所以应该耐心地听客户把话说完，无论投诉是否合理，作为临柜人员都必须以理性思维的方式耐心倾听、询问。很多客户往往首先需要表达他们的不满，而此时临柜人员的耐心倾听正好迎合了他们的心理。所以掌握适当的倾听，无论从心理上，还是在解决问题的实际操作中，对处理客户的投诉都是有益的。其次，要快速反馈，判断投诉的内容。在受理了客户的有效投诉之后，便进入了处理投诉的关键环节，受理投诉的临柜人员应迅速地将投诉信息进行归类，分清应该由哪个具体部门负责解决，并将信息反馈给部门负责人，这一环节看起来简单，实际上它需要临柜人员有较全面的综合知识和极强的责任心。最后，要及时给投诉的客户以合理的答复和解决问题。可以说，妥善处理客户投诉不仅有利于提升银行的形象，也是银行提升服务质量、发现管理漏洞的重要渠道。

在具体工作过程中，应该避免如下一些不妥做法，因为这些行文不仅不利于银行的形象，而且容易使投诉最终转化为纠纷，甚至诉讼。例如：对客户的投诉表现出反感或不耐烦；采取压、拖、推的做法，不及时向有关部门反馈投诉；不及时将本行的处理意见告知客户；不告知客户本行处理客户投诉部门的联络方式，人为设置客户投诉的障碍；对本行明显有失妥当的做法不积极补救或向客户说明情况，争取得到支持；利用金融机构的优势地位压制客户投诉，等等。

案例分析

邓某通过网上银行交纳了移动电话费，几天后，他到银行柜台要求打印发票用于报销，但银行网点却无法打印，具体原因也不明。邓某为此致电该银行客户服务中心，客服中心回答是让营业网点解决。邓某再次来到营业网点，操作人员尝试了数次，发现虽然能查到交费记录，却无法打印发票，于是，让邓某找其支行的大堂经理。大堂经理尝试数次仍无法解决，遂告知邓某需要上报总部。邓某很着急，告知其急需发票报销，大堂经理遂让邓某先回去，他们会向总部反映情况。在邓某要求其在有反馈信息之后给他打电话时，对方很不耐烦地告知："我们忙得不得了，不可能为某一个客户的事情专门打电话。"并要求他隔两天再来一趟，看是不是有结果。

此后，邓某每隔两三天就去支行一趟，结果均是无功而返。而营业网点工作人员总是将问题向上推，甚至建议让邓某直接去找总部。

点评：营业网点工作人员严重缺乏服务意识，对客户提出的问题和投诉建议没有作出应有的反应，这与职业操守的规定是背道而驰的。

资料来源：中国银行业协会银行业从业人员职业操守专家小组．银行业从业人员职业操守解读［M］．北京：中国财政经济出版社，2007．

四、尊重同事

《银行业从业人员职业操守》第二十七条要求：银行业从业人员应当尊重同事，不得因同事的国籍、肤色、民族、年龄、性别、宗教信仰、婚姻状况或身体健康或残障而进行任何形式的骚扰和侵害。禁止带有任何歧视性的语言和行为。尊重同事的个人隐私。工作中接触到同事个人隐私的，不得擅自向他人透露。尊重同事的工作方式和工作成果，不得不当引用、剽窃同事的工作成果，不得以任何方式予以贬低、攻击、诋毁。

银行业十分强调团队合作精神，尊重同事正是《银行业从业人员职业操守》针对银行业的这一行业特征所作出的具体职业道德规定。临柜人员要在具体的工作过程中，与同事保持相互尊重、团结互助的关系。应该说，任何一个行业，只有所有员工之间都保持着较好的人际关系和上下级关系，彼此之间相互尊重、互敬互爱，保持良好的关系，友好合作，才能较好地发挥团队精神，才具备为客户提供更满意服务的基础，而临柜人员所在部门也才能够保有一种积极、和谐、充满朝气的精神面貌。

所谓相互尊重是真诚的全面尊重，既包括不同的性别、年龄、民族习惯、宗教信仰，也包括国籍、婚姻状况和每个人的个人隐私。对于一个单位来说，尊重同事、保护弱者，是一个社会和群体文明进步的标志，因此，对单位中的弱势群体如身体残障的同事加以特别的关照，是单位和谐的重要标志。

所谓个人隐私，是指不为人知、同时不愿意向他人披露的个人的家庭状况、婚姻、经历、财产状况及其他相关情况。学会尊重他人隐私，是一个人有良好修养的标志，不要在同事面前议论其他同事的长短。同事主要是指在工作过程中结成的一种人际关系，如果在工作过程中密切配合，互相帮助和尊重，便会结成朋友间的友谊。同事之间在长期的工作过程中直接或间接的接触，有机会得知相互间的隐私，虽然中国目前并没有对个人隐私或个人信息方面的专门立法，但是出于对同事的尊重，不能向他人透露或传播同事的个人隐私及相关信息。这也是保持良好的人际关系的基本保证。

五、团结合作

《银行业从业人员职业操守》第二十八条要求：银行业从业人员在工作中应当树立理解、信任、合作的团队精神，共同创造，共同进步，分享专业知识和工作经验。

列夫·托尔斯泰曾说过：个人离开社会不可能得到幸福，正如植物离开土地而被抛弃到荒漠里不可能生存一样。叔本华也曾说过：单个的人是软弱无力的，就像漂流的鲁滨逊一样，只有同别人在一起，他才能完成许多事业。这充分说明了团结协作的重要性。

在工作过程中临柜人员如何才能把团结合作精神发扬得更好呢？第一，要建立和谐的信赖关系，营造良好的人际氛围。心理学家认为：如果我们能与同事、领导形成和谐的信赖关系，我们相处的气氛就会融洽，就会有助于形成相互尊重、相互理解的工作氛围和友好宽松的工作环境。这将激发我们的工作热情，更好地发挥我们的聪明才智。第二，要积极参加集体活动，增强团结合作精神。参加集体活动，可以增强临柜人员的团结协作意识，进而产生协同效应；在遇到困难的时候，就能共同想办法、出主意，凝聚集体的力量，做到“三个臭皮匠，顶过诸葛亮”。第三，要营造你追我赶、力争上游的工作氛围。没有流动的水就没有活力，缺少春风的大地就缺少生机。竞争是保持团队锐气的必要条件，它能促使我们在学习上更刻苦、工作上更努力、作风上更顽强，从而加快完善自我的步伐。所谓团队的协作精神和互补精神，就是要在目标一致的前提下团结起来，携手争一流。第四，要充分信任同事和周围的人。信任别人本身就是一种美德，在与同事相处的时候，一定要给予充分的信任，同事的一句话，有时可使你跳出原来框架的束缚而变得豁然开朗，从而使问题迎刃而解。和周围的人共事，自己要多一点谦虚、多一点微笑、多一点宽容、多一点主动。比如，银行根据风险控制的要求将业务部门分为前台、中台、后台，前台直接与客户接触，听取客户的意见，中台对相关的业务资料、客户资料进行整理和归集，而后台则提供相应的支持和服务。如果没有前台、中台和后台的合作与配合，不可能为客户提供满意的服务。

六、离职交接

《银行业从业人员职业操守》第三十二条要求：银行业从业人员离职时，应当按照规定妥善交接工作，不得擅自带走所在机构的财物、工作资料和客户资源。在离职后，仍应恪守诚信，保守原所在机构的商业秘密和客户隐私。

离职交接是当前社会人才流动频繁的情况下大量存在的现象。任何人从事任何工作都应该正确对待离职交接问题。《银行业从业人员职业操守》对银行业临柜人员在离职交接时应注意的事项进行了详细规定。

根据《中华人民共和国劳动法》的规定，签订劳动合同的双方任何一方要解除合同，都必须提出书面的申请，并征得对方同意后，方可解除劳动合同，否则，就要承担相应的法律责任。银行业临柜人员在离职时应按所在机构有关规定办理离职交接。一般而言，离职交接程序与入职、在岗相关程序性规定是同等严格的。离职一般要填写专门的员工离职交接表，经过有关部门审核。

一般来说，拟离职的员工应首先在所在部门交接完工作，归还相关办公物品；然后，在人事部门废止劳动合同；最后，在财务部门办理欠费归还以及工资结算后方可顺利离开所在机构。目前，相当多的机构均规定，如不办理离职手续，则不结算薪资或不办“四金”归还手续。在国外，一些机构对不按规定办理离职手续的员工，有时甚至不为其出具离职证明，导致其根本无法重新就业。

从银行的角度来说，不论是员工被辞退，还是主动离职，银行都要完善其中的一些离职手续，尽可能避免员工不辞而别。一些银行经常会出现员工想留则留、想走则走的现象。表面上看，是员工无组织、无纪律的表现，其实是因为银行缺少对离辞员工进行有效的管理。

目前，国内银行业竞争日益加剧，营销渠道、客户资源、技术成果等无疑是最为重要的“相对竞争力”。银行业从业人员离职后，很可能仍然在业界内从事工作。一般情况下，到新的岗位后，需要熟悉工作，开拓客户，离职人员如果能从原所在机构带走一些工作资料以及客户资源，无疑事半功倍。然而，从职业操守的要求来看，携带工作资料和客户资源到原所在机构的竞争对手那里就职，无疑会侵害原所在机构的商业秘密，危及原所在机构的利益，不是一个具备良好职业操守的从业人员应有的行为。因此，离职绝不意味着和过去所在机构、工作、同事一刀两断，没必要再讲职业道德。实际上，离职在很大程度上反映着个人的职业素质和诚信度，对塑造、维护个人良好职业形象和保持扩大人脉资源影响非常大。

目前，我国法律法规还没有关于从业人员离职后应当保守原所在机构的商业秘密、客户隐私的规定，但是，作为银行业从业人员，临柜人员应当坚守职业操守的道德底线，自觉保守原所在单位的“工作资料和客户资源”，不随便于现所在单位中使用和泄露。

案例分析

赵某以前是甲银行某部门的业务骨干，考虑到薪酬待遇，他跳槽到了乙银行工作。他在临走前三个月的时候，利用甲银行的管理漏洞，故意将自己所掌握的客户资料与相关信息全部提前转移、藏匿在自己家中，同时采取其他手段和方法大量收集、整理同事手中掌握的相关工作资料以及客户信息。乙银行的领导见赵某携带大量有价值的商业秘密和客户信息，十分高兴，将赵某安排到了重要的领导岗位，还为他开出了不菲的薪酬。

点评：赵某在离职过程中，对甲银行负有忠诚的义务和保守商业秘密的义务，并不会因离职而发生改变。赵某在离职过程中的一系列不合理行为，表明他的职业操守大有问题，违背了《银行业从业人员职业操守》对从业人员的诸多规定。

七、爱护机构财产

《银行业从业人员职业操守》第三十四条要求：银行业从业人员应当妥善保护和使用所在机构财产。遵守工作场所安全保障制度，保护所在机构财产，合理、有效运用所在机构财产，不得将公共财产用于个人用途，禁止以任何方式损害、浪费、侵占、挪用、滥用所在机构的财产。

国家和集体的财产是公共财产，单位的财产也是公共财产，人人要爱护；爱护公共财产是公民的美德和义务；公民私人的合法财产受法律保护；偷窃、诈骗、侵占公共财物或他人财物，都是侵害公有财产或公民财产的行为，是违反《中华人民共和国治安管理处罚条例》第十一条有关规定的。爱护公共财产包括所在机构的财产既是一种美德，同时也是所在机构规章制度的必然要求。损坏所在机构财产将导致民事赔偿，侵占或挪用所在机构财产可能会导致违法和犯罪，受到刑事追究。

八、费用报销

《银行业从业人员职业操守》第三十五条要求：银行业从业人员在外出工作时应当节俭支出并诚实记录，不得向所在机构申报不实费用。

费用报销是每个员工都会碰到的问题，而每个机构都有关于费用报销的财务制度，一般来说，员工应按照规定的标准进行业务活动支出，如某项支出没有规定标准，也应本着节俭的精神谨慎支出，节约开销。此外，要将个人额外支出与公务支出进行区分，不能混淆，更不能做不实申报，骗取不当收益。如发生申报不实费用的情形，必然会影响该员工的诚信形象，可能会导致所在机构的索赔或提起不当得利之诉。

其实，对于银行业从业人员来说，在费用报销中职业道德最为重要的要求便是诚实，对自己的开支要公私分明，不蓄意欺骗公司的财务部门。所以，说到底，《银行业从业人员职业操守》在费用报销方面的要求还是要依靠临柜人员良好的诚信品质去自觉践行的。

九、交流合作

《银行业从业人员职业操守》第四十条要求：银行业从业人员之间应

通过日常信息交流、参加学术研讨会、召开专题协调会、参加同业联席会议以及银行业自律组织等多种途径和方式，促进行业内信息交流与合作。

当前，随着现代科技的进步，银行业的发展日新月异，作为银行临柜人员，应该充分利用各种学术研讨会、专题协调会、业务培训等场合，与其他同行进行充分的交流合作，互相学习先进经验，提高自己的经营管理水平与业务技能。这也是临柜人员不断改进和提高自己的业务水平，适应社会迅速发展的职业要求。

事实上，银行也鼓励员工在不违反有关法律规定和所在机构内部保密规定的前提下，通过各种途径和方式交流信息、互相学习，充分开展行业间的信息交流与合作，共同解决一些外部性较强的问题。

十、接受监管与配合现场检查

《银行业从业人员职业操守》第四十三条要求：银行业从业人员应当严格遵守法律法规，对监管机构坦诚和诚实，与监管部门建立并保持良好的关系，接受银行业监管部门的监管。

第四十四条要求：银行业从业人员应当积极配合监管人员的现场检查工作，及时、如实、全面地提供资料信息，不得拒绝或无故推诿，不得转移、隐匿或者毁损有关证明材料。

《银行业从业人员职业操守》这两条规定要求银行业从业人员自觉接受监管机构的监管，并积极配合监管人员的现场检查工作。

银行业监管部门对银行的有效监管是我国金融行业健康发展的有力保证。加强银行业监管部门对银行的有效监管是必需的，这就要求银行业从业人员应当严格遵守法律法规，对监管机构坦诚和诚实，与监管部门建立并保持良好的关系，自觉接受银行业监管部门的监管。在具体工作过程中积极有效地予以配合，给予理解和支持。

在银行业监管部门对银行的现场检查过程中，银行业临柜人员应配合监管人员审核所在机构账账之间、账表之间、账实之间的一致性，查阅外部审计报告和内部审计报告，了解和掌握业务经营和内部管理的基本情况。“及时、如实、全面地提供资料信息，不得拒绝或无故推诿，不得转移、隐匿或者毁损有关证明材料。”

第二节 客户经理职业道德具体准则

一、熟知业务

《银行业从业人员职业操守》第十条要求：银行业从业人员应当加强学习，不断提高业务知识水平，熟知向客户推荐的金融产品的特性、收益、风险、法律关系、业务处理流程及风险控制框架。

银行客户经理是指银行负责对外联系、立足银行传统业务、积极推行新型业务、协调银行与客户之间相互联系、为客户提供存贷汇等一体化金融服务、开发客户新的市场的业务营销人员。银行业务具有较强的专业性，虽然客户经理所处的岗位或其所担负的职责有所不同，但对自己所从事的银行业务有全面的了解，应是客户经理胜任本职工作的前提条件。如果要想承担那些重要的岗位职务比如说承担某些管理职务，更是要求客户经理具备专业的技能、广博的知识和一定的从业经验。

二、监管规避

《银行业从业人员职业操守》第十一条要求：银行业从业人员在业务活动中，应当树立依法合规意识，不得向客户明示或暗示诱导客户规避金融、外汇监管规定。

银行业从业人员在从事业务活动时，不仅是提供金融服务的过程，而且也是按照法律法规进行监督管理的过程（如反洗钱）。如何既做到依法合规，又有利于业务的开拓和发展，对于每一个银行业从业人员来说都是一个挑战。这里的“规避”，是指为逃避法律法规中禁止性、义务性以及程序性的规定而采取的以合法的形式逃避法定义务、掩盖非法或违规事实的行为。

银行业务所涉及的法律法规包括许多方面。这些法律法规首先明确规定了银行机构设立的条件，同时对银行的业务准入、业务范围、业务运营、经营管理、风险控制等提出了总体的要求。概言之，在具体的工作过程中可能会涉及的法律法规大致有：第一，一般性法律法规，如税收、会计、工商管理方面的法律法规。第二，银行业务法律法规，如《中华人民共和国中国人民银行法》、《中华人民共和国银行业监督管理法》、《中华人民共和国商业银行法》、《中华人民共和国外汇管理条例》等法律法规；中国人民银行、中国银监会、国家外汇管理局等监管机构根据上述法律法规制定的规章、监管规则和业务指引。

法律法规的规定既包括授权性规定，也包括禁止性、义务性或程序性规定。禁止性规定属于法律明确规定不可以从事的行为，如不得进行洗钱活动。义务性规定是法律要求行为人必须履行的行为，如法律法规要求所有经营性、生产性企业依法照章纳税。程序性规定是指法律法规中有关从事某种活动必须按照一定程序履行审批或备案的规定。银行违反禁止性、义务性或程序性规定将会对其产生直接不利的后果，因此，银行业客户经理应该特别留意这些规定，必须做到熟知与其本职工作密切相关的法律法规和监管规则，尤其是禁止性、义务性以及程序性规定。并且树立依法合规经营的意识，认识到合规经营是银行从事所有活动的前提，根据立法本意正确理解监管法律法规中禁止性、义务性及程序性规定。

三、风险提示

《银行业从业人员职业操守》第二十条要求：向客户推荐产品或提供服务时，银行业从业人员应当根据监管规定要求，对所推荐的产品及服务涉及的法律风险、政策风险以及市场风险等进行充分的提示，对客户提出的问题应当本着诚实信用的原则答复，不得为达成交易而隐瞒风险或进行虚假或误导性陈述，并不得向客户作出不符合有关法律法规及所在机构有关规章制度的承诺或保证。

银行业务具有较强的专业性。就具体产品或服务而言，银行与客户之间的权利和义务安排、产品的收益性、费率高低、风险防范措施等因素对客户决定是否购买某种产品或服务有重要的影响。在银行产品和服务创新日新月异的今天，客户往往难以充分、及时地了解银行产品。在此背景下，客户获得充分的信息是让客户对银行产品和服务作出理性评价，决定是否与银行建立业务联系或购买银行产品或服务的前提条件，也是一个稳健而负责任的银行应该采取的一种营销态度。对从业人员而言，则应本着诚实信用的原则对客户进行必要的风险提示，确保客户在获得充分信息之后作出理性选择。

以银行理财产品为例，为了防范、抵御风险，规范银行理财市场，近年来，中国银监会先后发布《商业银行个人理财业务管理暂行办法》(2005)、《商业银行个人理财业务风险管理指引》(2005)、《关于商业银行开展个人理财业务风险提示的通知》(2006) 等，要求商业银行更加充分清晰和准确地表述和揭示理财产品风险。商业银行也意识到，一锤子买卖太过短视，没有好产品就没有好品牌，就将丧失大量的客户。

市场是公平的，实际上客户在商业银行买的就是一个合同，商业银行有义务告知客户其权利和风险。不过在具体的工作过程中，客户经理对于客户的划分并不能一概教条化，有的客户风险承受能力强，适合高风险产品，而有的客户风险承受能力低，适合低风险产品。

某银行的客户经理曾经有这样的成功做法，就是为客户做风险能力测试，具体做法是：银行推出一个客户买产品的投资风险的评估报告，按照客户以前的投资经验，找到客户能够接受的产品，如果评估分数低，就不会建议客户购买。当然，客户强烈要求购买的除外。

总之，客户经理应本着诚实信用的原则对客户进行必要的风险提示，确保客户在获得充分信息之后作出理性选择。这也是检验银行客户经理职业道德水平和银行服务意识高低的标尺。

四、信息披露

《银行业从业人员职业操守》第二十一条要求：银行业从业人员应当明确区分其所在机构代理销售的产品和由其所在机构自担风险的产品，对所在机构代理销售的产品必须以明确的、足以让客户注意的方式向其提示被代理人的名称、产品性质、产品风险和产品的最终责任承担者、本银行在本产品销售过程中的责任和义务等必要的信息。

所谓信息披露制度，也称公示制度、公开披露制度，是指银行工作人员为保障投资者利益、接受社会公众的监督而依照法律规定必须将其自身的财务变化、经营状况等信息和资料向客户报告，并向社会公开或公告，以便使投资者充分了解情况的制度。银行业客户经理在业务活动中应当充分提示代理销售产品的信息，让客户心里清楚在自己接受银行服务和购买产品时与自己进行交易的对方的基本情况，从而能够理智地对自己的投资行为作出预期和判断。

银行的优势是拥有良好的声誉、便捷的信息技术和庞大的营销网络，许多公司和单位都希望借助银行的上述优势分销自己的产品。当然，对于银行来说，也能从中谋取更大的正当的商业利益，充分发挥自身的上述优势，而且这样的服务所付出的代价较小，风险也小，几乎是接近零风险的手续费收入。但是，凡事都有两面性，这样的业务也会产生相应的问题。问题的根本原因在于，客户经理没有按照规定自觉地对客户进行足够的信息披露。事实上，许多客户在接受银行相关服务时，都有这样的误解，即始终以为在银行代理销售的产品是银行自担风险的产品，自己并没有什么风险承担，这种情况的出现与部分银行管理不够到位、风险控制手段缺乏有关，也与银行客户经理职业道德水平不高、不能积极主动地对客户披露相关信息有关，所以银行客户经理不应为了一己一时的利益而损害客户的利益。

具体来说，银行客户经理在代理销售产品时，不应利用消费者的误解，追求代理销售产品的销量。很多金融消费者往往认为在银行网点销售的产品即为银行自担风险的产品，而一些银行业从业人员则利用这种误解，实现产品的销售。也不应对产品的性质、法律关系、被代理人的名称及其责任、本行的责任等含糊其辞，或用不易被人注意的方式体现在销售合约或广告中，使消费者无法获得足够信息。或利用消费者对银行的信任，夸大产品的收益性或对产品的收益性进行合约以外的承诺。可以说，能否做到诚实、主动地对客户进行信息披露，也是衡量客户经理素质的标准。

五、授信尽职

《银行业从业人员职业操守》第二十二条要求：银行业从业人员应当根据监管规定和所在机构风险控制的要求，对客户所在区域的信用环境、所处行业情况以及财务状况、经营状况、担保物的情况、信用记录等进行尽职调查、审查和授信后管理。

中国银监会制定的《商业银行授信工作尽职指引》（2004）对银行业从业人员的授信尽职作了明确要求。该“指引”第七条规定：“商业银行应创造良好的授信工作环境，采取各种有效方式和途径，使授信工作人员明确授信风险控制要求，熟悉授信工作职责和尽职要求，不断提高授信工作能力，并确保授信工作人员独立履行职责。”《银行业从业人员职业操守》要求银行业客户经理忠于职责，专业、客观、全面、中立地对信贷客户进行尽职调查，监控风险，为实现银行信贷风险控制政策做好基础工作。可以说，《银行业从业人员职业操守》和《商业银行授信工作尽职指引》从不同角度对银行业从业人员提出了相应的要求，可以相互补充，体现了我国对银行业授信尽职的重视。

根据《银行业从业人员职业操守》的要求，从事银行信贷工作的客户经理，应当对其所从事的工作进行必要的实地调查，在无可信材料支持的情况下，不轻率地对授信工作提出意见和建议。同时，在对客户提供的资料存有疑问之时，应该采取措施进行印证和调查。在工作过程中，不可省略必要的审核程序，更不应该明示或暗示客户变造、编造资料或者对客户的不诚实行为听之任之。

六、协助执行

《银行业从业人员职业操守》第二十三条要求：银行业从业人员应当熟知银行承担的依法协助执行的义务，在严格保守客户隐私的同时，了解有权对客户信息进行查询、对客户资产进行冻结和扣划的国家机关，按法定程序积极协助执法机关的执法活动，不泄露执法活动信息，不协助客户隐匿、转移资产。

《银行业从业人员职业操守》的这一规定要求客户经理在实际工作过程中，一方面做到保护客户隐私，另一方面，也应该根据法律法规的有关规定依法履行协助执行的义务。依法协助执行与保护客户隐私看似互相矛盾，实际上，在实践中只是比较难操作而已，并非互相矛盾。二者区别的关键点在于是否在协助执行时有法律法规的依据，而在自觉保护客户隐私时是否从客户的利益着想。

七、礼物收、送

《银行业从业人员职业操守》第二十四条要求：在政策法律及商业习惯允许范围内的礼物收、送，应当确保其价值不超过法规和所在机构规定允许的范围，且遵循以下原则：（1）不得是现金、贵金属、消费卡、有价证券等违反商业习惯的礼物；（2）礼物收、送将不会影响是否与礼物提供方建立业务联系的决定，或使礼物接受方产生交易的义务感；（3）礼物收、送将不会使客户获得不适当的价格或服务上的优惠。

《中华人民共和国反不正当竞争法》第八条规定："经营者不得采用财物或者其他手段进行贿赂以销售或者购买商品。在账外暗中给予对方单位或者个人回扣的，以行贿论处；对方单位或者个人在账外暗中收受回扣的，以受贿论处。"该条第二款同时规定，"经营者销售或者购买商品，可以以明示方式给对方折扣，可以给中间人佣金。经营者给对方折扣、给中间人佣金的，必须如实入账。接受折扣、佣金的经营者必须如实入账。"该规定可以划分出三层含义：第一款前段，即"经营者不得采用财物或者其他手段进行贿赂以销售或者购买商品"，是对一般商业贿赂的禁止性规定；第一款后段，即"在账外暗中给予对方单位或者个人回扣的，以行贿论处；对方单位或者个人在账外暗中收受回扣的，以受贿论处"，是对商业贿赂的典型形态——回扣作出的专门规定；第二款表面上是直接规范折扣和佣金的，但其目的显然是对商业贿赂与折扣、佣金的法律界限的划分。由此可知，商业贿赂就是指在市场交易中，经营者采用财物或其他手段在账外暗中给予对方单位或者个人，以获得交易机会或有利于交易条件的不正当竞争行为。商业贿赂分三个方面：商业行贿、商业受贿和介绍贿赂。所谓商业行贿是提供贿赂的行为，商业受贿是指接受或索取贿赂的行为。这些都是法律所禁止的。

国家工商行政管理总局《关于禁止商业贿赂行为的暂行规定》也就商业贿赂问题作了相应规定。

《银行业从业人员职业操守》要求银行业客户经理，应该自尊自爱，避免做违反上述法律法规的事情，以免给自己的事业发展造成永久性的负面影响。

八、忠于职守

《银行业从业人员职业操守》第三十条要求：银行业从业人员应当自觉遵守法律法规、行业自律规范和所在机构的各种规章制度，保护所在机构的商业秘密、知识产权和专有技术，自觉维护所在机构的形象和声誉。

忠于职守就是在自己的工作岗位上尽职尽责，这是从事任何行业的员工都应当做到的最起码的职业操守。对银行业客户经理来说，要做到忠于职守，在实际工作中就要做到如下几点。首先，银行业客户经理应遵纪守法，遵守各种法律法规，并从一般道德上要求自己。其次，遵守银行业协会制定的行业自律性规范。随着我国经济社会的进步，行业协会在社会经济活动中发挥的作用越来越大。近几年来，中国银行业协会制定了《中国银行业自律公约》、《中国银行业维权公约》、《中国银行业文明服务公约》、《中国银行业反不正当竞争公约》、《中国银行业从业人员流动公约》、《中国银行业从业人员道德行为公约》六大公约和《中国银行业反商业贿赂承诺》。对于这些公约和承诺中所要求的具体事项，银行业客户经理一定要认真学习，将外在的要求转化为自觉的实践行为。

做到忠于职守，银行业客户经理应当维护所在机构的形象和声誉，不在公共场所发表与机构成员身份不符的有损本机构的言论，为所在单位保守商业秘密，在具体工作中遵守相关工作要求和规定，还要同那些损害自己所在机构的形象和声誉的行为作斗争。

九、相互尊重

《银行业从业人员职业操守》第三十九条要求：银行业从业人员之间应当互相尊重，不得发表贬低、诋毁、损害同业人员及同业人员所在机构声誉的言论，不得捏造、传播有关同业人员及同业人员所在机构的谣言，或对同业人员进行侮辱、恐吓和诽谤。

现代社会是一个竞争的社会，同事之间既有竞争又有合作，是工作中的常态。对于银行业从业人员来说，彼此之间互相尊重，不在公众场所或媒体“发表贬低、诋毁、损害同业人员及同业人员所在机构声誉的言论”，也不“捏造、传播有关同业人员及同业人员所在机构的谣言，或对同业人员进行侮辱、恐吓和诽谤”是文明的表现，也是维护所在单位名声和利益的表现。对银行业客户经理来说，捏造虚假事实，故意传播有关同业人员及同业人员所在机构的谣言，中伤同业人员或同业人员所在机构，轻者影响竞争对手业务的正常开展，重者将构成犯罪，给所在机构带来声誉损失或法律纠纷。

十、同业竞争

《银行业从业人员职业操守》第四十一条要求：银行业从业人员应当坚持同业间公平、有序竞争原则，在业务宣传、办理业务过程中，不得使用不正当竞争手段。

2005年，《中国银行业自律公约》公布，该公约对银行业的同业竞争也提出了具体要求和规定。中国银行业协会会员单位共同承诺："不得违规或变相提高利率吸收存款，不得向客户承诺法律法规、政策许可之外的利益"、"不得采取降低贷款条件等不正当手段发放贷款"、"不得违反规定强拉客户开立账户，不得以放松现金管理为条件进行不正当竞争"等等。尤其在中间业务领域，《中国银行业自律公约》要求："开展中间业务要加强同业之间的沟通，杜绝恶性竞争、垄断市场等行为。"可见，在银行行业内，对于如何规范同业竞争，大家是有许多共识的。而这里的《银行业从业人员职业操守》对银行业客户经理在同业竞争中应当避免使用不正当竞争手段又作出了更为具体和较强针对性的规定。

所谓公平、有序竞争的原则就是，在业务宣传、办理本外币存款、信贷、结算、银行卡、资金交易、证券业务以及服务收费过程中，银行业从业人员不得恶意抢夺客户；不得以不正当手段承揽业务；不得以非正常价格开展业务或恶意串通制定垄断价格。所谓"在业务宣传、办理业务过程中，不得使用不正当竞争手段"是指，银行业从业人员在业务宣传中，不得只宣传客户可能获得的收益，隐瞒或不客观揭示业务风险，或者采用不当销售手段，欺骗和误导客户等。

根据《中国银行业反不正当竞争公约》，银行业从业人员在以下具体工作中还应避免许多不当行为。具体来说：

在办理本外币存款业务中，不得有下列行为：高息揽存或变相高息揽存；向存款经办人和关系人支付法定利息以外的各种不正当费用；办理储蓄业务违反"存款自愿、取款自由"的原则，强拉客户开立账户。

在办理信贷业务中，不得有下列行为：违反监管部门的规定，采取降低贷款条件争揽客户、开展授信营销或提供承诺；对单一客户、关联企业客户和集团客户的授信超过有关部门规定的限制比例；超出人民银行规定的贷款利率浮动范围发放贷款、办理票据业务；在信贷业务营销中向经办人和关系人支付各种不正当费用；协助客户逃避其他银行信贷监管。

在办理结算业务中，不得有下列行为：违反规定为单位和个人开立账户；拒绝受理、代理正常结算业务；无理拒付应由银行支付的票据款项；签发空头银行汇票、银行本票和办理空头汇款；违章签发承兑、贴现票据，套取其他同业机构资金；任意压票、退票，截留挪用客户和其他同业单位的资金；受理客户的无理拒付，不扣、少扣客户的滞纳金；放弃对违反结算纪律的制裁；在支付结算制度之外规定附加条件。

在办理银行卡业务中，不得有下列行为：以向经办人和持卡人支付各种不正当费用等恶性价格竞争手段来争取市场份额；在与特约商户签订受理合约时，违反行业协会制定的行业标准；在已经开展银行卡联网的地区安装具有排他性的POS、读卡器及ATM。

在办理资金交易业务中，不得有下列行为：违规、超范围进行有关交易业务操作；在资金交易过程中，不按合同约定按时完成资金、债券的交割；以发布虚假信息、串通制定非正常价格等手段扰乱市场，伺机获利；以排挤竞争对手为目的，以非正常价格进行资金交易。

在办理证券业务中，不得有下列行为：在企业短期融资券、金融债券承销过程中，通过恶意压低承销费用争取客户，扰乱正常的市场价格秩序；在债券投资、交易过程中，制造、散布虚假的信息误导市场成员和客户，利用内幕消息、非法交易等手段获取不正当利益，通过对敲、操纵价格等方式影响市场价格走势；在债券投标过程中，恶意压低投标价格，影响中标票面利率。

为客户提供各类金融服务时，不得有下列行为：收费标准未提前告知客户或对客户进行误导性描述；违反国家统一制定的收费标准，多收或少收客户服务费用；违反由中国银行业协会制定的行业标准；以不正当手段压制其他银行机构的公平竞争；以低于成本价格向客户提供产品和服务或以向客户无偿提供办公场所、办公设施、计算机软硬件系统和承担相关费用等不正当手段承揽业务；在办理业务时故意向不知情客户隐瞒免费服务或低资费服务项目，而推销有偿服务或高资费服务项目。

案例分析

某银行因近年来业务量呈下降趋势，决定开展公众欢迎的理财业务以扩充储蓄业务。但在开展理财业务的过程中，该银行高层却不愿储蓄业务受到负面影响。于是，为迎合领导需要，业务员沈某设计出一种新型的理财产品：以9万元为起点，上不封顶，为期3年，到期时回报率保证不低于5%。但是，所有客户的理财金额中的三分之一金额必须存入客户在该行开立的定期存款账户。由于该行许诺的预期收益率远远高于同期储蓄存款利率，附近居民纷纷购买该理财产品。

点评：沈某的行为不当。中国银行业监督管理委员会《商业银行个人理财业务管理暂行办法》规定，商业银行不得利用个人理财业务，违反国家利率管理政策进行变相高息揽储。中国银行业监督管理委员会《商业银行个人理财业务风险管理指引》也规定，未经客户书面许可，商业银行不得擅自变更客户资金的投资方向、范围或方式。沈某所设计的理财产品，一是违反国家利率管理政策变相高息揽储；二是擅自改变客户资金投向。因此，沈某的行为构成违规，为所在机构带来合规风险。

资料来源：中国银行业协会银行业从业人员职业操守专家小组．银行业从业人员职业操守解读［M］．北京：中国财政经济出版社，2007.

十一、商业保密与知识产权保护

《银行业从业人员职业操守》第四十二条要求：银行业从业人员与同业人员接触时，不得泄露本机构客户信息和本机构尚未公开的财务数据、重大战略决策以及新的产品研发等重大内部信息或商业秘密。银行业从业人员与同业人员接触时，不得以不正当手段刺探、窃取同业人员所在机构尚未公开的财务数据、重大战略决策和产品研发等重大内部信息或商业秘密。银行业从业人员与同业人员接触时，不得窃取、侵害同业人员所在机构的知识产权和专有技术。

《银行业从业人员职业操守》的这一规定对银行业从业人员与同业人员接触时应当避免的行为和应当信守的保守商业秘密的职业操守作出了明确规定。在实际的商业活动中，大量存在泄露商业秘密，不正当手段刺探、窃取同业人员所在机构尚未公开的财务数据、重大战略决策和产品研发等重大内部信息或商业秘密的不法行为，严重扰乱了银行业的健康发展和良好秩序。因此，《银行业从业人员职业操守》这一要求理应成为银行客户经理自觉遵守的内在要求。

案例分析

张小明是一家商业银行的客户经理，工作经验丰富，积极进取，希望谋取更高的职位，一个偶然的机会他从某个渠道了解到，与自己所在银行形成强大竞争力的另一家投资银行悬赏奖励获得自己所在银行重大战略投资信息的人，该行规定只要获得该商业银行的重大商业信息，将获得巨大的奖励。张小明心想，自己不费吹灰之力就可以获得自己所在银行的这些商业信息，从而可以大捞一笔。打定主意后，他经人介绍，和那家投资银行的管理人员取得了联系，双方熟识后，他便将自己的想法告诉了那位管理者，该管理者明白张小明的用意后，十分高兴，当下承诺给张小明高额回报。于是，张小明便用早已准备好的数码相机，将自己办公室有关该战略投资方面的相关资料全部拍下，然后，转交给该投资银行，当然，张小明也获得了预期的回报。

点评：显然，张小明的行为是不当的，未做到《银行业从业人员职业操守》所规定的保守商业秘密的要求，而与其单位竞争的银行的那位管理者的行为也是不恰当的，属于有意窃取商业秘密的行为。张小明的行为将会为其所在银行造成重大损失，涉嫌犯罪，而与其单位竞争的银行的那位管理者也将受到道德的谴责和法律的制裁。

第三节 管理人员职业道德具体准则

一、岗位职责

《银行业从业人员职业操守》第十二条要求：银行业从业人员应当遵守业务操作指引，遵循银行岗位职责划分和风险隔离的操作规程，确保客户交易的安全，做到：(1) 不打听与自身工作无关的信息；(2) 除非经内部职责调整或经过适当批准，不为其他岗位人员代为履行职责或将本人工作委托他人代为履行；(3) 不得违反内部交易流程及岗位职责管理规定将自己保管的印章、重要凭证、交易密码和钥匙等与自身职责有关的物品或信息交与或告知其他人员。

任何岗位都有相应的岗位职责和职业道德要求。银行在日常运营中面临诸多道德风险，主要风险包括道德风险和操作风险。为防范这些风险，商业银行对每个岗位的职责都有明确的划分，并在业务流程和权限方面进行控制，使每笔业务都经过相应的复核和审批程序。对于银行管理人员来说，必须遵循所在机构业务的操作规程。同时，作为管理人员，其岗位职责还有不同于一般员工的特殊要求。比如，有责任保管好与工作有关的权限卡、密码、印章等重要物品，在员工岗位变换时，应妥善处理好工作交接，还应熟知与其所承担的工作及岗位有关的操作规程，对每个岗位的职责的分工和相互制约关系要有明确的规定。

二、信息保密

《银行业从业人员职业操守》第十三条要求：银行业从业人员应当妥善保存客户资料及其交易信息档案。在受雇期间及离职后，均不得违反法律法规和所在机构关于客户隐私保护的规定，透露任何客户资料和交易信息。

客户隐私保护是商业银行必须承担的一项重要义务。金融隐私权保护制度是银行与客户法律关系的核心内容之一。银行是否具有一套完善的保护客户隐私的制度和施行措施是评价银行经营管理水平的一个重要指标，也是客户评价银行是否稳健经营的重要标准，这一评价将直接影响到客户是否与银行发生业务的决定。

《银行业从业人员职业操守》要求银行业管理人员严格执行客户隐私和交易信息保密的有关法律法规，不得违法或违规对他人透露。《中华人民共和国反洗钱法》明确规定了金融机构应该保守因反洗钱知悉的国家秘密、商业秘密或者个人隐私，应该保守涉及的客户身份信息和账户交易信息秘密。《中华人民共和国商业银行法》规定的存款自愿、取款自由、为客户保密的基本原则，实际上成为我国对银行客户隐私进行保护的法律基础；同时，规定的查询客户账户信息和交易信息的法定机关的种类、权限及程序，也可被视为我国对银行客户隐私进行保护的基本规范。

因此，要求银行业从业人员尤其是管理者妥善保存客户资料及其交易信息档案的职业道德操守，是十分重要的。

案例分析

银行管理人员往往都掌握着很多客户的私人信息和财产信息，小李是某银行市场管理人员。他的一位朋友是一位市场营销人员，需要和大量的市场客户打交道，经常为找不到客户而犯愁。小李出于对朋友的同情和帮助，违反银行的有关规定，私自将自己所掌握的大量银行客户的私人信息提供给自己的那位朋友，并且还将自己熟悉的客户情况利用聊天的机会一一讲给这位朋友听。于是，小李的朋友充分利用小李给他的这些资料，开辟出了很大的客户市场，并对小李十分感谢。

点评：根据《银行业从业人员职业操守》的有关规定，“银行业从业人员应当妥善保存客户资料及其交易信息档案。在受雇期间及离职后，均不得违反法律法规和所在机构关于客户隐私保护的规定，透露任何客户资料和交易信息。”这一案例中，小李因为一己私利而将客户的隐私信息随意透露给他人，其行为违反了《银行业从业人员职业操守》的相关规定。

三、利益冲突

《银行业从业人员职业操守》第十四条要求：银行业从业人员应当坚持诚实守信、公平合理、客户利益至上的原则，正确处理业务开拓与客户利益保护之间的关系，并按照以下原则处理潜在利益冲突：（1）在存在潜在冲突的情形下，应当向所在机构管理层主动说明利益冲突的情况，以及处理利益冲突的建议；（2）银行业从业人员本人及其亲属购买其所在机构销售或代理的金融产品，或接受其所在机构提供的服务之时，应当明确区分所在机构利益与个人利益。不得利用本职工作的便利，以明显优于或低于普通金融消费者的条件与其所在机构进行交易。

对于银行业从业人员而言，妥善处理利益冲突意味着从业人员有两个方面的义务：第一，主动避免利益冲突；第二，在利益冲突发生之时，应申请回避或根据“正常交易原则”，向管理层、利益相关人充分披露利益冲突的信息，以确保交易的正当性和合理性。

从业人员在无法确知自己的行为是否属于利益冲突或对如何处理利益冲突存在疑问时，应该按照内部规定向上级主管报告，寻求内部专业支持。而作为银行管理者，既要处理员工带来的利益冲突问题，也要处理好自身的利益冲突问题。

案例分析

张某为某银行分行中层管理人员。分行人事部门每年招聘之时均会聘请张某担任面试官。其外甥女今年大学毕业，欲进本银行会计部门。张某没有向人事部门披露其与其外甥女之间的关系，并想方设法把自己的面试日程调整到其外甥女面试的那天。经过张某的努力，其外甥女被顺利招聘进该银行分行会计部门。

点评：虽然张某的外甥女可能符合银行用人条件，且如果没有张某的参与，也可能被该分行录用，但其不披露利益冲突，且不申请回避的行为明显违背了银行业从业人员的职业操守，并使其外甥女的受聘资格受到质疑。

资料来源：中国银行业协会银行业从业人员职业操守专家小组．银行业从业人员职业操守解读［M］．北京：中国财政经济出版社，2007.

四、内幕交易

《银行业从业人员职业操守》第十五条要求：银行业从业人员在业务活动中应当遵守有关禁止内幕交易的规定，不得将内幕信息以明示或暗示的形式告知法律和所在机构允许范围以外的人员，不得利用内幕信息获取个人利益，也不得基于内幕信息为他人提供理财或投资方面的建议。

所谓内幕信息，是指在银行交易活动中为内幕人员所知悉的，涉及银行的经营、财务或者对该银行的市场有重大影响的尚未公开的信息。社会公众获得该信息后，会对银行的商业活动产生重大影响。比如银行经营方针和经营范围的重大变化；银行的重大投资行为和重大的购置财产的决定；银行订立重要合同，而该合同可能对银行的资产、负债、权益和经营成果产生重要影响；银行发生重大债务和未能清偿到期重大债务的违约情况，等等。

在业务活动中应遵守有关禁止内幕交易的规定，不得将内幕信息（所在机构为上市银行时获知本机构内幕信息；在履行基金托管、账户托管或其他义务过程中获知内幕信息）以明示或暗示形式告知法律和所在机构允许范围以外人员，不得利用内幕信息获取个人利益，也不得基于内幕信息为他人提供理财或投资建议。

作为一名银行业从业人员，应该熟知相关法律法规以及职业操守对内幕信息和内幕交易的禁止规定，在日常工作和生活中，恪守有关内幕信息和内幕交易的禁止性规定。具体应注意以下五点：（1）不在不当时间和地点谈论工作话题；（2）不以明示或暗示的方式向不应该知道该项信息的内部人员提及内幕信息；（3）不违反有关规定，将内幕信息以明示或暗示的方式告知自己的亲友；（4）按照内部秘密信息保管规定妥善保管涉及内幕信息的文件和电子文档；（5）不得采取匿名、假名或委托他人利用内幕信息进行内幕交易，为自己谋取不当利益。

五、了解客户

《银行业从业人员职业操守》第十六条要求：银行业从业人员应当履行对客户尽职调查的义务，了解客户账户开立、资金调拨的用途以及账户是否会被第三方控制使用等情况。同时，应当根据风险控制要求，了解客户的财务状况、业务状况、业务单据及客户的风险承受能力。

银行在与客户建立业务关系或者为客户提供规定金额以上的现金汇款、现钞兑换、票据兑付等一次性金融服务时，应当要求客户出示真实有效的身份证件或者其他身份证明文件，进行核对并登记。客户由他人代理办理业务的，银行应当同时对代理人和被代理人的身份证件或者其他身份证明文件进行核对并登记。银行不得为身份不明的客户提供服务或者与其进行交易，不得为客户开立匿名账户或者假名账户。

根据我国法律和银行业的相关规定，了解客户是银行依法承担的一项法定义务，我国账户管理以及反洗钱等法律法规都明确要求金融机构应当建立客户身份识别制度。因此，作为一名银行业管理人员，应该熟知所在机构对客户身份进行识别和登记的有关规定，了解所在机构对不同客户进行身份识别的具体要求。

六、反洗钱

《银行业从业人员职业操守》第十七条要求：银行业从业人员应当遵守反洗钱有关规定，熟知银行承担的反洗钱义务，在严守客户隐私的同时，及时按照所在机构的要求，报告大额和可疑交易。

根据《中华人民共和国反洗钱法》、《金融机构反洗钱规定》、《金融机构大额交易和可疑交易报告管理办法》的规定，银行等金融机构承担以下反洗钱义务：建立健全反洗钱内部控制制度，设立反洗钱专门机构或者指定内设机构负责反洗钱工作，制定反洗钱内部操作规程和控制措施；建立和实施客户身份识别制度，妥善保存客户身份资料和能够反映每笔交易的数据信息、业务凭证、账簿等相关资料；协助反洗钱调查，及时报告大额交易和可疑交易；进行与反洗钱有关的政策、法规宣传和培训的工作，等等。

案例分析

徐某为某支行行长，一直不重视反洗钱工作。因此，他并没有按照法律和内部要求设立专人负责反洗钱工作，也没有建立大额可疑交易报告制度。

李某的贸易公司在徐某所在支行开立了基本结算账户，是该支行的优质客户。实际上李某的公司一直从事非法交易，掌握了大量资金，并经常通过其在徐某所在支行开立的账户调拨资金，进行洗钱活动。由于该支行没有一个反洗钱工作机制，这些大额资金交易并未上报。

某日，反洗钱监测中心向徐某所在支行发出协助调查通知。徐某方发现该贸易公司的大量资金调拨活动，遂上报反洗钱监测中心。反洗钱监测中心发现徐某所在支行上报的信息绝大多数都属于大额可疑交易，但此前该支行却从未上报过，于是对徐某所在支行进行了检查；发现徐某所在支行在反洗钱制度建设方面没有做过任何工作。

点评：徐某身为行长，未对反洗钱工作给予重视，既未按照法律要求设立反洗钱岗位，也未建立大额可疑交易报告制度，为洗钱行为的发生提供了方便之门。根据《中华人民共和国反洗钱法》以及中国人民银行的有关规定，徐某所在支行不仅将面临行政处罚，徐某本人也将失去在金融行业任职的资格。

资料来源：中国银行业协会银行业从业人员职业操守专家小组．银行业从业人员职业操守解读［M］．北京：中国财政经济出版社，2007.

七、娱乐及便利

《银行业从业人员职业操守》第二十五条要求：银行业从业人员邀请客户或应客户邀请进行娱乐活动或提供交通工具、旅行等其他方面的便利时应当遵循以下原则：（1）属于政策法规允许的范围以内，并且在第三方看来，这些活动属于行业惯例；（2）不会让接受人因此产生对交易的义务感；（3）根据行业惯例，这些娱乐活动不显得频繁，且价值在政策法规和所在机构允许的范围以内；（4）这些活动一旦被公开将不至于影响所在机构的声誉。

《银行业从业人员职业操守》在对商业贿赂作出比较严格的规定的同时，也对银行业管理人员的行为举止等方面提出了要求，要求从业人员妥善处理娱乐活动及其他利益的提供，避免参与一些不健康、不利于其所在机构声誉的娱乐活动，避免一些有损于其职业形象的行为举止。同时，也要求从业人员避免通过娱乐活动进行不正当竞争行为。商业活动中正当的娱乐活动是必要的，但银行业管理人员的商业娱乐活动不应是奢侈、浪费的消费或带有色情、赌博性质的消费，也不应假借业务之名，行个人消费之实。

八、兼职

《银行业从业人员职业操守》第三十三条要求：银行业从业人员应当遵守法律法规以及所在机构有关兼职的规定。在允许的兼职范围内，应当妥善处理兼职岗位与本职工作之间的关系，不得利用兼职岗位为本人、本职机构或利用本职为本人、兼职机构谋取不当利益。

关于兼职的问题，是许多行业都会遇到的问题。其实，任何行业的从业人员在本机构内部兼任职务都是允许的，若是在非营利性的组织如银行业协会、慈善基金会或学术团体如金融学会、法学会等担任兼任职务，并且不取得报酬的话兼职是完全可以理解的。

不过，银行业从业人员担任兼职，按照规定，应向所在机构披露兼职情况，且不应因兼职过多而影响本职工作。因此，银行业从业人员要妥善处理好本职和兼职的关系，尽量不在工作时间处理兼职事宜，如确有必要在工作时间参加一些社会活动，应向所在机构请假。

九、配合非现场监管，举报违法行为

《银行业从业人员职业操守》第四十五条要求：银行业从业人员应当按监管部门要求的报送方式、报送内容、报送频率和保密级别报送非现场监管需要的数据和非数据信息，并建立重大事项报告制度。银行业从业人员应当保证所提供数据、信息完整、真实、准确。

第三十八条又要求：银行业从业人员对所在机构违反法律法规、行业公约的行为，有责任予以揭露，同时有权利、义务向上级机构或所在机构的监督管理部门直至国家司法机关举报。

非现场监管是指监管部门在定期或不定期采集商业银行相关信息的基础上，通过对信息的分析处理，持续监测商业银行的风险状况，及时进行风险预警，并相机采取监管措施的过程。银行业管理人员应当按监管部门要求的报送方式、报送内容、报送频率和保密级别报送非现场监管需要的数据和非数据信息，并保证所提供数据、信息完整、真实、准确。

银行业从业人员对所在机构违反法律法规、行业公约的行为，有责任予以披露，同时有权利、义务向上级机构或所在机构的监督管理部门直至国家司法机关举报。

案例分析

甲商业银行接到中国银行业监督管理委员会的通知，要求该行提供上一年度的会计报表。由于自身管理存在许多明显问题，该行的管理人员为了隐瞒其管理漏洞和错误，指使该行的财务部门负责人王经理更改许多数据，以虚假的财务报表上报银监会，企图欺骗监管部门蒙骗过关。

点评：根据《银行业从业人员职业操守》的要求，银行业管理人员应当诚实，还应当配合非现场监管，举报违法行为，并向监管部门保证提供信息的完整性、真实性和准确性。而甲银行的这位管理人员却故意欺骗监管部门，其行为是不当的。

十、禁止贿赂及不当便利

《银行业从业人员职业操守》第四十六条要求：银行业从业人员不得向监管人员行贿或介绍贿赂，不得以任何方式向监管人员提供或许诺提供任何不当利益、便利或优惠。

商业贿赂行为会扭曲市场的公平竞争，成为滋生贪污、受贿等经济犯罪的温床。商业贿赂的本质特征是经营者为了获得交易机会或有利的交易条件而采取各种手段给相关单位或个人好处。国家工商行政管理总局《关于禁止商业贿赂行为的暂行规定》对商业贿赂的定义是，经营者为销售或者购买商品而采用财物或者其他手段贿赂对方单位或者个人的行为。这里所说的财物，是指现金和实物，包括经营者为销售或者购买商品，假借促销费、宣传费、赞助费、科研费、劳务费、咨询费、佣金等名义，或者以报销各种费用等方式，给付对方单位或者个人的财物。

《银行业从业人员职业操守》的这条规定要求银行业管理人员不得向监管者行贿或介绍贿赂，不得以任何名义给予监管人员加班费、奖金、补贴等，也不得提供任何纪念品、礼品、礼金和各种有价证券等。

案例分析

某股份制银行主管业务的副行长王某与监管官员张某私交不错。他知道张某和自己一样酷爱足球，恰逢当年度在法国举办世界杯比赛，王某便让本单位为自己和张某安排了法国公务活动，事先购买了半决赛、决赛套票，预订了机票和房间。王某派人送给张某机票和球票，说这只是朋友间的正常交往，让张某放心接受。张某委婉谢绝，说世界杯决赛的球票再附上机票过于昂贵，即便是王某自己支付费用，鉴于自己的监管者身份，也无法接受。

点评：张某的做法是正确的。王某与张某是朋友的同时，两人还有监管与被监管的关系。王某赠送球票、机票的行为涉嫌行贿，数额较大时，甚至会构成行贿罪。

资料来源：中国银行业协会银行业从业人员职业操守专家小组. 银行业从业人员职业操守解读［M］. 北京：中国财政经济出版社，2007.

本章小结

银行临柜人员、客户经理和管理人员应当明确并自觉遵守金融职业道德具体准则。银行临柜人员应努力做到在工作中礼貌服务、公平对待客户、妥善处理客户投诉、尊重同事、团结合作等具体准则；银行客户经理应努力做到在工作中熟知业务、对客户进行风险提示、做到授信尽职等要求；银行管理人员应努力做到在工作中反洗钱、信息保密、避免参与内部交易、自觉抵制贿赂和获得不当便利等。

思考题

1. 作为一名银行临柜人员，应当遵守哪些职业道德具体准则？

2. 作为一名银行客户经理，应当遵守哪些职业道德具体准则？
3. 作为一名银行管理人员，应当遵守哪些职业道德具体准则？

主要参考文献

[1] 中国银行业协会．银行业从业人员职业操守．2007．
[2] 龚宏富．财经职业道德［M］．杭州：浙江大学出版社，2004．
[3] 中国银行业协会银行业从业人员职业操守专家小组．银行业从业人员职业操守解读［M］．北京：中国财政经济出版社，2007．

第四章

保险职业道德规范

BAOXIAN ZHIYE DAODE GUIFAN

【学习目的与要求】

通过本章学习，了解保险业从业人员的职业道德规范，主要是保险业务管理人员和保险业务理赔人员的职业道德规范。在理解保险业从业人员应当遵守的具体道德准则的同时，充分理解典型案例所反映的职业道德要求的基本精神。

中国保监会2004年公布了《保险代理从业人员职业道德指引》、《保险经纪从业人员职业道德指引》和《保险公估从业人员职业道德指引》。这是我国首次制定全国性的保险中介从业人员道德规范。中国保监会把从业人员职业道德指引的主要内容分别纳入保险代理、保险经纪和保险公估三个基本资格考试以及保险中介从业人员持续教育体系之中，确保其有效贯彻落实。

近年来，我国保险中介市场在迅速发展的同时，也存在一些不容忽视的问题，如一些保险营销员误导消费者、部分中介机构经营管理不够规范等。从成熟保险市场的情况看，保险中介行业的行为规范主要由行业自律组织来制定。我国的情况不同。我国保险中介行业还处于发展初期，有效的行业自律体系尚未形成，保险监管机关有责任推动和引导保险中介行为规范的建设。

作为上述三个职业道德指引的配套文件，中国保险行业协会公布了保险代理、保险经纪和保险公估从业人员执业行为守则，是对道德指引的具体化、标准化。

保险这一非银行金融机构的从业人员，由于其工作岗位和业务的特殊性，在职业活动中，除了要遵守一般金融职业道德基本原则和主要规范外，还必须从本职工作出发，严格履行自身业务工作所必须遵守的特殊道德规范和道德要求。

保险职业道德是保险业务和管理人员在其职业活动中理应遵守的道德规范和行为准则。它是调整保险行业内部和外部各方面的关系，保证保险工作任务得以顺利完成的行为规范的总和，也是一般社会道德和金融职业道德的一般规范在保险职业活动中的具体体现。

第一节 保险业务管理人员职业道德规范

保险业务管理人员是指从事保险业务的一切工作人员，包括展业承保、理赔、监督、经济调研等业务管理人员和行政管理人员。保险业务管理人员的职业道德规范是：诚实守信，敬业奉献；顾客至上，优质服务；遵纪守法，秉公廉洁；科学管理，创新工作；顾全大局，团结互助。

一、诚实守信，敬业奉献

诚实守信是人类在漫长的交往实践中总结凝练出来的做人的基本原则，是确保社会交往持续稳定有效的道德规范。诚信是维护市场秩序的必要条件。信誉、信用、信义是市场经济的基石，企业要讲诚信，这不仅是社会的要求，也是企业自身发展的需要。企业与社会之间有一种根源源于诚信原则的承诺，不遵循这种承诺的企业，可以蒙混一时，但不可能长久生存下去。保险公司的经营特点决定了在其发展中，诚信尤其具有重要的意义，它是保险公司的立业之本和持续稳健发展的基础。

2003 年 1 月 1 日起经修改后实施的《中华人民共和国保险法》（以下简称《保险法》）把作为保险四大原则之首的诚信原则写进了法律。在新增的条款中，有三条与诚信有关。“保险活动当事人行使权利、履行义务应当遵循诚实信用原则”（第五条）作为保险经营的宗旨写进了第一章“总则”中；“保险公司应当加强对保险代理人的培训和管理，提高保险代理人的职业道德和业务素质，不得唆使、误导保险代理人进行违背诚信义务的活动”（第一百三十六条），更是切中要害；“保险公司的营业报告、财务会计报告、精算报告及其他有关报表、文件和资料必须如实记录保险业务事项，不得有虚假记载、误导性陈述和重大遗漏”（第一百二十二条），也具有很强的现实意义和指导意义。

诚信对保险公司持续稳健发展的重要作用表现在以下几点：

1. 诚信是保险公司行为规范的重要方面。诚信即忠诚老实，遵守信用是人们行为的一种规范，也是协调人际关系的基本要求。做保险首先要学会做诚实守信的人，因此可以说，保险企业行为规范最重要的一条就是诚信。《保险法》明确规定从事保险活动要遵循诚实信用的原则。保险公司推行诚信原则的关键是用诚信价值观凝聚全体员工，用诚信服务规范约束全体员工，使员工的思维与行动成为体现公司价值观和目标的有机统一体。集体目标的实现来自于每个个体的共同努力，个体理性是集体理性的必要条件，保险公司的良好信誉必须建立在全体员工诚实守信的基础之上。

2. 诚信是保险公司展业的基本准则，发展业务要以诚信为前提，对客户要真诚相待，要为客户提供全面的信息咨询服务，设计最合适的保险方案，核保理赔要按照法律法规和合同条款的规定，及时、准确、高效地完成。因此，从本质上来讲，保险公司经营的是一种信任关系，以诚信为本是其生存发展的内在需要，加强诚信建设，提高公司的诚信度，营造良好的诚信氛围是提高保险公司竞争力的重要任务。

3. 诚信是保险合同的基础，是保险公司维护信誉的基本要求。保险从其含义来讲是一种通过合同方式来处理风险的经济补偿制度，它是保险人与被保险人之间的一种契约行为，是一个关于未来的承诺，它为客户安排了一个可以理性预测和确定的未来，保险合同的确定来自于双方当事人对合同标的的共同价值的认可，由于有关实际价值的信息是不对称的，为了保证保险合同的有效公平，双方必须坚持一种基于诚信的协商与合作态度。营销员要向客户正确地解释条款，而不能误导客户，客户也要如实告知自己的真实情况。这是确保合同能够顺利履行的基础。

4. 诚信是保险公司品牌管理的核心。市场是企业赖以生存的土壤，扩大市场份额，培育和开发有潜力的未来市场，都离不开品牌建设。不论哪一家保险公司，要想获得稳定长久的发展，都必须加倍珍惜，维护自己的品牌。近年来，外资保险公司进入中国市场，不仅与国内保险公司竞争优质保险资源，争夺保险人才，还通过其优良的品牌、先进的技术以及优质的服务赢得客户的信任。保险经营的最高境界是要在社会公众中树立良好的品牌形象，以此实现自身效益和社会效益的双赢，而品牌管理的核心是坚持诚信，保险公司唯有诚信才能赢得客户的忠诚。

因此，保险业务管理人员要在保险合同的基础上把对保户负责同对保险公司负责统一起来，真心实意，坦诚待人，把信用贯穿于全部业务活动中。

敬业奉献是保险业务管理人员必须具备的工作精神。作为投身于保险事业的工作者，首先要热爱自己的工作，并尽心尽力、尽职尽责地做好自己的工作。应以全心全意为客户服务作为保险职业活动的根本宗旨，热爱本职，忠诚奉献，任劳任怨，勤勤恳恳，要有强烈的事业心和高度的责任感，满腔热情地为保户服务。树立崇高的职业理想，培养坚强的道德意志，不辞辛苦，忘我工作，积极进取，勇于开拓。要熟悉业务，钻研技能，不断提高自身素质，为积极参加国内国际保险业务竞争打下良好的基础。要学习先进，立足本职，为发展保险事业尽心竭力。

敬业奉献还要求保险业务管理人员以保险职业为荣、为重、为本，不仅把保险这一职业当做谋生的手段，而且把保险事业的发展和完善看成自己的神圣使命和责任。具体来说表现为“四爱”：

第一，爱我事业。保险事业是高尚的事业，是前途无量的事业，是为千家万户保平安送温暖的事业，保险业务管理人员应深爱自己的事业。

第二，爱我公司。作为一名保险业务管理人员，既然选择了某一家保险公司，就要有一种光荣感、自豪感，有一种心甘情愿为自己公司服务的精神。要善于发现自己公司的长处，从而更加热爱它。同时，也要善于发现自己公司的不足，积极地帮助克服，使它更加完善。如果“身在曹营心在汉”，对公司没有发自内心的爱，不是衷心地希望公司繁荣昌盛，就会失去工作的动力，也就没有充实感和幸福感。

第三，爱我商品。对公司的商品要“情有独钟”，在爱它的基础上充分地了解它。只有这样，才能积极主动地向社会介绍自己公司的产品。

第四，爱我客户。客户选择了你这家保险公司，是对你这家保险公司的信任和支持。对此，除了衷心感谢客户外，还要像对待亲人一样对待他们。

案例分析

诚信乃立业之本

张某于2002年7月，用按揭贷款的方式购买10吨自卸车一辆，因张某系按揭贷款买车，根据有关规定，必须要投保相关的保险，于是汽车经销商联系某保险公司业务员汪某来和张某办理投保手续。保险公司业务员汪某来了以后，告诉张某，因为张某是按揭贷款购车，所以必须投保车身险、第三者责任险、盗抢险和不计免赔险四种险。张某表示同意，在办理保险手续过程中，张某多次问保险公司业务员汪某：“我买车回去是在开发区运土，基本上不上路，我的车子不上牌照，如果发生了事故，你们保险公司赔不赔？”汪某明确表示公司肯定会赔的，汪某说：“怎么会不赔呢？不赔的话我们保险公司就不要求你们投保了。因为你保的是车架号和发动机号，而不是保牌照，你交了保费，保险生效后，只要属于这四种险，我们保险公司都会赔的。”张某于是放心地向保险公司支付了全部四项险的保险费。保险公司业务员汪某替张某办理了投保的一切手续，包括投保单都是汪某代为填写的。汪某既没有给投保人张某看保险条款，也没有向投保人介绍保险条款的内容和免责条款的内容，收了张某交的保险费后，就匆匆离开了。过了两天，保险公司出了保单，但并未将该保单交给投保人张某。在该保险生效4个月后即2002年11月，张某投保的车辆被盗，张某根据保险公司的要求准备了所有理赔的材料向保险公司要求理赔，1个月后，保险公司向张某发出了拒赔通知，以《机动车辆保险条款》第五条第十一款的规定拒赔，该条的内容为：除本保险合同另有书面约定外，发生保险事故时保险车辆没有公安交通管理部门核发的行驶证和号牌，或未按规定检验或检验不合格，保险人均不负责赔偿。张某对保险公司的拒赔不能接受，委托律师代为向人民法院提起诉讼。

分析：由上述案例可知，保险公司没有按照诚信原则的要求尽到如实告知的义务，因此，保险条款中的免责条款对投保人及被保险人张某无效，保险公司应按保险合同约定支付保险费。最大诚信原则是保险业的基石，只有以最大诚信原则要求和约束保险双方当事人，保险业才能健康发展。

二、顾客至上，优质服务

“顾客至上，优质服务”是保险业务管理人员职业道德的核心内容。顾客至上要求保险业务管理人员在处理与保户的关系时，应自觉地把保户放在第一位，以认真负责的态度，尊重和维护保户的合法利益，竭诚地为保户提供一流的服务。在职业主体与顾客这一矛盾关系中，顾客始终是矛盾的主导方面。顾客愿不愿意投保，选择哪家保险公司投保，是保险经济关系确立的前提。保户所交的保费是保险基金的源泉，是保险公司员工包括保险业务管理人员在内的衣食之源。因此，在保险业务管理活动中，一定要时时、处处、事事为顾客着想，以优质的服务巩固老客户，吸引新客户，扩大承保面。

顾客至上反映的是一种态度、一种思想、一种观念、一种认识，它必须落实到优质服务上才有实际意义。随着改革开放的深入和社会主义市场经济的发展，我国保险市场已打破了“独家经营”的格局，股份制保险企业、外资保险企业、行业性保险企业和地区性保险企业等异军突起，市场竞争日趋激烈，优胜劣汰已成大势，各家保险公司都面临着严峻的挑战。这种新的形势、新的局面，对保险服务提出了更高的要求，规范服务、优质高效成为各家保险公司积极努力的方向。

优质服务贯穿于保险经营的各个环节，保险业务管理人员在每个环节上都大有用武之地。宣传保险时应实事求是，接待顾客时应文明礼貌，承保时应严谨，查勘时应快速，理赔时应主动、准确、合理，执行条款时应守信，解释疑难时要耐心，处理投诉时要细致。要审慎研制新险种，努力扩展服务领域；要主动深入开展防灾防损工作，把优质服务提升到更高层次。

“顾客至上，优质服务”这一职业道德规范具体要求保险业务管理人员做到：

第一，文明礼貌，尊重顾客。保险业务管理人员的本职工作就是为顾客服务，在接待和服务时，其一言一行都是代表着公司的行为，反映着公司的形象。文明礼貌，尊重顾客，关键在于理解和尊重人。应尊重每一位顾客，对他们一视同仁，不以权位取人，不以利害取人，不以亲疏取人，不以容貌取人，不怠慢任何一位顾客。应做到展业与理赔同样主动，投保与退保同样对待，加保与减保同样诚恳，大小保户同样重视，城乡顾客同样热情，生客熟客同样周到。文明礼貌、尊重顾客还体现在仪容仪表上。保险业务管理人员应该衣着整洁、端庄大方，热情亲切、彬彬有礼；说话应该温和耐心，谦逊诚恳；接待上应该细致周到。公司的“仪容仪表”还包括服务环境的优化，营业大厅和服务门点要做到干净整洁、井然有序、陈设雅致。

第二，展业承保，方便顾客。展业承保是保险职业活动的重要内容，它包括宣传动员保户投保，完成承保手续，处理保单变动及续保退保，凭证资料整理存档等职业行为。在从事这些职业行为时，必须坚持主动、高效、严谨、准确的原则。“主动”即主动登门服务，为保户提供方便；“高效”即工作效率高、节奏快，以节省保户的时间；“严谨”即减少或防止工作中出现差错，严格执行有关制度，不使保户的利益受到损害；“准确”即衡量展业承保质量的标准，对“准确”的追求，体现了对群众负责的精神。

第三，积极防灾，防赔结合。虽然保险公司并非专职防灾防损部门，但防灾防损却是保险极其重要且有深远影响的经营手段。其道德意义在于：通过防灾防损服务，把保户的利益与保险职业主体的利益在更高的层次上结合起来。在经营上把“防”与“赔”结合起来，既可减少社会财富的损失，又为降低费率、拓宽保险社会基础创造了前提条件，从而体现“人民保险为人民”的宗旨。

第四，研制险种，扩大服务。研制险种是一项以创造性的劳动适应社会新需要的服务方式。由于它扩大了保险范围，提升了服务层次，因而促使保险在安定人民生活方面发挥作用具有更大的可能性。同时也为保险职业主体提高市场竞争能力及提高经济效益创造了条件。但新险种的研制需要有科学的态度，推广时需要谨慎，否则会得出相反的结果。

三、遵纪守法，秉公廉洁

遵纪守法是对每个公民的基本要求，秉公廉洁是对公司职员和每个社会管理者的要求，二者也是保险业务管理人员职业道德的一项重要规范。作为保险业务管理人员，必须正确处理公私关系。遵纪守法，秉公廉洁，既是行政和法律规范的要求，又是道德规范的要求。遵纪守法，秉公廉洁，作为行政和法律规范是一种带有强制性的要求，而作为道德规范则是一种自觉性的要求。

在法制社会中，尤其是市场经济中，遵纪守法是维护社会制度和秩序、增强团体凝聚力的必然要求。在保险职业行为中，保险业务管理人员除遵守国家宪法和法律外，还要严格执行保险法和其他相关法律；除遵守政治纪律、财经纪律外，还要遵守保险业务活动纪律，如劳动纪律、理赔纪律、岗位守则、规章制度等。秉公廉洁是指保险业务管理人员在保险职业活动中，要始终保持勤俭节约、廉洁奉公的高尚品质。

遵纪守法，秉公廉洁，是保险业务正常开展的重要保证。搞好保险服务工作，不但要靠团结协作，而且必须有严格的纪律来保证。如果大家不能自觉遵守纪律，不要说团结协作，就连起码的业务活动也将难以开展。哪怕只有少数人不遵守纪律，也会给全盘工作带来很大困难，更不用说有令不行、有禁不止和违法犯罪了。

遵纪守法，秉公廉洁，是贯彻党和国家的政策法令以及有关保险业的方针原则的重要保证。保险业务广泛，涉及面广，是国家宏观调控的经济杠杆。在保险职业活动中，有许多事情是同党和政府的政策法令有关的，必须坚持执行。在贯彻我国保险业务的指导方针和基本原则的过程中，也必须做到自觉遵纪守法，决不可各自为政。

遵纪守法，秉公廉洁，是搞好保险企业经营管理的重要保证。发展社会主义保险事业，要靠勤俭节约和科学管理。如果没有一心为公的积极性和责任感，勤俭节约、增产节支等活动就无法开展。没有遵纪守法、秉公廉洁的道德规范，再好的经营管理办法也将难以实施。

遵纪守法，秉公廉洁，是纠正不正之风，维护保险业务关系双方的权益，建设精神文明“窗口”的重要保证。保险业务掌管钱财且接触面广，保险业务管理人员难免会受到腐朽思想和各种不正之风的影响，这些腐朽思想和不正之风，不仅损害了国家和人民的利益，也毒害了我们的心灵，败坏我国保险事业的声誉。

因此，“遵纪守法，秉公廉洁”这一道德规范，无论是对纠正行业不正之风、维护国家和人民的利益，还是对建设精神文明“窗口”和培养社会主义新人来说，都是必不可少的。总之，没有良好的纪律作保证，没有廉洁奉公者有效的管理，很难想象会有保险公司良好的业务的开展。

遵纪守法，秉公廉洁，对于保险业务管理人员既然如此重要，那么，保险业务管理人员就要做到：第一，要强化法纪观念，努力学习有关法规和纪律，尤其要明确与自己的职业行为密切相关的规范要求；同时，要把法纪意识化为内心信念，在心理上形成稳定的观念，从而自觉约束自己的行为。在保险职业活动中特别要自觉遵守《保险法》、《合同法》、《会计法》等法律法规，严格执行劳动纪律、理赔纪律、财经纪律和其他规章制度。第二，要厉行节约，反对浪费。勤俭节约是我国劳动人民的传统美德，坚持勤俭节约就是同人民群众在感情上息息相通，保持劳动人民的本色。保险公司要搞好经济核算，严格财经纪律，增收节支，开源节流，勤俭建业，决不能讲攀比、摆阔气，慷公家之慨，用公款大吃大喝，滥发钱财，挥霍浪费。第三，要持权不贪，廉洁奉公。作为保险业务管理人员，只有为人民造福的义务，没有以权谋私的权力。要自觉抵制和纠正行业不正之风，树立保险职业群体的“廉洁、服务、高效、优质”的良好形象。

四、科学管理，创新工作

当今世界，以信息技术为主要标志的科技进步日新月异，高科技成果向现实生产力的转化越来越快，知识经济的浪潮已经到来。知识经济的核心是创新，没有创新就没有知识经济。保险企业要在知识经济的大潮中立足市场而生存与发展，就要研究科学管理和创新战略，在科学管理和创新中不断提高自己的竞争能力。

保险业务的科学管理就是保险企业遵循客观规律的要求，按照一定的原则、程序和方法，对保险经营活动进行全面的计划、组织、指挥、实施、监督和调节等多种功能的综合运用，以完成保险企业预定的目标。科学管理是保险企业经营的客观要求，也是保险业务管理人员应尽的道德义务。科学管理是保险企业进行经济活动、充分发挥保险职能作用的必要条件，有利于保险企业发挥组织保险基金和对意外灾害进行经济补偿的职能。科学管理是争取良好经济效益的必要手段，有利于以最小的费用开支和合理的赔付，尽可能多地为人民群众提供经济保障，为保险企业取得更多的盈利。科学管理是提高干部素质、培养高素质职工队伍的必要保证。

保险领域的创新表现在保险经营的各个层面，包括经营理念、组织结构、保险产品、保险技术、保险营销、保险理赔等方面。树立以客户为中心的服务理念，在各个层面开展服务创新是关键。服务理念的核心在于保险公司的发展战略应该从以业务为中心转向以客户为中心，保险公司的一切活动包括保险产品的设计、保险营销、保险理赔等皆以客户至上为原则。

注重服务理念的保险产品设计要反映客户的需求与偏好，因时而变。例如，随着我国市场经济的深化，社会保障体制的改革，家庭结构的改变，人口老龄化现象的出现，新的风险与新的保险需求将不断涌现，人们已经开始关注的保险品种包括老人护理保险、医疗意外事故保险、特殊疾病保险、人体器官特殊功能保险等。这些险种，目前在我国保险业的经营中几乎还是一片空白。

注重服务理念的保险营销应从传统的交易性推销转变为关系营销。交易性推销强调获得销售订单，忽视销售以后的时期。关系营销强调产品或劳务的整个生命周期，买卖双方是伙伴关系。通过伙伴关系，提高客户的忠诚度。拥有忠诚的客户是保险企业保持长期成功的关键。

保险服务理念的创新，就是要创建一整套全新的保险服务文化。通过有意识地投入、培育、提炼、积累、引发和塑造体现企业自身优质服务特点的文化和精神，以有效地激励、规范、约束、协调每个员工的服务思想和行为，在保险服务领域里造就一种追求卓越，创造辉煌的精神优势。保险服务理念的创新，就是要树立崭新的保险服务意识。就是要从经营理念上确保客户价值增值，从产品、承保、理赔等方面满足客户的需求，从公关促销、形象宣传上满足客户的视听需求，从文明、优质服务方面满足客户的心理需求。保险服务理念的创新，就是要把向客户提供优质服务变成“自觉行为”，而不是在外在压力下的“被迫行为”，从而齐心协力杜绝一切劣质的服务。保险服务理念的创新，就是要形成“创造客户”的意识。只有善于“创造客户”，有效地激发新的消费需求，把潜在的客户变为现实的客户，才是保险市场的高手。

为此，“科学管理，创新工作”这一职业道德规范要求保险业务管理工作者做到：

第一，忠于职守，各司其职，做好工作。保险业务管理人员包括负责保险发展计划和战略目标制订的计划工作人员、负责保险人力资源管理的管理人员、负责各项保险业务管理和监督的各级管理人员、负责保险财会事务的财务管理人员等，他们要按计划要求，各自的管理权限，将保险企业经营活动各要素、各部门、各环节在时间和空间的联系上，在劳动分工和组合上，在相互关系以及对外往来上，合理地组织起来，形成一个有机整体科学运转。

第二，学习业务，掌握政策，服务一线。保险业务管理工作人员要加强学习，熟悉业务，了解业务经营状况。要学习和掌握保险经营的政策和原则，及时引导业务工作沿着正确的方向顺利开展和进行。要善于揭露问题、解决问题，善于发现先进、培养先进，要善于总结经验、交流经验，要胸怀全局、放眼未来，不断把保险事业推向新的发展阶段。

第三，调查研究，搞好预测，做好参谋。保险业务管理工作人员要善于调查研究，深入社会各个层面各个部门，了解社会经济状况，详细占有第一手资料，做好数据分析、趋势预测，提出工作建议和方案，当好参谋和助手。

五、顾全大局，团结互助

顾全大局，是指在处理个人和集体的利益关系上，要树立整体意识和全局观念，把全局利益放在首位。在个体与整体、局部与全局、暂时与长远发生冲突时，应做到个体服从整体、局部服从整体、暂时服从长远。顾大局，识大体。对保险业务管理工作人员来说，保险职业群体内部关系的状况和整体结合程度是十分重要的。当群体内部团结和谐、凝聚力强时，群体的整体素质就会大大提高，从而增强其适应外部环境的能力，获得较快的发展。保险业务管理工作人员在选择自己的道德行为时，应有利于内部整体关系和整体结构的优化。

团结互助是指在人与人之间的关系中，为了实现共同的利益和目标，互相帮助、互相支持、团结协作、共同发展。团结互助是集体主义道德原则和新型人际关系在职业活动中的具体体现，也是社会主义职业道德对保险从业人员的基本要求。

团结互助是处理保险从业人员之间关系的重要道德规范，要求保险业务管理人员顾全大局，友爱亲善，真诚相待，搞好同事之间、部门之间的团结协作关系，以实现共同发展。如果从业人员能够调节好职业内部人与人之间、部门与部门之间的关系，调节好职业集体之间的关系，就能有良好的精神状态，心情舒畅，从而激发起巨大的热情和积极性。相反，在集体劳动和现代社会化生产的条件下，如果缺乏维系从业人员之间、职业集体之间的道德力量，就必然会影响从业人员的情绪，导致纪律松懈，职业群体内部混乱无序。团结互助也是社会生产的客观要求，是一切职业活动正常进行的重要保证。特别是在科学技术发展和生产社会化程度提高的现代化大生产条件下，只有相互配合、团结协作、互助友爱，才能形成职业群体的凝聚力，促进生产力发展，促进事业目标的实现。

"团结互助，顾全大局"这一职业道德规范要求保险业务管理工作人员做到：

首先，互相平等尊重。所谓平等尊重就是指在社会生活和人们的工作中，不管彼此之间的社会地位、生活条件、工作性质有多大的差别，都应一视同仁、平等相待、互相尊重、互相信任。在保险业务中，平等尊重、相互信任是团结互助的基础和出发点。这是因为保险经营机构中存在着各种人际关系，人们之间免不了会有各种的分歧或者争论，出现各种冲突。只有正确地对待这些问题并妥善解决，才能增进彼此之间的感情和团结。这就必然要求人们之间平等尊重，互相理解，尊重他人的知识、才能、成绩和人格，理解他人的思想和感情，在互相尊重、互相谅解、平等相待的气氛和环境中，解决矛盾和冲突，增加信任，使职业活动顺利进行，取得理想的效果；在互相尊重信任中建设团结协作的坚强集体。

其次，要强调互相学习。相互学习是团结互助道德规范要求的中心一环。团结互助的内涵，是指为了实现共同的利益与目标，大家互相帮助、团结协作、共同发展。在保险职业群体中，每个从业人员在思想、学识、能力等方面都存在差异，"尺有所短，寸有所长"，这就要求从业人员之间要互相学习，取长补短，互相促进，从而使整个集体团结向上，更好地实现共同的利益和目标。因此，互相学习是团结互助道德规范的进一步要求。互相学习，最重要的就是要做到谦虚谨慎，学人之长，在相互学习和交流中加强合作，共同提高。

案例分析

成功来自于团体的力量

“没有十全十美的人，只有十全十美的团队。”作为某寿险公司重庆分公司的梅经理时常把这句话挂在嘴边。就是因为拥有这样十全十美的团队，才能成就这位优秀的经理在2004年以项目部1.78亿元的总保费创造了重庆分公司的奇迹，成功入围总公司团体系列高峰会，并获得“优秀分部经理”的荣誉。

下面是一段记者采访梅经理的访谈录。

记：“梅经理，是什么让你对保险这个行业如此的认同和热衷?”

梅：“一位做寿险的朋友告诉我：寿险的魅力不仅仅在于它的高收入，还在于它能在给你带来荣誉感的同时也向你发出挑战。自己在帮助别人的同时也成就了自己。带着这种信念，我加入了人寿保险公司。”

记：“梅经理，在短短两年的时间里，你在完善自我的同时也从一名业务员成为一名资深客户经理，到现在的优秀分部经理，你最大的感慨是什么?”

梅：“其实也不能说是感慨，就是一点点心得而已。部门能够取得如此大的成绩和大家的努力是分不开的，而我仅仅是起到监督和提醒的作用。我的成功全来自于我优秀的团队。也许我不是完美的，但我相信我的团队是十全十美的!”

虽然她的言语是那么的务实，但我们都能体会到“一个优秀的团队离不开好的领导，好的领导总会带出优秀的团队，它们是相互制约、相互协调的”。梅经理却只用了两个词语——监督、提醒，在这四个字的后面是她对员工的一份责任和一份应尽的义务。

记者还从与梅一同工作的同事中了解到：平时的她除了全心全意帮助员工分析条款，陪访客户之外，还以自己的实际行动，以自己的敬业精神和执著的态度为员工作出榜样。员工在她的带动和感染下，紧紧拧成一股绳，使团队在业绩上屡创新高。

分析：“众人划桨开大船”。这个案例很好地诠释了“团结就是力量”这一真理。一个人的智慧和能力是有限的。但是团队的智慧和能力是无限的。保险员工在工作中，一方面应努力提高自己，另一方面也要重视团队协作，在团队中学习和成长。

资料来源：吴定富．保险职业道德教育读本［M］．北京：人民出版社，2006.

第二节 保险理赔人员的职业道德规范

保险理赔是保险人履行义务、信守诺言的实际表现。保险理赔是处理保险赔款或给付的简称，是指保险事故或事件发生后，被保险人（或投保人、受益人）向保险人提出索赔，保险人进行调查、审核，确定保险责任和损失金额，并根据保险合同的规定，履行经济赔偿或保险金给付义务的行为。保险人在履行赔偿或给付的义务和责任时，必须根据保险契约的规定，对遭受物质上的损失、灭失，或人身伤害，进行一系列的调查处理。例如，进行现场查询、审核被保险人提交的各种有关单证、估计损失、确定保险责任和赔偿金额，并进行赔偿。通过保险理赔，可以检验承保工作的质量，发现防灾防损工作中的漏洞和问题，为改进工作提供依据。保险理赔过程本身又是最有说服力的保险宣传。因此，保险理赔在保险业务经营中占有重要地位。

保险理赔业务的程序一般是：审核保险单与有关单据，查勘灾害事故现场，确定灾害事故是否属于保险责任范围，受损财产是否保险标的，核定保险标的损失程度，确定和计算应赔付的金额等。保险理赔人员在保险职业活动中除了要遵守保险业务管理人员应共同遵守的职业道德外，还要特别遵守如下职业道德要求：信誉第一，准确理赔；主动热情，快速理赔；秉公守法，不以赔谋私；遵纪守法，敢于斗争。

一、信誉第一，准确理赔

讲究信誉和诚信是《保险法》确定的基本原则，诚实守信是保险理赔人员应当遵从的基本道德。信誉第一，准确理赔，就是在保险理赔工作中重合同、守信用，坚持实事求是的原则。在保险职业活动中，展业是基础，理赔是关键。理赔是保险社会补偿职能的实现方式，它既关系到保户的利益，也关系到保险职业群体的信用声誉。理赔包括灾情查勘、灾损核定、赔额计算、赔款给付、损余物资处理及代勘代理、代位追偿等一系列职业行为。信誉第一就是指在理赔过程中要重合同、守信用，一切言行以不损害保险信用的声誉为准则。准确理赔是对赔款服务的质量要求，是维护保险双方的利益，赢得保险信誉的保证，两者互为条件，也是对坚持实事求是原则的进一步表述。

所谓遵循实事求是的原则，就是作为一名具有较高道德素质的保险理赔人员，应当时时刻刻将实事求是原则贯彻在理赔过程当中。被保险人提出的索赔案件形形色色，原因错综复杂，保险理赔人员除了按照条款处理问题之外，更应该实事求是、合情合理地处理。尤其是在通融赔付方面，更能够体现出保险理赔人员的道德水准。通融赔付是指按照保险合同条款的规定，保险人可赔可不赔的经济损失，但由于一些其他原因的影响，保险人给予全部或部分补偿或给付。处理通融赔付的人员，要有对公司负责的高度责任感，不是无原则地随意赔付，而是灵活运用损失补偿原则。保险理赔人员应当在心里时刻牢记，每一项业务的处理原则都应当维护保险公司企业的信誉和本公司在市场竞争中的地位，都应当有利于保险事业的稳定和发展，有利于维护社会稳定和安定团结。

“信誉第一，准确理赔”这一道德规范的要求是：

第一，重信惜誉，增强自我约束能力。理赔服务的特殊性，决定了理赔职业行为具有分散性、较多的自主性和群体约束力相对弱化的特点。因此，理赔服务质量的保证和保险信誉的维护，除加强管理外，在很大程度上取决于理赔人员的自我约束能力。

第二，重合同，重事实，保证准确理赔。理赔准确性是把保户利益与保险业及保险职业群体的声誉、利益统一起来，实现合理赔付的唯一基础。衡量理赔准确性的标准，只能是以保险合同规定的条款为准绳，以标的的灾害确凿事实为依据，并把两者合乎逻辑地结合起来而得出的定损结论。重合同就是要具有较强的法制观念，准确解释和严格执行保险合同规定的条款，不歪曲、不走样，在保户不知情的情况下，不蓄意隐瞒对保户有利的条款；不脱离条款另立章程，任意处理赔案。重事实就是要实事求是，重实证，重客观发生的确切事实。由于灾害事故发生的情况是千变万化的，造成的损失又错综复杂，即使保险条款对赔偿责任都做了原则规定，但却不能面面俱到，包罗万象，把所有的可能都一一载明。这就要在处理赔案时既要坚持按保险合同办事，又要坚持实事求是。在掌握客观事实的同时，根据合同条款的精神，对具体问题做具体分析，做深入细致的调查研究工作，如实报告灾损实情。这是实现合理理赔的前提条件。特别对一些重大疑难案件，要慎重处理，不能机械地死抠条款，贸然地笼统拒赔；也不能抛开条款，强调灵活性，随意统赔。要区别对待，合情合理，该赔则赔，不该赔则不赔。既不滥赔，也不惜赔，切实维护保险关系双方当事人的合法权益，使保险理赔真正起到应有的职能作用。

二、主动热情，快速理赔

保险产品，客户购买的是对未来的保障，保险事件发生时的理赔环节才是保险价值的核心体现。理赔是客户与保险公司互动频率较高的阶段，由于理赔阶段的客户一般都正遭遇危机，如果此时保险公司能够快速理赔，让客户感受到保险服务的价值，便能成为“惊喜”因素，大大提高客户对保险公司的满意度和忠诚度。

保险理赔的一个最基本的原则就是从客户出发，“想客户所想，急客户所急”。那么理赔阶段，客户最急的是什么呢？显然，危机来临时，客户肯定是希望能够及时获得保险补偿，以抵御风险，增强自身的安全感。如果保险公司总是一味强调理赔业务处理的程序化、规范化，经过漫长的调查取证，然后给予补偿，客户已经不能感受到保险的保障作用了。此时，或者危机已经解决，补偿的作用已不明显；或者是因不能及时得到补偿造成了危机的深化，甚至无可挽回。因此，快速理赔是保险公司的必然选择。理赔速度的快慢，直接牵涉客户的利益乃至社会的生产和人民生活的安定。

对于保险理赔工作人员来说，“主动热情，快速理赔”是职业道德准则中具有特殊意义的道德要求。主动、迅速、准确、合理，又称理赔工作“八字方针”，是理赔工作长期实践和工作经验的总结，是每个理赔工作人员必须遵守的行为准则。主动、迅速可以使被保险人能充分、及时地享受应得利益，可以充分发挥保险的经济补偿职能，有利于加深保险在社会上的影响。

那么，如何做到主动热情、快速理赔呢？“主动热情，快速理赔”这一道德规范的具体要求是：

第一，熟悉业务，提高技能。即熟悉理赔业务知识、操作程序、计算技巧，从而提高理赔速度。也就是说，只有要求理赔工作人员把积极主动的服务精神和真才实干的科学态度结合起来，才能实现主动、迅速。这是前提条件和基础。

第二，满腔热情，排忧解难。即理赔工作人员要急保户之所急，想保户之所想，帮保户之所需，想方设法帮助保户减少损失。比如采取有效措施及时制止事故恶化和损失增大，排除险情，堵塞漏洞；或事后帮助总结经验，吸取教训，加强管理，加强防范，提出意见，改进工作，当好参谋。

第三，增强时间观念，追求时间效益。要求理赔工作人员一经接到出险通知，就主动、迅速深入现场勘查，了解灾情，正确分清责任，计算赔付数额，并及时支付赔款。做到办事快、勘查细、赔付及时，以利于受灾保户及时恢复生产、安定生活和减少间接损失。

第四，克服重展业、轻理赔的本位利益思想。要认识到没有保户的正常生产和生活，就没有保险的存在和发展。只有在提高保险的社会效益的前提下，才能有保险自身的经济效益，要自觉地把两者的利益结合起来，推动理赔工作的健康开展。

案例分析

台风突来袭，公估上阵忙

2005 年 8 月 12 日，当年第 14 号台风“云娜”在浙江登陆，正面袭击台州，此次台风历时长，雨骤、风猛，中心风力 12 级以上，是台州几十年一遇的特大台风。给台州市带来了巨大的损失和灾难，众多企业财产遭受到严重的损坏，出险案件接踵而至。为使企业尽快恢复生产，帮助灾区人民重建家园，受保险公司委托，有关公估公司马上组织公估人员赶赴灾区一线，协助保险公司现场勘查核损。

受“云娜”强台风的影响，位于台州市路桥区的某灯饰厂的钢架工棚棚顶、厂房的铁皮瓦被大风掀起吹走，钢架经受不住狂风吹袭，整座钢架工棚倒塌。只剩下部分断壁残垣。由于倾倒墙壁及塌下钢屋架的冲压和风吹雨淋，部分机械设备、来不及抢运的扎灯、卷灯及其半成品、化工原材料和包装物等遭受不同程度的损失。该公司报损金额 700 多万元。某公估行接到保险公司委托后，当天在被保险人的带领下进入现场勘查。由于受损的物品品种繁杂，数量多，清点难度高，工作量大。办案人员在被保险人的配合下，对受损物品进行了分类统计，衡定损失程度，使该案最终以人民币 62.8 万元顺利结案。

与此同时，位于黄岩地区的某广播电视网络线路受到大面积的破坏，报损失达700多万元。受保险公司委托，某公估公司组织了三组公估人员，每组分配一名通信专家，奔走出险现场。由于广播站出险站点多分布在山区、半山区、平原和河流边等各种地形地貌的地方，受损情况各有不同。公估人员不辞辛劳，奔走于各灾害现场勘查，分别勘查了九峰山差转站等多个广播站，对现场的损失情况进行了完整的统计。

点评：上述两案例的保险公估公司及其从业人员，凭借自身扎实的专业技术和多年的公估经验，通过与被保险人、技术人员的充分交流和沟通，最终取得了客户和保险公司的认可。

资料来源：吴定富．保险职业道德教育读本［M］．北京：人民出版社，2006.

三、秉公守法，不以赔谋私

“秉公守法，不以赔谋私”是保险理赔人员职业道德规范的一项重要内容，是对保险理赔人员特殊的道德要求。这是由理赔工作的性质决定的。保险理赔人员直接掌管赔付钱财，有职有权，责任重大。保险理赔人员能不能秉公守法、不以赔谋私，关系到保险关系双方的权益能否得到保障，国家财产和人民的利益能否不受损失，保险社会经济补偿职能能否正确发挥的重大问题。所以，保险理赔人员要自觉遵纪守法，廉洁奉公，秉公办事，不以赔谋私，向国家和人民负责。

秉公守法，不以赔谋私，不仅是法律和行政上的要求，更重要的是，它是高尚的道德情操在保险职业活动中的生动体现，是每个保险理赔人员应有的思想道德品质和行为准则，它要求每个保险理赔人员在职业活动中要坚持原则，照章办事，克己奉公，不利用职务之便谋取私利，不徇私情，自觉奉献。

“秉公守法，不以赔谋私”这一职业道德规范对保险理赔人员的道德要求是：

第一，按章办事，认真负责。保险理赔人员要严格按照理赔程序办事，遵守理赔纪律时刻坚守岗位，认真负责。一旦接到出险通知，迅速到现场，搞查勘，采取措施，避免损失扩大。一经确定立案后，迅速搞好核实计赔，并及时赔付。决不允许有任何刁难、勒索保户，摆架子，讲价钱，故意延误理赔结案时间或徇私舞弊行为出现。

第二，坚持原则，依法办事。一是理赔过程中坚持重合同、守信用、实事求是的原则。在事实情况确凿、责任归属明确、损失数额确定情况下，以事实为依据，以条款为准绳，迅速准确理赔。二是在遇到有些单位怕担责任，或个人怕受行政处分而故意少报损失；有些不法保户为骗取保险金，故意造成财产损失事故或弄虚作假多报谎报损失，因而拉拢腐蚀理赔工作人员给予“好处”、“方便”时，理赔工作人员一定要保持清醒的头脑，坚决把国家和人民利益放在第一位，决不能贪赃枉法，见利忘义，做金钱的俘虏而坑害国家、坑害人民。

第三，严于律己，不徇私情。一是理赔过程中遇到自己的亲戚、朋友，要主动提出回避。二是坚决抵住人情风，遇到熟人也要坚持秉公办事，不收礼，不吃请。三是自己决不利用职权之便，在保险理赔中隐瞒与保险合同有关的重要情况，欺骗投保人、被保险人或受益人，或者拒绝履行保险合同约定的赔偿或给付保险金的义务，或者从事其他欺骗行为，贪污公款或占被保险人的便宜，中饱私囊。

四、遵纪守法，敢于斗争

在保险理赔工作中，往往会遇到许多骗保行为，如：故意造成被保险人死亡、伤残或者疾病等人身保险责任事故，骗取保险金；投保人故意虚构保险标的，骗取保险金；未发生保险事故而谎称发生保险事故，骗取保险金；伪造、变更与保险事故有关的证明、资料和其他证据，或者指使、唆使、收买他人提供虚假证明、资料或其他证据，编造虚假的事故原因或夸大损失程度，骗取保险金，等等。以汽车保险为例，有的故意制造剐蹭事故，以此来骗取保费；有的修理厂故意扩大车辆损失，以骗取保险公司保费；有的人为制造单方事故，骗取赔款，等等。对于这些不诚实，蓄意骗取保险费的不法行为，要坚决予以揭露，并上报有关部门给予行政和法律制裁，决不姑息迁就或“事不关己，高高挂起”，置国家与人民财产而不顾。对保险工作人员滥用职权、玩忽职守、以赔谋私等行为要坚决制止。要不怕打击、不怕报复，以维护国家和人民的利益，维护保户和保险职业群体的信誉，推进保险事业健康发展。

案例分析

意外中毒难辨真假，模拟实验戳穿谎言

2004 年 4 月 10 日，某寿险公司青岛分公司接到报案，称客户周某在家里因液化气泄漏中毒死亡。接报后，理赔人员立即调阅了周某的投保资料，发现周某是一个年近六十的老太太，刚刚于 3 月份投保，并且投保险种为低保费、高保障的意外伤害险，保额达 7 万元。

由于案情重大，理赔人员迅速赶到周某家，对现场展开调查。理赔人员注意到，周某的住所是两间平房，一间为卧室，即案发地点，另一间为厨房，液化气罐放在厨房的南窗台下。理赔人员仔细检查了房间的封闭性，发现厨房与卧室之间的门封闭性较好，但厨房通向室外的门封闭性较差，门下面有一条很大的缝隙。理赔人员进一步勘查，发现在液化气罐的旁边有一个直径近五厘米的洞，一条细水管从室外穿墙而入，把手放到洞口能明显感觉到空气流动。周某的丈夫蔡某称，当晚周某独自在家，使用液化气烧水，水开了把液化气浇灭了，周某没有注意到，液化气漏气导致周某中毒死亡。

经走访周围居民，理赔人员又获得了一条重要信息，周某患胃癌两年多了，但理赔人员对青岛市多家医院进行调查，均未查到周某治疗记录。虽然没有查到周某的记录，但结合对投保情况的分析和现场勘查情况，理赔人员断定本案属于骗保案件。

为了验证自己的判断，理赔人员找了一个与周某家里同样的液化气罐，把水壶装满水后烧开，看是否能把火浇灭。前后进行了四次模拟实验，每次水烧开后即使溢了出来也没有把火浇灭。这个结果更坚定了理赔人员的信心。做完以上工作，理赔人员决定对蔡某摊牌，和他进行心理战。

理赔人员来到蔡某家里，和蔡某闲谈周某的有关情况，谈话过程中理赔人员提出口渴了，请蔡某烧点水喝，此时蔡某还没有察觉到理赔人员的意图。水烧开后，理赔人员说烧得不多，多烧点、加满水。理赔人员注意到蔡某的脸色变了，很不情愿地把水加满。过了一会水开了，蔡某急着去关火，理赔人员说不急，再烧开点，这时蔡某的脸色很难看了。水一直开着，向外大量溢出，但始终没有把火浇灭。理赔人员觉得时机已到，单刀直入地告诉蔡某，我们已经了解到周某患癌症两年多，所谓液化气泄漏中

毒的说法都是编造的。在证据面前，蔡某不得不承认了周某带病投保的事实，此案最终告破。

点评：通过这个案例，我们可以认识到处理理赔案件高度的责任心是多么重要。虽然工作经验使理赔人员对大多数赔案都有很好的直觉，能够发现案件存在的疑点，但真正取得有力的证据是非常困难的，这种情况下责任心就非常关键了。

拿本案来说，在大量的调查后，始终无法取得周某带病投保的有力证据，但理赔人员没有放弃，而是选择进行模拟实验，通过多次模拟实验证实蔡某说法的错误性。如果轻易放弃了，不但公司遭受损失，而且会助长骗保的气焰，这不仅对整个国内保险市场非常不利，而且还会在一定程度上不利于社会诚信的建立和成长。

资料来源：吴定富．保险职业道德教育读本［M］．北京：人民出版社，2006.

本章小结

保险业从业人员应当明确并自觉遵守保险职业道德具体准则。保险业务管理人员的职业道德规范是：诚实守信，敬业奉献；顾客至上，优质服务；遵纪守法，秉公廉洁；科学管理，创新工作；顾全大局，团结互助。保险理赔人员的职业道德规范是：信誉第一，准确理赔；主动热情，快速理赔；秉公守法，不以赔谋私；遵纪守法，敢于斗争。

思考题

1. 作为一名保险业务管理人员，应当遵守哪些职业道德具体准则？
2. 作为一名保险理赔人员，应当遵守哪些职业道德具体准则？

主要参考文献

［1］吴定富．保险职业道德教育读本［M］．北京：人民出版社，2006.
［2］龚宏富．财经职业道德［M］．杭州：浙江大学出版社，2004.
［3］迪尔伯恩金融服务公司．保险从业人员的职业伦理（第三版）［M］．王揖，译．北京：中国人民大学出版社，2005.

第五章 证券职业道德

ZHENGQUAN ZHIYE DAODE

【学习目的与要求】

通过对本章的学习，了解证券职业道德的基本含义、特点和作用，掌握证券职业道德所遵循的道德原则、规范与行为守则，以及如何提高自身的职业道德水平，为维护证券市场的管理秩序和健康发展创造良好的基础。

证券行业作为我国社会主义市场经济体系的重要组成部分，其在经济发展中的作用日益重要。我国证券业发展迅速，取得了举世瞩目的成就。证券市场已初具规模，市场基础设施不断完善，法律法规体系逐步健全，市场规范化程度不断提高，已经成为社会主义市场经济体系的重要组成部分，为国有企业，金融市场改革和发展，优化资源配置，促进经济结构调整和经济发展，作出了重要贡献。但是，由于我国证券市场起步较晚，发展较快，各项管理监督制度尚不健全，相应的立法还不完善，证券监管工作以及对证券从业人员的思想教育工作还比较薄弱。因此，加强证券从业人员的职业道德建设与证券市场的健康发展息息相关，它对维护公正高效的管理秩序，维护证券投资者的投资信心和利益起着非常重要的作用。

第一节 证券职业道德规范概述

一、证券从业人员

证券从业人员是证券业的参与者，主要是指各类证券机构中一些特定岗位的人员，包括管理人员和专业人员两大类。按照《证券业从业人员资格管理办法》（中国证监会，2002）的规定，证券从业人员是指：（1）证券公司中从事自营、经纪、承销、投资咨询、受托投资管理等业务的专业人员，包括相关业务部门的管理人员；（2）基金管理公司、基金托管机构中从事基金销售、研究分析、投资管理、交易、监察稽核等业务的专业人员，包括相关业务部门的管理人员；基金销售机构中从事基金宣传、推销、咨询等业务的专业人员，包括相关业务部门的管理人员；（3）证券投资咨询机构中从事证券投资咨询业务的专业人员及其管理人员；（4）证券资信评估机构中从事证券资信评估业务的专业人员及其管理人员；（5）中国证监会规定需要取得从业资格和执业证书的其他人员。

证券从业人员的职业特点，主要表现在以下几个方面：

第一，风险性。与其他工作不同，证券工作是在高投机、高风险的证券市场中展开的，其工作的每一步都直接或间接地与自己所属机构或其他投资团体和个人有关，稍有失误，就会招致现实的亏损，因此，该项工作具有较大的风险性。

第二，信用性。证券市场运作的核心是一个信字，全部证券和证券市场的活动，都是在信用的基础上产生的。证券从业人员的工作，是在为投资者提供服务的同时，提供信用保证。没有信用，业务就无法开展，证券市场也就无法维持下去。

第三，“三公”性。“三公”即公开性、公平性、公正性。不管是证券管理人员还是其他证券从业人员他们都是为所有投资者服务的，其行为都必须符合国家提出的公开、公平、公正的要求，都有责任监督筹资主体连续公开自己的财产及经营情况，杜绝信息私下交易，使任何一个投资者都能在平等的起跑线上机会均等地参与竞争。背着一部分投资者，向着一部分投资者，隐瞒信息或失实传播信息都是证券工作的大敌。

第四，技术性。证券行情起伏大，波动快，证券品种多，推陈出新率高，这些都要求证券工作人员既能熟练掌握基本分析技能，也能熟练掌握技术分析技能，因此证券工作具有很强的技术性特点。

二、证券职业道德的定义

随着世界经济的发展，金融创新层出不穷，证券业的服务范围越来越广泛，对社会的影响和贡献也越来越大。为了使证券市场健康发展，国家着手制定了管理证券业的有关法规、制度，以规范证券从业人员的行为。证券职业道德就是证券从业人员在从事与证券业务相关的活动时，所应遵循的道德原则、规范与行为守则的总和。加强证券职业道德建设，对于提高证券从业人员的职业道德素质和社会经济的持续健康稳定发展具有重要意义。

证券职业道德是从证券业的发展壮大中产生，并通过长期的行为实践确立下来的。它既是从业人员根据实践需要而形成的自发的习惯性的行为方式，又是在证券行业的从业人员对于这种职业要求的自觉认识的基础上，经过理论概括，用来规范从业人员的实践，从而形成从业人员普遍遵循的行为准则。证券职业道德起着规范从业人员行为的作用，同时又协调着从业人员内部的关系以及从业人员与服务对象的关系。因此，证券职业道德对于证券活动的开展起着深层的、内在的精神保障作用。

证券职业道德不仅包括一般性的职业道德原则和一般性的职业道德规范，同时还有本行业特定的职业道德规范和行为准则。证券从业人员的道德规范有正直诚信、勤勉尽责、廉洁保密、自律守法。

三、证券职业道德的特征

与一般的职业道德相比，证券职业道德具有以下特征：

（一）广泛性

证券职业道德伴随着证券业与国民经济的相互依存关系的强化，证券职业道德通过证券业服务社会这个窗口，将自身向社会辐射，对整个社会的道德产生影响，特别是证券业在国民经济中具有举足轻重的重要地位，这种影响较其他行业更有力度。证券职业道德在塑造证券从业人员人格的同时，也在塑造整个国家国民的道德人格。

随着证券业跨越国界，证券职业道德涵盖的范围大大地扩展，并已涵盖了东西方不同道德背景下职业道德的共同要求。随着对共同繁荣、平等互利理念的进一步认同，这一趋势会对世界经济的繁荣作出更大贡献。证券业作为服务世界经济的窗口，会把这一精神向全世界传播，促进世界人民向更高的道德水平迈进。同时，世界各国的道德将进一步丰富证券职业道德的内涵，双方共同在证券职业道德的完善方面作出努力。

（二）现代性

证券业是随着现代化生产方式和经济方式的出现而出现的，有了股份公司的涌现、信用活动的开展，才有了证券业和证券职业道德的产生和发展。跟其他行业的职业道德相比，证券职业道德的发展历史显然较短，具有明显的现代特征。

在现代社会生活中，客观上存在着两条经济流在运动：一是实物流，二是金融流。前者是以各种实物形态进入流通过程，后者则是以货币作为交换媒介进入经济生活，尤其是在信用发达的时候，各种金融衍生工具得以流转，从而使金融流在广度和深度上得以空前地扩大、拓深，证券业在社会生活和经济生活中的作用也因此越发显得重要，具有不可替代性。证券职业道德原则可以从深层次构建理性而有效的证券行业运作机制，有利于市场经济的健全发育。

（三）重视效率

电子技术的广泛应用，加快了结算收付手续的速度，对国际资本融通及整个经济的发展起积极的促进作用。重视工作效率是现代证券业对职员的特别要求。讲求效率成为证券期货业竞争取胜的重要手段，因为证券买卖涉及面广，其供求状况受各种因素影响，瞬息万变，证券从业人员必须提供高效率的服务，才能达到市场和客户的要求。

证券行业营运周期很短，每天的交易时间只集中在几个小时，几个小时之内可以瞬息万变。证券资本为流动资本，流动越快，效益越高。谁争取到时间谁就赢得胜利。争取时间的物质保障是电子网络化的扩展。因此牢固树立时间观念是非常重要的。从职业道德的角度而言，效率包含遵守时间和珍惜时间两方面。强化时间观念是现代证券期货从业道德的重要内容。浪费时间，办事拖沓，随意违约往往被证券行业视为极不道德的现象。

四、证券从业人员职业道德养成

（一）加强证券从业人员道德修养和知识水平的培训

证券市场的有关法规制度，只是一些原则性、规范化的规定，现实证券市场活动中经常会出现超出规范范围或意料不到的问题，仅凭某些规章制度对证券市场活动和证券业务人员的行为进行制约，难以对证券市场进行缜密的管理。因此，必须要发挥证券业务人员的内在动力，提高其内在自觉性，要加强证券业务人员的自我道德修养。只有在证券业务人员的道德修养水平提高的基础上，才能发挥他们的工作热情和积极性，从根本上抵制各种诱惑，杜绝以权谋私；才能公平、公正地处理问题，树立证券从业人员良好的社会形象，发挥传播社会主义精神文明的作用。

证券从业人员不仅要加强道德修养，还要不断提高自身的业务素质。由于我国证券业务发展的时间较短，从业人员的知识准备和技术准备都明显不足，因此，必须对证券从业人员进行知识水平的培训，学习证券发行交易的基本知识和业务操作技术，学习企业经营管理、财务状况分析的理论和技术，学习国际金融市场的理论和操作技术等，提高自身业务素质，以便更好地为开拓发展证券市场服务。

（二）结合行业特点，对证券从业人员进行职业道德教育

根据证券行业特点进行职业道德教育，是培养证券业务人员职业道德的重要环节。主要包括以下几个方面教育：（1）遵纪守法教育。廉洁守法，办事公正，不以权谋私，不泄露市场秘密。（2）信誉教育。证券市场运作的核心是一个“信”字，全部证券市场的活动，都是在信用的基础上产生的。证券从业人员的工作，是在为投资者提供服务的同时，提供信用保证，应当做到言必行、行必果，说到做到，取信于民，取信于社会。（3）政策教育。严格按照国家规定的政策、法令和制度办事，严格规范自身行为。（4）为人民服务教育。热情向群众宣传证券理财知识，热情为投资者、筹资者解答疑难，热情耐心办理各种市场交易手续等。

（三）严格证券业务活动的监督检查

为提高证券从业人员职业道德水平，在健全证券市场立法，加强证券从业人员道德修养的同时，相关的监督管理部门还必须对证券市场的运转

进行严格的监督检查。通过监督检查，一方面可以发现证券市场管理部门工作中的失误，采取相应补救措施；另一方面又能及时发现处理从业人员以权谋私、扰乱市场等不法行为，依法予以查处，以减少引发市场动荡的人为因素，保证证券的发行和流通能够公正和顺利地进行，以保护投资者的合法权益，促进我国证券行业和国民经济的发展。

第二节 证券从业人员职业道德规范

伴随着证券市场的发展，为证券市场的正常运作而辛勤工作的从业人员，已逐步树立起自己的地位与形象，为市场的发展作出了贡献。但是证券市场又是一个高风险的市场，证券从业人员的工作涉及国家利益、团体利益和投资者个人利益，因此，必须在坚持“公开、公平、公正”原则的同时，严格按照有关法律和规章制度操作。由于证券工作在社会主义市场经济建设中具有重要地位和相当明显的特点，就必然要求证券从业人员具有高质量的道德素养。证券从业人员的职业道德规范是行业自律监管的准绳，它表明了证券行业自觉接受社会各界人士监督的决心，有利于健全证券业务活动的内部监督和社会监督机制，树立起证券业良好的社会形象。加强职业道德建设，将在不断提高证券市场参与者及管理的素质和水平的基础上，使各方加强自觉、自律意识，各司其职，各尽其责，各守其道，相互督促，相互配合，共谋证券期货市场在良好的监管的环境下健康稳定的发展。

证券从业人员应遵守的职业道德规范，概括起来有以下几个方面内容：

一、正直诚信

（一）正直诚信的含义

正直诚信是指证券从业人员要刚正不阿，诚实守信；要不畏权势，忠于职守，坚决维护市场的“三公”原则，坚持秉公办事，严守信用，实事求是，忠实履行所承担的职责和诺言，取信于民。

正直诚信是证券从业人员职业道德的根本要求和核心价值。证券从业人员是证券发行、流通市场的代理者，又是直接参与者，他们通过参与市场的发行和交易来组织市场活动，同时又为证券的发行和流通不断地创造和拓展市场。如果没有正直诚信这一基础和中介，就等于切断了证券业的命脉。

（二）正直诚信的基本要求

首先，要求证券从业人员立身要正直，做事要讲诚信，绝不可片面追求盈利，害怕失去客户而违反原则。必须牢记“三公”原则，绝对不从事对投资者利益有害的活动，不得从事有损于证券市场信誉的活动。“公开、公平、公正”的市场原则是证券市场存在和发展的基石，它的存在决定了证券从业人员必须具备正直诚信的职业道德规范。比如：证券从业人员不得参与非法的证券交易或为非法的证券交易提供方便；不得向客户提供上涨或下跌的肯定性意见；不得为排除竞争者而不正当地运用其在交易中的优越地位限制某一客户的业务活动；不得接受客户在数量、价格方面的全权委托或对任何人以任何方式进行偏袒或给予特殊照顾等。

其次，正直诚信要求证券从业人员在证券发行、证券交易及其他相关的业务活动中所提供、公布的文件和资料必须真实、完整，不得虚假陈述，或欠缺重要事项。在证券市场上，从公司招股说明书、上市公告书到年度报告、中期报告及其他重要事项披露等，都必须在公开报刊上予以公告。广大投资者主要是通过这些文件、资料对上市公司进行了解认识，从而作出投资决策的。这些文件、资料的内容和数据往往对股价有很大影响。如果证券从业人员公布不实、严重误导或有重大遗漏事项的公告，必将引起投资者的错误判断与决策，给投资者造成无法挽回的损失。

案例分析

言而无信，股民心寒

由于某证券公司营业部的失误，致使其客户徐先生贻误了卖出股票的时机。营业部当时许诺要给徐先生赔偿损失，但过了几年，当徐先生再到营业部时，他们却推诿说，要当天的分时图作凭据，若拿不出凭据，营业部就不好负责赔偿了。

当时负责这件事情的尹先生在半年前已经调离这家营业部，他说，时隔这么久，当时什么情况也回忆不起来，而且柜台上已经换了两三拨人，当时的经手人是谁也不清楚，也没什么凭据，他已经离开营业部，这事还得找营业部。据营业部马小姐回忆：这件事还有印象，但那位股民过了好几年才来，谁也记不清到底是怎么回事，当天的问题，应该当天或第二天就提出来，最好一两天解决，时间一长，人也换了好几拨了，就不好解决了。徐先生原以为反正营业部不会跑，电脑的数据也不会丢，他后悔自己高估了营业部的职业素质。

思考：随着证券市场管理体制的逐渐完善和投资者法律保护意识的增强，证券公司营业部也逐步意识到自身的信誉问题，但仍存在着部分证券公司随意践踏投资者合法权益、对客户言而无信的行为。以上两个案例颇为典型，您是如何看待上述问题的？

点评：在我们这个转型期的社会里，不断重复的失信行为，正疯狂地啃噬着人们对诚信原则的敬畏和信仰。一次次的背信弃义，正酿成当前社会的信用危机。上述营业部承诺赔偿却言而无信，显然有悖证券从业人员“正直诚信”的行为规范。

资料来源：中国证监会杭州证券监管特派员办事处．证券期货从业道德简明教程［M］．杭州，2001.

“诚”较早见于《左传》：诚者，实也。有“真实、实在、不欺”等义。“信”在《释名》的解释是：信，申也，相申述使不相违也。也就是说，人的行为是其言语的相应延伸，信一定要使之有结果，使言行一致，言行相符。我们目前正处于社会主义市场经济的初级阶段，市场机制还很不完善，信用文化没有很深的根基。要构建契合时代精神的信用社会，除要求特定的体制条件、制度条件和经济条件外，重视和发挥诚信道德的当代价值，加强诚信道德建设，无疑是新时期促进我国社会主义精神文明进步的重要举措。诚实守信更是金融行业的立身之本，证券机构及证券从业人员只有严守信用、实事求是、忠实履行所承担的职责和诺言，才能取信于客户；而且只有取信于客户，才能保证业务的不断发展和扩大。

辅助阅读资料

为推进证券业诚信体系建设，增强证券从业人员诚信观念，提高证券业公信力，中国证券业协会发布了《证券从业人员诚信信息管理暂行办法》，从2005年5月1日起施行。

该管理办法规定，证券从业人员诚信信息记录的内容包括基本信息、奖励信息、警示信息和处罚处分信息，主要作为证监会对相关人员进行任职资格审核、境外证券监管机构对有关人员进行胜任能力考核、国家司法机关及有关部门或组织依法履行职责、证券从业机构招聘人员等的参考。由协会建立证券从业人员诚信信息管理系统，对证券从业人员诚信信息进行日常管理。协会将对从业人员诚信信息实行分级管理，并向证监会等相应机构开放，提供查询服务。

根据该管理办法，诚信信息由当前记录库和历史记录组成，对基本信息长期保存，奖励信息、警示信息、处罚处分信息设定5年的保存期。超过当前保存期的信息转入历史记录库，历史记录库中的信息原则上不再提供查询服务。该管理办法规定，对诚信信息库所涉及商业秘密、个人隐私及其他需要保密的信息，协会工作人员和其他知情者负有保密义务，并承担相应的保密责任。对协会工作人员擅自修改诚信信息记录或擅自向他人提供诚信信息、超范围使用诚信信息的，将追究责任。

资料来源：中国证券报．2005－03－30（1）．

二、勤勉尽责

（一）勤勉尽责的含义

勤勉尽责是指证券从业人员要勤奋踏实，努力不懈地做好本职工作。证券从业人员要热爱本职工作，认真负责，勤勤恳恳，踏踏实实，任劳任怨，一丝不苟，对待工作尽责、尽力、尽瘁。“鞠躬尽瘁，死而后已”是社会主义职业道德的最高境界。

当今世界，知识更新很快，我们要迎接世界新的技术革命挑战，证券业起步晚，要跟上时代的步伐，必须造就一批思想素质好、技术过硬的专门人才队伍。因此，证券从业人员要积极适应我国证券事业迅速发展的需要，必须加倍努力，自觉认真，勤奋学习，熟悉、通晓本职业务，要学习证券知识，熟练操作电脑，努力钻研，勤奋演练，提高自己的工作水平和工作效率。对新政策、新规定、新动向要及时学习、及时掌握，勇于进取，做一名合格的证券从业人员。同时，确立“客户至上”的观念，服务周到热情，态度诚恳文明，团结同事，协调合作，合理处理业务中出现的各种矛盾。唯此，才能做好本职工作，让客户称心满意。

同时，我国证券市场是一个新生市场，孕育着巨大的发展潜力，而目前广大国内投资者对证券投资的有关情况不甚熟悉，对筹资企业的情况不太熟悉，对证券投资的观念、理论、技巧不太熟悉，对国家有关法律、法规政策不太熟悉，国际投资者对中国经济发展及某些具体企业的发展状况也不太熟悉，所有这些都需要证券人员对之进行热情周到的宣传介绍，耐心详细的答问释疑。因此，勤勉尽责既是证券从业人员必备的道德素养，也是关系到证券机构和我国证券事业能否健康顺利发展的重要条件。

（二）勤勉尽责的基本要求

证券业具有资金集中、竞争激烈的特点。这就决定了证券从业人员在工作中必须勤勉尽责，才能避免在工作中造成失误，才能以优质的服务吸引客户、留住客户，从而赢得市场。勤勉尽责是对证券从业人员的基本道德要求。

首先，勤勉尽责要求证券从业人员热爱证券事业，热爱本职工作，努力钻研，勤奋演练，提高自己的业务水平和工作效率。同时，确立“客户至上”的观念，态度诚恳文明，服务周到热情，沟通真诚有效，与同事团结协作，合理处理业务中出现的各种矛盾。只有这样，才能做好本职工作，让客户称心满意。

其次，由于我国证券市场是一个新生市场，故无论从其管理和服务设施、法规建设、机构建设，还是从证券品种来说，目前发展水平都较低，尤其是相对于其国际化的必然趋势来看，应做的工作有很多，需填补的空白很多。每一个证券从业人员必须积极思考，创造性地工作，锐意进取，使我国证券市场迅速发展，并充分发挥其筹集融通资金，调节国民经济的职能，为我国整个社会主义市场经济建设作出应有的贡献。

最后，勤勉尽责还要求证券从业人员必须按章办事，尽最大努力维护客户及公司的正当利益，避免粗枝大叶、玩忽职守、越职行事、欺诈客户的行为。证券市场交易日成交额数以亿计，键盘一敲，便可使巨额资金物易其主；证券价格起伏跌宕，盈与亏转瞬即变，这是其他行业所不可想象的。所以说作为一个高风险行业，证券从业人员的工作存在着相当大的职业风险。如果不按章办事，不尽职尽责，玩忽职守，后果将非常严重。因此，证券从业人员一定要严格执行规章制度，遵守工作程序，及时、忠实地执行客户委托，不得挪用客户的证券或资金，不得为客户透支买卖股票，不得对客户的交易记录作虚假记载等，不得违背勤勉尽责这一道德规范。

案例分析

股票怎么卖不出去?

徐先生在一家营业部做过股票。1999 年 7 月的一天，徐先生急需钱用，想卖几只股票，但怎么也卖不出去，去营业部一查，说户主的股票没有了。营业部查实后解释说，因为徐的股东卡曾经丢失，办手续时其中哪个环节没有连上，就造成了这种状况。等那天快到收市的时候，终于连上了，可这时股票的价格已经跌了，徐先生由于急需钱用，还是把它卖了。

思考：徐先生股东卡丢失，营业部办理手续时不慎，使得股东卡上的股票信息出错，导致徐先生后来贻误了卖出时机。您如何评价这件事?

点评：兢兢业业是中国人历来形容工作谨慎勤恳的词，究其本源，“兢兢，恐也；业业，危也。”（《辞海》1999 年版，173 页）。兢兢业业说的正是人们对待工作心怀恐惧，勤劳无怨的样子。我们能从中感受到古人创造这一形容词的用心和准确。造成差错的可能虽然有其不可避免性，但掉以轻心和玩忽职守必然会造成差错，而且可能造成很大的损失。

上述营业部为徐先生办理手续时出现差错，并且未能及时发现，至少反映出该营业部业务管理上还存在漏洞，营业部工作人员的工作作风还不够严谨。勤勉尽责是证券从业人员行为规范的重要内容之一。证券从业人员每天面对的是金钱和金钱的衍生品，稍有不慎，就有可能给客户乃至营业部自身造成经济损失，因而用兢兢业业来形容证券从业人员应该具备的职业素养是再准确不过了。营业部工作人员只有热爱本职工作，认真负责、勤勤恳恳、踏踏实实、一丝不苟，才可能尽量减少工作中的失误，客户的利益才能得到基本的保障，营业部也才可能降低自身的管理风险。

资料来源：中国证监会杭州证券监管特派员办事处. 证券期货从业道德简明教程［M］. 杭州，2001.

三、廉洁保密

（一）廉洁保密的含义

廉洁保密是指证券从业人员要自觉遵守法律法规，按照规章制度办事，要廉洁奉公，不谋私利，严守秘密，谨言慎行，洁身自好；要品行端正，作风正派，清廉守正，秉公办事；不贪污盗窃，不挪用公款，不索礼受贿，不营私舞弊，不随意泄露与市场有关的信息和情报，不参与内幕交易，不进行非法交易；不以商业机密换取“腐败收益”。

廉洁作为一种规范要求，是指一个人在非分的收益面前，保持自己应有的德操。所谓“非分”，即不是自己的正当合法收入。对于合法收入之外或自己劳动应得收益之外的钱财，是否能够保持清正廉洁的品德，而决不伸手或决不沾手，对于每一个证券从业人员而言，同样是至关重要的。

保密即保守机密，指从业人员要保守在从业过程中接触到的有关客户和证券经营机构的商业秘密，也包括保守有关国家机密。证券从业人员在证券业务活动中，其工作性质决定了他们或有着相当的职业便利，或掌握有大量的内幕消息。由于在证券市场上，这些便利和信息都可以直接迅速地转化为金钱，因此，保守秘密，不为非法利益所动，也是证券从业人员最根本的道德要求。

（二）廉洁保密的基本要求

证券市场涉及企业单位的财务收支和经济活动情况，也涉及个人的市场交易、收入情况，还涉及国家的财政运作状况。除某些按国家规定向社会公布之外，相当多的部分是当事者的秘密，任何经济群体和个人在市场经济中，都不愿意别人过多地掌握自己的经济情报，以免使自己在竞争中处于不利地位。即使那些按国家规定予以公布的信息，也有一个公布审批过程，公布条件和公布时机的问题，也会涉及众多当事者的利益，因而企业和个人也不愿意随便披露。证券从业人员由于工作的性质和需要，往往会优先接触这些信息和情报，因此，其有责任、有义务对之予以保密。否则，有关内情一旦私下泄露，就会被某些人利用引起市场风波，从而失去投资者对当事证券机构的信任，甚至退出交易，进而影响到整个证券市场的健康发展。

廉洁保密，首先要求证券从业人员务必牢记自己的职责，在工作中不贪财，不伸手，不能利用职务与工作之便贪污盗窃、行贿受贿，不得以任何借口向客户索取礼品或回扣，不得与客户发生借贷关系。尤其是政府管理部门工作人员及证券高级管理人员更应注意，由于他们的身份特殊，不仅需要保持廉洁奉公的美德，还需要主动进行反腐败斗争。证券从业人员只有廉洁奉公，才能做到遵章循则，依法办事，才能站在公正的立场上，促进和维护证券市场的发展。

廉洁保密要求证券从业人员不得以获取利益或减少损失为目的而利用内幕信息进行发行、交易活动。内幕信息是指为内幕人员所知悉的，尚未公开的，可能影响证券市场价格的重大信息。内幕人员可分为上市公司内幕人员、市场内幕人员和政府内幕人员。证券从业人员利用职务之便，利用内幕信息从事内幕交易，违背了证券市场的“三公”原则，损害了投资者、上市公司及证券市场的利益，会导致投资者对上市公司的诚信度及市场交易的公正性产生怀疑，并最终弱化甚至彻底破坏证券市场。

其次，证券从业人员从三个层次着手保守秘密：第一，为客户保密。证券从业人员对客户的名册登记、开户事项、资金状况及其他有关证券交易情况负有保密的责任。第二，为公司保密。证券从业人员不得擅自向外界提供本公司的重要业务资料与情报，以免使公司在竞争中处于不利地位。第三，保守因职务或业务便利而知晓的尚未公布的证券市场的秘密。例如，证券公司高级管理人员、上市公司的高级管理人员和其他知情者，在中期报表、年度报告及重大事项尚未公布前，不得泄露有关秘密。

保守秘密要求证券从业人员不仅要主观上重视，不泄露、不传播、不散发，更要在日常工作中养成防范意识，形成防范习惯。资料不乱丢，档案保存好。对文件要按保密级别分级保存，以防被人轻易窃走秘密，造成不必要的损失。尤其需要指出的是，目前许多投资者为捕捉获利机会，往往以金钱和其他优厚条件为诱饵，来换取证券从业人员的内幕信息。对此，证券从业人员必须站稳立场，不贪金钱，严守秘密，不参与和杜绝内幕交易，遵守职业道德规范。

案例分析

内幕交易行为

1998年2月期间，北京北大方正集团公司（以下简称北大方正）曾就协议受让上海延中实业股份有限公司（以下简称延中实业）流通股一事请求中国证监会豁免，但未能得到中国证监会的同意。3月期间，北京大学校办产业办公室（以下简称北大校产办）在北大方正协议受让延中实业流通股未果的情况下，决定由北京大学下属校办企业，通过二级市场参股延中实业，并于5月11日正式举牌公告。截至5月11日，北大校产办所属四家企业共计持有延中实业股份5.077%，其中，北京北大科学技术开发公司（以下简称北大科技）购入3417674股，占3.2964%，北京正中广告公司购入1766327股，占1.7036%。

在此期间，王某担任北大方正副总裁兼北大科技总经理（法定代表人），属于内幕人员。王某利用北京大学参股延中实业这一内幕信息，于1998年2月10日在南方证券北京翠微路营业部，以10元左右的价格买入延中实业股票68000股，并于4月15日在湘财证券北京营业部以20元左右的价格全部卖出，获利61万元。

点评：王某的行为属于内幕交易行为。根据《证券法》的规定，内幕信息指的是证券交易活动中，涉及公司的经营、财务或者对该公司证券的市场价格有重大影响的尚未公开的信息。上市公司收购的有关方案亦属于法律所明列的内幕信息。北京大学校办产业办公室决定由北京大学下属校办企业，通过二级市场参股延中实业的事实属于对延中实业的股价有重大影响的信息。在其尚未公开之前属于内幕信息。而王某系北大方正副总裁兼北大科技总经理（法定代表人），属于内幕信息的知情人员。所以王某利用该内幕信息进行延中实业的股票买卖，并且获利，属于内幕交易行为，应当受到法律的严惩。

资料来源：姜丽勇. 证券违法案例［M］. 北京：经济日报出版社，2001.

四、自律守法

（一）自律守法的含义

证券从业人员要严于律己，遵纪守法，自尊自爱，自重自制；严格要求自己，从小事做起；要自觉增强法制观念，学法、知法、守法，严格按照规章制度办事，抵制不正之风，与违法乱纪行为作坚决的斗争。

如前所述，证券业是一个与人们利益密切相关的行业，因此，国家制定了尽可能详尽的法规和政策体系，来规范人们的行为。欲正人先正己，作为证券从业人员，首先应强化法规和政策意识，自觉用法规和政策来规范自己的言行，真正做到违背法规政策的话不说，违背法规政策的事不做，违背法规政策的利不取，以自己的实际行动和形象，影响和带动广大投资者自觉遵守国家的法规和政策，创造和保持良好的金融秩序，促使我国证券市场健康成长。

由于证券业在我国还比较年轻，可借鉴的经验少，其运营体系、监管体制不能尽善尽美，法制建设还不完善。而证券从业人员的职业地位使其有可能在短时间内冒较大风险去博取高额盈利，证券从业人员所面临的金钱诱惑比其他行业要多得多。自律守法是证券从业人员树立良好职业形象的前提，也是规避证券市场风险的良策。虽然高风险下可能会有高收益，但为了个人的前途、公司的发展、证券市场的进程，决不应该为了可能的高收益而主动以身试险，冒险者没有常胜将军，总有一天会一败涂地。

（二）自律守法的基本要求

证券市场的主体构成有三类，即投资者、筹资者和中介服务者。投资者为获得资金收益，将闲置的货币资金的使用权转让给筹资者；筹资者为了发展生产和经营的需要向投资者筹款，将证券或资本的所有权转让给投资者。他们显然都是由于利益的驱动，自愿平等地走到一起，实施这一系列转让行为的。如果任何一方由于某种原因被置于不自愿或不平等的地位，他就会立即退出市场，与此相关的一系列市场经济活动和社会生产就会停止，其消极作用是显而易见的。因此，国家有关部门将保证促成公平交易的重担交给了证券从业人员，并为此制定了一系列法规、政策。由此看来，自律守法是证券从业人员的基本道德素养。做不到这一点，就是失职，就不具备做一名证券从业人员的资格。

自律守法首先要求证券从业人员遵守国家法律和有关证券业务的各项制度条例，在证券发行、交易、管理等一系列活动中，严格规范自己的行为。遵守国家法律是证券从业人员自律守法的最基本的要求。此外，近年来国家证券主管部门和交易所颁发了一系列规定和规则，如有关股票发行程序、交易程序、交易原则、交易场所及禁止进入证券市场的各类人员的有关规定，这些也是证券从业人员理应遵守的。在自身利益与市场规则发生冲突时，必须以法律规范自己的行为，绝不能产生只顾自身利益而不顾市场法规的冲动。

其次，从职业道德角度讲，自律守法要求广大证券从业人员在法律不完善、无规章可循、有漏洞可钻时，更要自我约束。在诱惑面前克服贪心，驱除杂念，牢记自己的职责，不见钱眼开，不见利忘义。事实上，凡是法律法规所禁止的行为，也是职业道德所谴责的行为。证券从业人员若不注意提高自己的职业道德修养水平，缺乏自律，对职业道德规范置之不理，经常性地违背职业道德要求的话，必有一天会触犯法律，落入法网。

案例分析

禁止操纵市场

1999 年 7 月以来，某证券公司以 158 个个人名义开设自营账户炒作 M 股票，成为炒作 M 股票的庄家。8 月 10 日，该证券公司利用自营账户开始分别大量买入 M 股票，持仓量由 7 月 30 日占总股本的 13.1%，增加到 8 月 9 日的 16.2%，达 1873.6 万股。9 月 1 日，该证券公司再次大量建仓，持仓量达到 2235.6 万股，占 M 股票总股本的 20.8%。

该证券公司用自营账户买卖 M 股票，共动用资金 6.8 亿元，并使用不同的账户对 M 股票做价格、数量相近、方向相反的交易，拉高股票价格。据统计，1999 年 8 月 10 日至 9 月 24 日，该证券公司通过自营账户之间自买自卖 M 股票 2865200 股，使该股票价格由 5.35 元升至 11.70 元，涨幅达 1 倍多。由于买卖量大，笔数频繁，价量配合明显，该证券公司实际上已操纵了 M 股票价格的涨跌。

点评：操纵市场，是指任何单位或者个人以获取不正当利益或者转嫁风险、减少损失为目的，利用资金、信息等优势，或者滥用职权，影响证券市场的价格，制造证券市场的假象，诱导或者致使投资者在不了解事实真相的情况下作出证券投资决定，扰乱证券市场秩序的行为。

在证券交易活动中，禁止操纵证券交易市场是一项重要的法律准则，也是各国证券市场通行的规则之一。在证券市场中，某些个人或者机构背离市场竞争原则和供求原则，人为地操纵证券交易价格，以引诱他人参与证券交易，为自己谋取利益，扰乱了证券市场的正常秩序。它是证券市场竞争机制的天敌，是造成虚假供求关系、误导资金流向的罪魁，是引发社会动荡的重要隐患。

资料来源：姜丽勇．证券违法案例 [M]．北京：经济日报出版社，2001．

总之，证券从业人员必须以正直诚信为本，勤勉尽责，廉洁保密，自律守法，维护证券市场的健康发展，不得从事任何虚假陈述、内幕交易、操纵市场、欺诈客户的违法乱纪行为。

第三节 证券从业人员的行为准则

证券从业人员的行为准则，是指证券从业人员在从事证券业务的过程中应当遵循的行为标准。这些行为标准是在证券业的发展过程中逐步地形成的自律规则，是证券市场的参与者在经过长期的实践后总结出来的标准。随着证券市场和证券管理的发展，逐步由国家颁布法令确立了一些强制性的行为标准。完善的行为准则，不仅是维护证券市场的经营秩序，保护证券从业人员和客户利益的工具，更是关系整个证券市场存亡的关键。

目前，我国证券从业人员的行为准则主要来自两个方面：一是有关的法律、行政法规及部门规章；二是各证券机构制定的自律性的规范。一般而言，证券从业人员的行为准则规定的内容包括保证性行为和禁止性行为，即“八要”和“十不准”。

一、保证性行为（“八要”）

保证性行为又称为积极性行为，是作为证券从业人员应当做到的行为，是从事证券业务的基本要求。这些行为包括：

1. 要遵守国家法律、法规，以及证券市场有关规章制度。证券业是一个与国家利益、投资者利益密切相关的行业，国家的有关法律及证券管理部门制定的规章制度是各经济主体利益的法律保证和制度保证，也是证券业务运作的依据。法律是人们应普遍遵守的行为准则，对法律的违反必然会受到法律的制裁；同时，法律也是使证券市场按照既定的“游戏规则”运行的保证。如果怀着侥幸的心理希望“打擦边球”，必然会引起市场秩序的混乱。

20世纪80年代后期我国开始建立证券市场以来，一段时期内证券市场犯罪较为严重，司法机关立案查处的证券从业人员利用职务之便挪用客户股票、保证金或单位炒作股票以及贪污、受贿等犯罪案件逐年上升，犯罪数额大、影响面广，犯罪手段高智能化、隐蔽性强，危害极大。因此，证券从业人员应当自觉遵守国家法律和有关证券业务的各项制度，以此来约束和规范自己的行为。坚决抑制客户的不合法要求，更不要心存侥幸，以身试法。

2. 要坚持“公开、公平、公正”原则，保护投资者的合法权益。“公开、公平、公正”——证券交易中的“三公”原则是对证券从业规则的基本概括，具体到证券从业人员，是指认真执行法律所要求的信息披露，对待客户一视同仁，严格按照法律的规定处理各项事务。

证券交易中的“公开、公平、公正”原则是证券市场的生命，是证券从业人员职业行为的基本原则。只有维护“三公”原则，才能保证市场健康有序地发展，才能为证券业树立良好的信誉，才能使证券业得到规范发展。维护投资者的合法权益是证券业的职责，也是证券业赖以发展壮大的基础条件，证券从业人员更应该注意到这一点。

3. 要严格遵守操作规程，准确执行客户有效指令，保守客户秘密。任何一个行业都有严格的操作规程，证券业也不例外，严格遵守操作规程是对每一从业人员的要求，每个从业人员都应做到。客户是证券业的职业对象，客户的指令代表着客户的投资决策，关系到客户的投资利益。面对证券市场瞬息万变的行情，证券从业人员应准确、及时、完整地执行客户的指令。

客户的资金和证券是他们的合法财产，证券经营机构依法代客户保管这些财产，从业人员有替客户保守机密的义务。在从事证券业务过程中所接触到的一些有关客户的账户、资金、头寸、经营状况等经济信息，以及客户个人的私人信息都属于客户的商业秘密或隐私范围，除了司法机关依照法定的程序进行调查以外，证券从业人员不得向任何人透露，也不得利用该信息从事营利性活动或作出有损于客户利益的行为。

4. 要热爱本职工作，努力钻研业务，不断提高业务水平和工作能力。热爱本职工作是从事任何职业的基本要求，只有在对某一职业充满兴趣和热爱的前提下，才有可能熟悉该领域的业务并取得事业上的成功。证券业在我国是新兴的行业，充满了机会和竞争，同时也有巨大的风险。如果仅仅是羡慕证券业中成功人士的收入或地位，希望通过正当及不正当的途径迅速获取高额收入，是不可能做好证券业务的。

证券业务既有很强的专业性特点，又有一定的技术操作要求，同时又要不断地开拓创新，推出新品种，发展新业务。这就要求从业人员具有较扎实的专业知识功底和较宽的知识面，要不断地学习，钻研业务提高自己的专业素养和知识水平，以适应证券市场对从业人员提出的要求，在更好地为客户服务的同时，从业人员应当努力钻研业务，不断加强学习，提高自己的业务水平和工作效率，提高自己的竞争能力。

5. 要服从管理，规范服务，忠于职守，维持证券交易中的正常秩序。证券市场是一个高风险的市场，不仅行情瞬息万变，而且突发性的事件对证券市场的影响往往迅速而有力。纪律是事业成功的保证，在处理各项业务时，必须顾全大局，从国家利益、整体利益、长远利益出发。证券从业人员要服从管理，服从领导，忠于职守，迅速、准确地执行指令，自觉维护证券交易的正常秩序。证券从业人员不得因个人理由扰乱正常的办公环境和经营秩序。如果认为问题是由于管理和领导的过错所致，应当通过正当的行政或司法途径加以解决。

6. 要热情诚恳，文明礼貌，树立“客户至上”的职业道德风尚。热情诚恳，文明礼貌，是每一个服务行业都应有的起码风尚。客户是维持证券业存在的根本，“一切为客户着想”既是商家制胜的关键，也是树立行业良好形象的根本。

证券从业人员的个人举止是证券业的窗口，文明、大方的行为方式，礼貌、客气的待人态度，细致入微的服务是证券从业人员成功的开端。今后，证券业的竞争会越来越多地从比硬件转到比服务。因此，证券从业人员应当努力做到文明经营，为客户提供优质、周到的各项服务。

7. 要团结同事，协调合作，准确地执行指令，自觉维护证券交易的正常秩序。证券业务的运行有很多环节，需要从业人员团结一致，相互协作，碰到问题和矛盾时以平心静气的理智态度解决，才能提高工作效率，才能更好地为客户服务，才能适应证券市场快速变化的要求。合理处理业务活动中出现的与上级、与同事、与客户等之间涉及民主管理的各种矛盾，有理有节地处理问题。

8. 要珍惜证券从业荣誉，自觉维护本行业及本单位的声誉。证券从业人员要时刻记住自己所从事的崇高使命。维护公众投资者的利益是证券市场健康发展的根本条件。如果形成证券经营机构与大户联手操纵市场的情况，短期内可能会给操纵者带来巨额利润。但从长远看，必然会使公众投资者丧失信心，毁坏证券业的职业荣誉。因此，证券从业人员应当积极维护投资者的合法权益，树立社会责任感，树立职业荣誉感、珍惜证券业的职业荣誉，自觉维护本行业和本单位的良好职业形象和职业荣誉。

二、禁止性行为（“十不准”）

禁止性行为是指根据法律所规定的证券从业人员不得从事的行为。禁止性行为是经过多年的司法实践，被公认对证券市场有严重危害性的行为。证券从业人员如果从事了这些行为，将受到法律的制裁和处罚。

1. 不准向客户提供虚假及不负责任的信息，以诱导客户买卖证券。证券从业人员应根据“三公”原则，公开、公平、公正地向客户提供与证券相关的信息。利用职务之便为获取投机利益从事证券买卖活动，向客户提供虚假信息以诱导客户买卖证券的行为不仅违背了《股票发行与交易管理暂行条例》等有关规定，而且会助长证券市场的投机风气，可能会引发证券行情不正常的波动。

资料1

《证券法》规定，证券交易所、证券公司、证券登记结算机构、证券服务机构的从业人员或者证券业协会的工作人员，故意提供虚假资料，隐匿、伪造、篡改或者毁损交易记录，诱骗投资者买卖证券的，撤销证券从业资格，并处以3万元以上10万元以下的罚款。

2. 不准与客户、发行公司或相关人员约定获取不正当利益。证券从业人员不得与客户、发行公司或相关人员约定有关证券利益，这种约定是违背“三公”原则的，也违反了国家法律。由这种约定而获取的收益为不法收益，将受到行政处罚，甚至法律的制裁。

资料2

《证券法》规定，证券交易内幕信息的知情人或者非法获取内幕信息的人，在涉及证券的发行、交易或者其他对证券的价格有重大影响的信息公开前，买卖该证券，或者泄露该信息，或者建议他人买卖该证券的，责令依法处理非法持有的证券，没收违法所得，并处以违法所得1倍以上5倍以下的罚款；没有违法所得或者违法所得不足3万元的，处以3万元以上60万元以下的罚款。单位从事内幕交易的，还应当对直接负责的主管人员和其他直接责任人员给予警告，并处以3万元以上30万元以下的罚款。证券监督管理机构工作人员进行内幕交易的，从重处罚。

3. 不准为自己或亲属买卖股票。证券从业人员因参与承销、担当独立财务顾问等原因可能获取内幕信息，如果凭借内幕信息为自己或亲属买卖股票，不仅违反了《证券法》等法律法规禁止利用内幕信息进行证券交易的规定，也违背了证券从业人员不得从事证券买卖的有关规定。

资料3

《证券法》规定，法律、行政法规规定禁止参与股票交易的人员，直接或者以化名、借他人名义持有、买卖股票的，责令依法处理非法持有的股票，没收违法所得，并处以买卖股票等值以下的罚款；属于国家工作人员的，还应当依法给予行政处分。

4. 不准对客户的交易擅自更改。证券从业人员应当对客户的交易情况如实记录，不得擅自更改。客户的交易记录是客户交易意思的真实反映，如擅自更改，就是歪曲了客户的意思表示，构成侵权；另外，如果与客户发生争议，这些真实的交易记录是免责的有力证据。

资料4

《证券法》规定，证券公司违背客户的委托买卖证券、办理交易事项，或者违背客户真实意思表示，办理交易以外的其他事项的，责令改正，处以1万元以上10万元以下的罚款。给客户造成损失的，依法承担赔偿责任。

5. 不准挪用客户的证券或资金、利用客户的名义或账户买卖。证券经营机构应当保证客户的财产安全，如果挪用客户的证券或资金，一方面侵犯了资金所有者客户的合法权益；另一方面，一旦证券经营机构炒作失败，则客户的资金就无法得到及时归还，从而使客户的投资资金没有保障，严重影响证券交易市场的正常秩序，甚而损害国家重大经济利益和经济发展。

证券经营机构同时经营自营与代理业务，应当分业经营，其自营业务应当以公司名义建立证券自营账户，并报证监会备案。如利用客户的名义或账户买卖，属于欺诈客户的行为。

资料5

《证券法》规定，证券公司、证券登记结算机构挪用客户的资金或者证券，或者未经客户的委托，擅自为客户买卖证券的，责令改正，没收违法所得，并处以违法所得1倍以上5倍以下的罚款；没有违法所得或者违法所得不足10万元的，处以10万元以上60万元以下的罚款；情节严重的，责令关闭或者撤销相关业务许可。对直接负责的主管人员和其他直接责任人员给予警告，撤销任职资格或者证券从业资格，并处以3万元以上30万元以下的罚款。

6. 不准向他人泄露客户的委托事项及有关交易情况。证券从业人员对客户的委托事项及有关交易情况有严格的保密义务，未经客户许可，不得泄露。客户的委托事项及有关交易情况，事关客户的商业秘密和投资秘密，泄露出去会损害客户的重大经济利益，也会因此而损害证券从业人员所在公司的形象和商业信誉。

7. 不准接受客户的买卖证券的全权委托。从业人员接受客户的全权委托，主要是指接受客户对买卖证券的种类、数量、价格及买进、卖出的委托。根据有关法律规定，参与证券投资的客户必须是完全行为能力人，能独立承担投资活动的法律责任，对其账户或以其名义进行的证券买卖负全部责任。证券从业人员接受全权委托，性质上属于代客户投资决策，违背了上述规定。

资料6

《证券法》规定，证券公司办理经纪业务，接受客户的全权委托买卖证券的，或者证券公司对客户买卖证券的收益或者赔偿证券买卖的损失作出承诺的，责令改正，没收违法所得，并处以5万元以上20万元以下的罚款，可以暂停或者撤销相关业务许可。对直接负责的主管人员和其他直接责任人员给予警告，并处以3万元以上10万元以下的罚款，可以撤销任职资格或者证券从业资格。

8. 不准为客户透支。证券经营机构接受委托买入证券必须以客户资金账户上实有的资金支付，不得为客户融资交易，这是维护证券市场有序运行的必然要求。如果为客户透支，则属于变相为客户融资，加大了交易风险，违背了上述规定。

资料7

《证券法》规定，证券公司违反规定，为客户买卖证券提供融资融券的，没收违法所得，暂停或者撤销相关业务许可，并处以非法融资融券等值以下的罚款。对直接负责的主管人员和其他直接责任人员给予警告，撤销任职资格或者证券从业资格，并处以3万元以上30万元以下的罚款。

9. 不准因本人或本单位的利益而影响或试图影响客户的交易行为。证券从业人员及其所在单位有义务避免与客户利益冲突，如果为了本人或本单位的利益现时影响或试图影响客户的交易行为，则构成了欺诈客户，是禁止的行为。

资料8

《证券法》规定，证券交易所、证券公司、证券登记结算机构、证券服务机构的从业人员或者证券业协会的工作人员，故意提供虚假资料，隐匿、伪造、篡改或者毁损交易记录，诱骗投资者买卖证券的，撤销证券从业资格，并处以3万元以上10万元以下的罚款；属于国家工作人员的，还应当依法给予行政处分。

10. 不准有任何操纵市场行为。《证券法》中认定操纵市场的行为包括：通过合谋或者集中资金操纵证券市场价格；以散布谣言等手段影响证券发行和交易；为制造证券的虚假价格，与他人串通，进行不转移证券所有权的虚买虚卖；出售或者要约出售其并不持有的证券，扰乱证券市场秩序；以抬高或者压低证券交易价格为目的，利用职务便利，人为地压低或者抬高证券价格；其他操纵市场的行为。

操纵市场是单位或个人以获取不正当利益或转嫁风险、减少损失为目的，利用资金、信息等优势，或者滥用职权，影响证券市场的价格，制造证券市场的假象，诱导或者致使投资者在不了解事实真相的情况下作出证券投资决定，扰乱证券市场秩序的行为。操纵市场行为是证券市场竞争机制的天敌，是造成虚假供求关系、误导资金流向的罪魁，是引发社会动荡的重要隐患。因此操纵市场行为为有关法律法规所严格禁止。

资料9

《证券法》规定，操纵证券市场的，责令依法处理其非法持有的证券，没收违法所得，并处以违法所得1倍以上5倍以下的罚款；没有违法所得或者违法所得不足30万元的，处以30万元以上300万元以下的罚款。单位操纵证券市场的，还应当对直接负责的主管人员和其他直接责任人员给予警告，并处以10万元以上60万元以下的罚款。

本章小结

证券职业道德是证券行业对于从业人员的基本行为要求，是证券从业人员在从事与证券业务相关的活动时，所应遵循的道德原则、规范与行为守则的总和。目前，证券从业人员的基本道德规范有正直诚信、勤勉尽责、廉洁保密、自律守法。我国证券从业人员的行为准则包括保证性行为和禁止性行为，即“八要”和“十不准”。

思考题

1. 证券从业人员的职业道德规范是什么？
2. 证券从业人员行为准则中的保证性行为和禁止性行为有哪些？

主要参考文献

[1] 朱世宏，杨长荣，边慧敏. 财经职业道德建设［M］. 成都：西南财经大学出版社，2003.

［2］龚宏富．财经职业道德［M］．杭州：浙江大学出版社，2004.
［3］符启林．中国证券市场十年著名案例评析［M］．北京：中国政法大学出版社，2003.
［4］杨永芳．财经、金融职业道德［M］．成都：西南财经大学出版社，1996.

第六章

金融部门人际道德

JINRONG BUMEN RENJI DAODE

【学习目的与要求】

金融部门人际道德作为对金融人际关系的概括，是调节金融从业人员人际交往的最一般的行为规范。通过对本章的学习，了解金融部门人际道德的基本含义和特点，正确认识处理好金融部门的人际关系的重要作用，掌握部门人际交往过程中的基本道德规范，为提升金融行业的服务质量、维护金融机构形象创造良好的基础。

在金融企业竞争日益激烈的今天，各家金融机构不仅要提高业务开拓能力、提升服务质量、争夺优质客户资源，更重要的是要维护好金融机构的良好信誉，提升企业的良好形象。这不仅是发展社会主义市场经济的需要，更是金融企业发展的需要。金融企业作为现代社会的重要组成部分，其成员的一举一动、一言一行都体现着商业金融机构的整体素质和形象。因此，正确认识和处理金融部门的人际关系，有利于调动金融从业人员的工作积极性，增强群体凝聚力，确保各项管理工作顺利开展，切实提高服务质量和管理效率。

第一节　金融部门人际关系与人际道德的概述

一、金融部门人际关系的含义和特点

（一）人际关系是人际道德形成的条件

人际关系是人们在物质交往与精神交往活动中，彼此之间发生、发展和建立起来的各种各样的、复杂的、多层次的社会关系。人创造了社会的物质财富和精神财富，也创造了社会的交往关系。人际交往关系对个体来讲，是其生存与发展的基本需要。首先，人际交往是为了满足生理、心理和情感上的需要，是为了丰富精神生活。《论语·学而》曰："有朋自远方来，不亦乐乎?"即表达了交友是人生的一种乐趣。其次，人际交往是培养人的知识能力的重要途径。人们是在交往中认识自我、认识他人和认识社会的。正如古人所说的："独学而无友，孤陋则寡闻。"通过交往，可以拓宽人的视野，从中获取有用的知识或得到启发，从不同的角度看待问题，用新的思维方式去解决问题。最后，友好的交往关系对人的道德品质和思想认识的发展，发生着重要影响。《论语·季氏》曰："益者三友，损者三友。友直，友谅，友多闻，益矣。友便辟，友善柔，友便佞，损矣。"人们在交友上必须要有所选择，其交友的好坏，对人的道德品质的发展，有着极大的制约作用。人际关系可分为：个人与群体的关系；个人与组织的关系；个人与个人的关系。其中，个人与个人之间的关系是最基本的人际关系。

人际道德是从社会关系的视角来直接考察个人与个人的人际关系，是用以调节人际交往关系的行为规范，它集中体现了人们对建立和谐人际关系的需要，体现了人际道德关系对个体的客观要求。人际道德规定了人际交往的基本行为模式，它表明在人际交往中的道德生活，个人没有绝对的自由。一切损人利己、恣肆放荡的交往行为，都将受到社会舆论的谴责。但道德的基础是人类精神的自律，需要将外在的道德要求内化成为个人的良心，用健全的道德理性去指导个人的行为，从而达到从心所欲不逾矩的境界。尤其是目前我们处在新旧道德的历史嬗变期，更需要自我反省、自我评价、自我检点来净化人格心灵，提高个体道德交往的素质，推动整个社会道德的进步。

（二）金融部门人际关系的含义

金融部门人际关系包含两层含义，一方面指的是金融部门内部人与人之间的各种关系的概括，另一方面还包括金融从业人员同客户和广大人民群众间的关系。金融部门人际关系根植于社会交往需要的本性之中，是金融从业人员在其职业生活、恋爱、婚姻、家庭生活和社会公共生活中必然发生的一种最常见、最普通、最具体的联系，也是影响金融从业人员思想和认识发生变化的最直接、最基本的客观社会环境。同时，金融部门人际关系的范围又不仅仅局限在其部门内部，金融系统分支机构多、分布广，接触人员杂，特别是客户，是金融部门自身生存和发展的生命源，也是金融部门最大的服务对象，因此，金融从业人员与客户的关系是一个平行的、利益攸关的、共同需要的、服务和被服务的关系，是金融部门人际关系中最本质、最核心、最重要的关系。综上所述，金融部门人际关系应包括以下几种。

一是金融从业人员同广大客户的关系，这是金融部门人际关系的主体。在消费者购买商品时，商店与消费者的关系往往是一次性的；而金融服务与客户关系往往具有持续性（特别是大客户），金融机构与客户关系的保持与否取决于其是否相互信任，以及金融机构是否能提供可靠的财务顾问服务。在这种关系中信用是维持这种关系存在的基本条件，金融机构必须高度重视客户的各种需求，以赢取客户，提高其核心竞争力，在竞争中占据优势。

二是金融部门领导成员之间的关系，即在一个金融部门内部，领导成员之间的相互关系。这些领导成员中虽有党、政、工、团的不同职责之分，也有正职、副职之分，但基本上都是协调、组织金融运行的基本条件，没有金融部门领导成员，金融部门必然是一个无序的、混乱的金融组织。各领导成员由于在工作作风、经验、处理问题的角度、方式、方法，性格等方面存在差异，导致处理问题时意见不一致。建立良好的金融部门人际关系，有助于领导成员消除经验、角度上的差异，既可充分发挥每个成员的能动性，创造性地开展工作，又可避免相互扯皮、推诿，建立一种团结、协调、和谐的工作关系。

三是金融部门领导成员同金融从业人员之间的关系，即金融部门领导成员同与其所辖职工之间的关系，这种关系是一种指挥与服从、领导与被领导之间的上下级关系。领导成员要注意发挥员工的主观能动性、积极性和创造性，要为员工参与管理提供机会和平台，要重视员工的情感因素、心理需要，要解决员工的实际困难，关心他们的身心健康，从而构建愉悦、良好的部门人际关系。

四是同行关系。所谓同行是指从事同一种职业的人。同行关系，指的是一定社会从事同种职业的人们的人际关系。同行关系是一种最重要的人际关系，实质上就是职业关系，是属于同事之间的平行关系。这是一种平等合作的相互信任的关系。同行之间由于工作的独立性特点和“互不买账”的心态，往往会使同行之间多了独立，多了嫉妒，少了团结合作。这会严重阻碍工作的顺利开展和服务质量的提高，引起人际关系的紧张与冲突。因此同行间要加强交流，增进交往，互相尊重对方岗位，宽容待人，共同进行创新，取长补短，逐步建立良好的人际关系。

金融部门人际关系是在金融从业人员交往过程中，在同客户打交道过程中逐渐形成和发展起来的。在交往过程中，交往双方实现着各种信息的交往和行为上的互动。金融人际关系是通过交往表现出来的，人际关系的功能也是通过人际交往而实现的。因此，在一定的意义上来说，没有交往，就没有人际关系，交往是人际关系的基础，是金融工作必不可缺的工作实践需要。

（三）金融部门人际关系的特点

人际关系是一个历史范畴，在不同的时代、不同的社会和不同的阶级里，金融部门人际关系受不同的社会的经济关系和道德法规的制约及影响而不断地发展和变化着。人是社会的人，金融从业人员生活在社会中，每时每刻都在和其他人进行各种各样的交往。这种交往实际上是金融工作职业需求的一种必然反映，是金融事业发展的前提条件。人是社会关系的产物，是一切社会关系的总和。金融从业人员是社会的人、现实的人、历史的人、活生生的人；研究金融部门人际道德，必须从社会关系、金融从业人员与客户之间的关系来认识和把握金融人际关系的实质。在建设中国特色社会主义市场经济的今天，客户和金融从业人员是金融部门的主人，金融领导成员和广大金融从业人员之间的关系以及金融从业人员之间的关系应是一种平等、合作、帮助、尊重的同志式关系。具体来讲有以下几个方面：

1. 平等合作的同志关系。古人云："同志为朋，同窗为友。"无论是金融从业人员同客户，还是金融内部领导之间、领导同职工、职工同职工，只是工作岗位分工不同，职责不同，没有高低贵贱、亲疏远近之分，政治上一律平等，经济上实行按劳分配的原则，职工的报酬同职工的奉献成正比，即使股份制金融企业的存在也并不一定能改变这种平等人际关系的实质。

2. 互相尊重依赖的合作关系。在我们国家金融从业人员的人格和价值得到了全社会的尊重，受尊重的程度不取决于金钱、出身、地位，而取决于对社会和对金融部门所作贡献的大小。一般来讲，金融从业人员贡献大小同其所受理解和尊重的程度成正比。也就是说，金融从业人员对社会、对单位贡献大，受尊重程度就高；反之则小。因此说，金融从业人员人际关系是建立在一种理解和尊重的基础之上的信赖合作关系。

3. 互相团结、密切协作的关系。一般从总体上来讲，由于受金融职业道德基本原则即忠于社会主义金融事业集体主义原则的影响，金融从业人员有着共同的利益和理想。金融内部工作岗位的不同绝对不是什么此岗位重要，彼岗位不重要，而是金融社会分工以及企业化、社会化、规范化的结果。缺少哪个岗位，工作都不能正常运转，这就使金融从业人员和客户之间，职工与职工之间互相团结、密切协作有了坚实的基础。当然金融从业人员同客户、金融从业人员同领导、金融从业人员之间也会出现不团结和暂时不合作的现象，但这只是偶然和暂时的现象，由于他们根本利益相同，他们总会从团结和协作的愿望出发，通过正确处理相互间的矛盾，很快就会冰消云散，更加团结。

4. 互相帮助、互相促进的关系。在金融系统内外，人与人之间是平等合作关系，这使得每个金融从业人员为共同的目标而努力工作、相互帮助的同志式关系成为可能。金融从业人员自己为别人服务的同时，别人也在为自己服务。特别是个别金融从业人员有了困难，那么金融部门的领导、职工、广大客户都会伸出手，尽全力帮助职员战胜困难、克服困难，形成一人有难大家帮的良好的同志式关系。金融部门的人际关系当然不止这些，还存在着很多人际关系。金融部门人际关系既是职业的需要，也是一个“社会人”的需要。

二、金融部门人际关系与人际道德

金融部门人际道德就是调节金融从业人员人际交往的行为规范。金融人际道德作为对金融人际关系的概括，它是规定人际交往最一般的行为规范。没有金融部门人际关系也就无所谓金融部门人际道德。金融部门人际关系是金融部门人际道德形成的条件，在金融系统内外，金融从业人员与客户的关系、金融从业人员之间的关系等都是金融部门人际道德的范畴。也就是说，金融职业道德是调整金融从业人员之间、金融从业人员与客户和社会之间关系的行为规范准则，而金融部门人际道德则主要是协调上述人员之间交往关系的行为规范准则。前者反映的是金融从业人员个人、金融自身（集体）和国家三者之间的关系，后者则是金融从业人员与客户和其他职员之间交往的关系。

金融机构在经营活动中对社会宏观环境有着特殊影响，人们要求金融机构对优化配置全社会的资金资源能起到引导和推动作用。就是说金融机构的一切经营活动不能只追求自身的利润，而应该兼顾社会效益，既不能不讲经营效益也不能损害国家和人民的利益来追求利润最大化。这是社会赋予整个金融机构在资金使用中连带的必然责任。要很好地履行这个责任，就必须有良好的职业道德作保证。作为天天与客户打交道的金融机构，这种职业道德可以理解为金融从业人员在经营过程中的人格表露，表现为尊重自己也尊重他人的人格尊严。有了这种人格力量，在外部表现为尊重他人的人格尊严，就能产生人格“五感”效应：一是金融从业人员仪表仪容整洁大方，笑容可掬，待人有礼，服务热情周到，环境幽雅舒适，顾客一进门就产生好感；二是员工技术熟练精通，动作快捷，核算准确，让人产生信赖感；三是与顾客打交道中，秉公办事，廉洁自律，诚实守信，让人产生信任感；四是恪守信用，维护客户的正当权益，利息不少算一分，费用不多收一笔，给人以安全感；五是精诚合作，文明竞争，合法经营，讲求效益，靠雄厚的资金实力、现代化的技术装备、高水平的服务、科学的管理而取得市场份额，给人以真正的力量感。银行以这种良好的职业道德产生的人格力量去争得客户，赢得市场，在激烈的市场竞争中一定能立于不败之地。

第二节 金融部门人际道德的作用和规范的表现形式

一、金融部门人际道德的作用

金融部门人际关系处理得不好，金融从业人员就不能全身心地投入工作。因此，在金融系统内部个别单位形成了一种“内耗”，领导成员之间不团结，职员和领导之间不团结，职员和职员之间不团结，金融从业人员和客户之间不信任，“门难进，脸难看，话难听，事难办”，使金融部门信誉度下降、形象受损。造成上述局面，原因当然是多种多样的，但是忽视研究金融部门人际关系也是其中的一个主要原因。

从管理科学的层面看，在生产力诸要素中，人是最活跃、最重要的因素。金融机构的各级领导和广大政工干部必须坚持以人为本，提高驾驭思想政治工作的能力，增强思想政治工作的科学性、艺术性和实效性，为金融企业的改革发展提供精神动力和思想保证。

综观古今中外，任何高明的领导者和组织者都十分重视人际关系的研究。那种一谈关系就“色变”，把正常的人际关系同拉拉扯扯、以权谋私的庸俗“关系学”混同起来的观点是极端错误的，实质上是“左”的思想恶习在人际关系中的反映。孟子说：“天时不如地利，地利不如人和。”其意就是要办成一件事情，把希望寄托在天气变化上不如依靠有利的地形，而依靠有利的地形则比不上人心一致。“人和”实质上就是一种良好的人际关系。

国外很多管理者也十分重视人际关系的协调。如第二次世界大战以后，资本主义企业管理显示出从以财为中心——以物为中心——以人为中心的变化轨迹。经济管理专家梅奥等人运用资本主义人际关系学说提出了

"社会人"假说思想，认为资本主义制度下的工人不是单纯追求高工资的"经济人"，还有追求人与人之间的友情、安全感、归属感和受人尊重的社会需求。因此在日本从20世纪70年代一个相对落后的国家一跃成为世界经济大国以后，"儒教资本主义"企业伦理思想更加得到西方企业界的认同。认为企业管理不仅要"善以待人"，而且要做到"善以用人"，在这种思想的影响下，美国一些企业纷纷倡导工人组成自我管理小组、质量管理小组和劳动生活小组，实行工人股份制。在德国，1976年还正式颁布实行了《职工参与管理法》，根据这一法规，联邦德国600多家大企业中的500多万名职工在企业领导人的委任和企业决策等问题上享有一定的参与权，从而使资本家与工人的矛盾在一定程度上得到缓解。今天，我国进行社会主义市场经济的改革，"以人为本"是我国经济管理思想的特色，绝不能把它弃之不用，在新的形势下更应该发扬光大。

金融部门人际道德是最直接的、现实的人际交往关系的反映和概括，是从金融从业人员人际道德当中引申出来的，用以调整人际关系的行为规范。金融部门人际道德一经形成就对金融人际关系的建设产生积极的作用，金融部门人际道德的作用主要有以下几个方面。

1. 金融部门人际道德是金融从业人员调整人际关系的行为准则。

金融部门人际道德的调解作用是指道德具有纠正金融从业人员的行为和指导职员人际交往活动的能力。金融部门人际道德的调解是通过自己特有的准则，激发职工的道德观念，衡量金融从业人员的职业行为，以教育、评价、命令的方式，抑恶扬善，唤起金融从业人员的道德责任感，从而影响金融从业人员的行为，协调金融从业人员的人际交往关系。

一般来说，金融从业人员之间、金融从业人员与领导之间、金融从业人员同客户之间的人际关系总的来说是比较和谐统一的。其具体表现是人和人之间是平等的，是志同道合的，没有根本的利害冲突，都是为了一个共同的目标而努力奋斗，人和人之间是相互帮助、相互信赖和相互尊重的。然而由于金融从业人员的社会分工不同，职责不同，经济收入多寡也不相同，再加上金融从业人员每个人的家庭环境、社会教育、脾气性格、兴趣爱好各不相同，因此，他们之间必然会发生矛盾和冲突，还会产生彼此抵触、相互攻击的现象，更有甚者人际关系紧张会导致个别职工走上违法犯罪的道路。金融部门人际关系紧张的调解手段和方法是多种多样的，但是最常见的调解无非是法律调解和道德调解。对于大多数金融从业人员来说，法律调解是有限的，而更多的则是通过道德准则来调解金融从业人员之间的关系。金融部门人际道德经常自觉或不自觉地发挥着行政和法律无法替代的作用。所以说，金融从业人员要协调人际关系，建立和谐的人际关系体系，就必须正确处理和调解人际关系，遵守金融部门人际道德的调解结果，维护金融从业人员人际交往的正常进行，化解和淡化矛盾，使即将爆发的矛盾和冲突消灭在萌芽状态。

在金融现实生活中，由于每个职员人际道德修养不同，同样一件事情的处理，其结果是截然不同的。为什么有的同志话没少说，活没少干，但是大家仍然是不理解、不赞成；而有的同志则得到了同志们的理解和赞成，究其原因，除了其他原因外，人际关系处理不当是主要原因。

因此，金融从业人员在同各类人员打交道的过程中，必须正确掌握和运用人际道德，尽量避免激化矛盾，减少矛盾。一旦发生矛盾也要头脑冷静，控制感情，使矛盾得以妥善解决。

2. 金融部门人际道德能帮助金融从业人员建立良好的信息沟通网络。

21 世纪的成功哲学认为：成功 = 20% 专业能力 + 40% 观念想法 + 40% 人际关系。由此公式可以看出，无论是对于个人还是企业，人际网络都是其成功的关键因素。一个人从书本上获得知识毕竟是有限的，通过职业交往的双方互通有无，使双方的知识面都得到扩展，信息得以增值。在这个经济高速发展的市场经济环境下，竞争是不可避免的。为了在社会中求得生存和发展，企业必须充分利用竞争情报，开展竞争情报研究活动，建立竞争情报系统。而职场中最重要的情报来源是“人”，“人的情报”是无价之宝，永远比“铅字情报”重要得多。人际网络在竞争情报收集、分析、服务的整个过程中起着不容忽视的作用，越是成功人士，越重视“人的情报”，越通过“人的情报”为自己事业的发展带来方便。

3. 金融部门人际道德对金融从业人员个人身心发展提供良好的保障。

人生而孤独。夜深人静，雨打芭蕉，点点滴滴，无人能与言说。而他人的温暖和帮助，是心理维生素。每当人心中充满忧郁，感到孤独时，与别人的交往诉说，会使自己心理恢复平衡，满足归属、合群的需要。自己的忧愁、恐惧、困惑，通过与朋友、同事的交流而分担、解除，心理压力得以减轻。而心理压力的预防、消除又有助于身体的健康。

如果金融从业人员人际关系紧张，彼此戒备、猜疑、反感，在这种人际关系紧张的条件下工作则必然内耗丛生、矛盾重重，严重地压抑金融从业人员的工作积极性。如果金融从业人员家庭美满和谐，领导职工之间互敬互爱、情同手足；同志间互帮互助、互相信赖；职工同客户之间守信誉、重信用，就会使金融从业人员生活愉快、精神振奋、心情舒畅，对生活充满了信心和热情；就会促使金融从业人员树立崇高的职业理想，确立自己的奋斗目标；就会产生社会主义主人翁的自豪感和集体主义思想以及忘我的共产主义劳动态度；就能够同心同德，精诚团结，密切协作，工作效率就能够得到提高。

4. 金融部门人际道德是金融从业人员事业成功的助推器。

中国有句古话，叫贵人来相助。人人都希望自己有一个生命中的“贵人”，在关键时刻或危难之际能帮我们一把。贵人相助确实是我们成功的道路上的宝贵资源，他可以一下子打开我们机遇的天窗，让我们拨云见日，豁然开朗，大大缩短成功的时间，提高成功的速度。其实，贵人首先是自己，然后才是生命中的其他人。一个人心理愉悦，利人利己，共同协作，与人相处融洽，自然会赢得他人的信任与帮助。本杰明·富兰克林说：成功的第一要素是懂得如何搞好人际关系。良好的人际关系为一个人的成功提供了优良的人际环境，使他能更快地进入成功的序列和境界。

辅助阅读资料

上下同欲：“阳光团队”谁能敌——记淮安市商业银行

淮安市商业银行（以下简称淮安商行）是一家特色鲜明、业绩不俗的明星式金融企业。淮安商行的优秀不在于淮安商行董事长、党委书记陆眠峰获得过“中国企业最具影响力职业 CEO”称号和江苏省劳动模范的荣誉，不在于淮安商行领导班子获得过“最佳领导力团队奖”，也不在于淮安商行成为全国城市商业银行第一家同时获得 ISO 9001：2000 国际质量管理标准认证、英国 UKAS 皇冠认证标志和 QMS 标志的银行。这些都不足以说明其优秀。淮安商行的优秀在于其持续快速发展的同时，以陆眠峰为董事长的领导班子，带领全行干部员工始终在外人看不见的战线积聚着文化优势和培育着道德资本，并贯穿于日常业务中使之成为淮安商行每个员工的自觉行动和心理需求。

淮安商行成立于2001 年10 月18 日，是在原14 家城市信用社基础上加上淮安市国有资产经营公司和部分绩优企业的法人股份组建而成的。

从家底上看，淮安商行成立时存款余额为9亿元，贷款余额为14亿元，在业内似乎还略显寒酸。到2006年4月末，淮安商行存款余额已上升到88.2亿元，贷款余额上升到62.93亿元。短短4年，存、贷款均增长到开业时的4倍多。据统计，目前淮安商行的存、贷款市场份额，均在同城各大商业银行中居第一位。

淮安商行在自身的管理中，积极推行"阳光财务""阳光采购""阳光信贷""阳光人事"等"阳光工程"。"阳光工程"来自于"阳光团队"。

人们见惯了背后拆台与使绊子，见惯了内耗和窝里斗，就悲观地以为许多企业和单位里人与人之间都是表面上一团和气，背地里另有一套。到了淮安商行，你就会否定这个想当然的错误结论。因为这里聚集着一个能征善战、彼此同心的"阳光团队"。

淮安商行董事长陆眠峰曾作过一个形象的比喻，他说："一个好的团队应是F1级方程式赛车的团队。一个赛程中，赛车停下来换轮胎。一旦赛车减速驶入检修位，推轮胎的、拧扳手的、加油的、维修的一起冲上去七手八脚，短短十几秒钟后赛车又重新高速行驶在赛场上。这就是F1方程式赛车的团队精神：不论在什么岗位上，大家都竭尽全力，以保证赛车手高速出击，获得胜利。"淮安商行的700多名员工，正是有了这种团队精神，才创造了今日的辉煌业绩，才赢得了那么多荣誉称号。

经过4年时间的探索，淮安商行建立了一整套"以授权为核心的法人治理结构"，为"阳光团队"提供了制度的保证。在这个治理结构中决策层、经营层、监管层，三权分立，董事长、行长、监事长都有各自明确的责任，资权对等，相互制约，相互监督。行长、副行长和其他行领导、38个支行和行总部的十几个中层机构负责人在各自的权限范围内，不需请示汇报，可以对一些事情直接点头或摇头，或者直接对工作作出安排。

在人事管理上，淮安商行实施中层干部竞聘任职并实施岗位交流、末位淘汰制、人员定岗定编、收入分配与绩效挂钩，彻底打破铁工资、铁饭碗。这一系列改革措施使一批德才兼备的青年干部走上了中层领导岗位。

在信贷管理上，淮安商行建立了一套完整的风险防范机制。在贷前决策上，他们有操作性强而又科学的决策机制，处处体现了民主决策、集体智慧、相互制约。

当我们接受优胜劣汰这一市场经济的丛林法则时，我们便清楚地知道现代企业的胜出取决于全员参与的民主性、经营决策的科学性、员工能量的充分释放性。淮安商行从提高企业综合竞争力出发，在一切经济活动中，着重突出公开、公平、公正的主题，通过前台的公开运作，最佳地调度运用现有资源，构筑业务经营的“阳光工程”。

一项工程从头到尾，按照程序和规则办，不搞“暗箱操作”，这就是“阳光工程”。在公平性方面，淮安商行认定决策公平是一切公平的基础。每个重大决策前都是上下沟通、左右沟通、阳光操作。第二步是不断创新增强公平性的方式与方法。赋予员工对行内事务的知情权、参与权。每年召开员工代表、中层干部、支行行长、离退休内养人员等四个层次对话会，行领导和参会人员进行面对面接触，现场回答与会者提出的各种问题；组织开展“基层调查周”“我向行长进一言”“假如我是行长”等活动，激发每一位员工的主人翁意识。

“阳光团队”里，领导用同一把尺子量人量己。如果说团队就是竞争力的话，那么“阳光团队”在竞争中则是所向无敌的。淮安商行的领导对此体会多多，他们认为“抱团打天下”最经济；团队涉及的人越多，能提供的资源、想法和能量也就越多；团队让领导者潜力最大化、弱点最小化；团队提供了适应需要达成目标的多元视野；更需要的是团队分享胜利，分担失败。这种团队精神培育了真正的人性和相互信任的沟通平台。

资料来源：企业观察，2006（6）.

二、金融部门人际道德规范

金融部门人际道德，实质上是一种交往道德。金融从业人员在交往过程中，如何选择自己的道德行为，怎样同客户、领导和同事打交道，怎样处理各种关系，应该怎样做，不应该怎样做，人际道德为金融从业人员交往提供了必备的行为模式。金融部门人际道德本身是一个规范系统，它是由若干具体道德规范子系统组成的，具体有以下几个方面的内容。

（一）诚实守信

诚实守信作为一种普遍的道德要求，是由于人们需要对他们生活着的社会，对他们应当进行评价的周围人的行为，对他们所处的生活环境有一个正确的、实事求是的态度。这种客观的和发自内心的需要，是产生诚实守信要求的重要原因。在人际交往中，诚实守信作为一种道德品质，要求人们言行一致，表里如一；讲信用，不自食其言。这样人与人之间就能坦诚相见，畅所欲言。诚实守信作为中华民族的传统美德，历来受到人们的重视。一个人能做到诚实守信，就能给予他人以诚挚的敬意和真心实意的赞扬，而不是用虚伪的奉承来满足一个人的自尊，那么任何一个人都可能变得更令人愉快，更通情达理，更乐于相互交往。时下，“那人太老实”，淡淡一句，不无轻蔑和讽刺之意。因此许多人变得“精明”起来，“假冒伪劣”，愈演愈烈。事实上，口是心非、奸诈诡谲之人自以为聪明，但往往是不得善终的。“你可以在一定的时间里欺骗所有的人，你可以在所有的时间里欺骗一定的人，但你不能在所有的时间里欺骗所有的人”，一位哲人如是说。世界上最聪明的是最老实可信的人，因为只有这样的人才能经得起事实和历史的考验。

待人真诚、言而有信的个性品质导致人际吸引，有利于良好人际关系的建立、维系和发展。而自私自利、虚伪狡诈、言而无信的个性品质阻碍人际吸引，很难取信于人，非常不利于人际关系的建立和融洽。在职业交往中，约定的会面，要按时出席；承诺的任务，要力争完成；同事托办的事，答应了，就要办到；借别人的款项、物品，要如期归还等，这些不是无关紧要的小节，而是影响个人信誉和人际关系的大问题，切不可掉以轻心。在现实生活中，一个人只能被人信任一次，不管是谁，一旦被发现他不老实、说假话，即使他原先在人们心目中的形象很崇高，要想再恢复到过去的样子也很不容易。金融机构本身就是一个信用机构，它要求每个员工必须是很讲信用的，否则，人家是不敢与你打交道的。尤其是一些担任重要职务的员工更应注意，要给外界一种诚实守信的感觉，否则，必将给金融机构的整体形象带来严重损害。

案例分析

信用卡失信　研究生为年费告银行欺诈

经不住银行业务员一再保证“永远免除年费”的“美丽”承诺，研究生小贾和很多同学都不由自主地向银行申请了信用卡，孰料两年后银行却给小贾家寄来了300元年费催账单。小贾等人奇怪，难道这信用卡也可以不讲“信用”吗！2006年4月26日，上海市浦东新区人民法院就原告小贾诉被告某银行信用卡纠纷一案作出一审判决，准许银行免除小贾信用卡年费300元及相应利息30元、滞纳金20元；准许小贾与银行解除信用卡领用合同；对小贾其余诉讼请求不予支持。

今年在读研究生的小贾回忆起当初申请信用卡的场景仍然欷歔不已：“2004 年 12 月，银行业务员邓某到我们学校研究生宿舍推广个人信用卡业务。当时邓某一再声称办理他们银行的信用卡不收任何年费，我们还不放心地问以后是否会收年费时，他马上保证‘永远不会收年费’，这是他们银行针对在校学生和研究生搞的优惠活动。后来我在签合约时发现上面有收取年费的条款，邓某又在一旁解释说，信用卡合同是根据有关规章制定的，只是做做表面文章，实际上每家银行为了发展客户都是不收年费的。”于是，信以为真的小贾等人签署了银行的信用卡申请表 4 份，不少同学还退了其他银行的信用卡来办这种“免年费”的卡。同月，小贾收到了银行发放的 5 张信用卡，分别为普卡（两张）、国航知音信用卡、百盛购物信用卡、携程旅行信用卡。2005 年 1 月，果然与业务员邓某许诺的那样，小贾的银行账单上没有出现收取年费的账目记录。

2006 年 2 月开学之初，小贾却意外地收到了银行的年费催缴账单，而且发现 5 张卡都被收取年费，共欠人民币 300 元。小贾立刻感到自己上当了，在与银行多次交涉未果的情况下，他将银行告上了法庭。

小贾认为，银行在签订信用卡合同中有欺诈行为。根据合同法的规定，口头合同也具有法律效力，而且非格式条款的效力大于格式条款效力。原告是在与银行方口头达成“不收年费”的合意下签订合约的，因此银行格式合同中收取年费的条款是无效的。小贾请求法院判令银行免除 300 元信用卡年费、相关利息和滞纳金并解除合同，判令银行消除因其拒绝支付年费造成的不利信用影响并公开向其赔礼道歉。为了证明自己的说法，小贾还特意请了寝室同学出庭作证，并向法庭提供了与业务员联系的电话录音。

银行代理人认为电话录音很不清楚，不能证明录音中的通话人就是邓某。同时，银行辩称，有关信用卡年费的收取在合约上有明确的注明，原告小贾对该内容是明知的，并已签字同意，小贾不应将业务人员的口头承诺作为变更合约的依据。银行根据约定向小贾发出账单不存在过错，不需要赔礼道歉。小贾要求银行为其消除不利信用影响无事实依据。如果小贾现在不愿意继续使用信用卡，银行同意解除合同并免除其年费、利息、滞纳金，希望原告小贾撤诉。

面对银行的态度，小贾坚持不予撤诉，要将官司打到底：“这次起诉绝不是我一个人的事，我是代表所有受骗用户起诉的，而且我这次起诉的目的也不是单纯针对被告一家银行，而是对其他也有此类行为的银行而言。业绩好不能靠‘骗’得好，而是要靠做得好、服务好。”当法院问及小贾为何要求“消除不利信用影响”时，小贾坦言：“在我事后打电话与银行交涉时，银行说如果我不交钱，银行的诚信系统会对我作出不利影响。”闻听此言的银行立即表示“我们不会对原告做不利信用记录的”。

由于小贾不愿意调解，法院作出了一审判决。法院认为，银行在推介其信用卡时，口头许诺不收取年费但相应的合约上却有收取年费的内容，银行的该行为显然是不恰当的。而小贾在发现合约相应内容与口头承诺不一致的情况下，未向银行方提出修改相应内容便在合约上签字，小贾的行为也有相应的不当之处。由于银行未对小贾作出不利信用记录，小贾也无法证明不利信用记录实际存在，故小贾要求消除不利信用影响及公开赔礼道歉的诉讼请求，法院不予支持。据此，法院作出了上述判决。

资料来源：严剑漪. 信用卡失信，研究生为年费告银行欺诈［OL］. 中国法院网，2006－05－12.

（二）礼貌谦让

礼貌是指人们在与他人的交往中所应具有的品行和礼仪。它要求人们仪表大方，待人热情；行为检点，不轻浮粗野。礼貌是行为文明的一种表现，其实质在于尊重他人和平等待人。人的本质是社会存在物，但就其具体的人而言又是一个特殊的社会存在，这种特殊的社会存在使人既有其共性，又有其个性，人的个性要求在社会上受到尊重。因此，在人与人之间的交往中，对个人而言首先要尊重他人，即尊重他人的人格、愿望、感情和爱好。只有尊重他人的人格，才能得到他人的尊重；只有尊重他人的愿望、感情、爱好，才能不强加于人，不强求于人。在人际交往过程中，礼貌是普遍的、必需的，是做人与处事的起码要求，它常常被人们用来作为衡量一个人讲不讲道德和有没有教养的尺度。

所谓谦让，是指人们在相互交往过程中所表现出的一种谦逊礼让的态度和作风。它具体表现为：与人交往虚怀若谷，从不自满；先人后己，谦居人后；平易近人，与人方便。为人谦让并不是自卑，更不是贬低自己，而是一种外露的内在修养。人与人之间有谦让精神，就会增进团结和友谊，形成一种欢快舒畅的氛围。否则，就会相互倾轧，你争我夺，使人陷入无限的烦恼忧郁之中。在现实生活中，我们需要发扬谦让精神，并努力把谦让精神和竞争精神结合起来。在对待个人利益上，人们应强调谦逊和礼让的态度；在维护整体利益方面，人们则应该发扬社会主义的竞争精神。这两方面的统一体现着社会主义道德的基本原则。谦逊礼让是中国人的传统，孔融让梨，蔺相如礼让廉颇等，都是这一方面的范例。

与人交往要做到礼貌热情。金融从业人员出于对自己所从事职业的明确认识，工作中表现为满腔热情、感情真挚、动作迅速、笑脸相迎、真诚待人。热情是对待人际关系的最佳态度，是展示自我的有效途径和一种能力的表现，也是敬人与自尊的结合。

（三）公道正直

所谓公道，即公正无私，为人处世合乎道义之理。公正无私是一个具有传统价值的范畴。亚里士多德认为，公正是各种德行的总称。《荀子·不苟》说："公生明，偏生暗，端生通，诈伪生塞。"这是说，立足于公正无私，则明察真伪是非，处事顺利；立足于偏斜虚伪，必然难辨美丑利害，到处碰壁。公道作为一种道德要求，就是不讲亲疏贵贱，不论尊卑上下，不可厚此薄彼，一律按原则办事，做到合情、合理、合法。

正直是指一个人在说话办事、待人接物上所表现出的襟怀坦白、善恶分明、作风正派的道德品质。孔子说："人之生也直，罔之生也幸而免。"（《论语·雍也》）人的生存是由于正直，不正直的人也可活着，那是他侥幸地免于祸害罢了。在人际交往中，正直就是在任何时候都敢讲真话，不弄虚作假；敢于同不良习气作斗争，同时也善于暴露和纠正自己的缺点和不足；坚持真理，实事求是。

公道正直是金融部门人际道德规范的核心，它要求金融从业人员在处理人际关系时要坚持原则，善恶分明，公正无私，作风正派，性格坦率，豪爽刚直，不搞歪门邪道，不两面三刀，不口是心非，不阳奉阴违，而且敢于同坏人坏事作斗争，同时也善于暴露自己的缺点或不足。正直包括诚实、原则性、守信用，它与欺骗、虚伪、背信弃义等相对立。正直和诚实是密切相关的，没有诚实的品德，也就没有正直的品德，反之亦然。

（四）克己容人

所谓克己，就是克制自己的欲望和感情，戒除放恣之习。克己是一种内在的道德修养方法，是自制力和道德意志的体现，其实质就是严于律己，按照一定的道德原则去处理人际交往中的利害关系。柏拉图把克己

(节制)、勇敢、正直和智慧列为四大美德。孔子提出:“克己复礼为仁。”(《论语·颜渊》)道德在处理人际关系上,都有对个人克己的要求,以保证个人身心的健全发展。当个人利益同他人利益以及社会整体利益发生矛盾冲突时,作为道德主体的个人应当作出必要的节制或牺牲。只有克己,方能容人。

所谓容人,是指一个人在立身行事中对别人的豁达大度,不计小隙,容忍异见的品格。美国社会心理学家莫格尔斯把容忍异见、相互理解、谅解作为现代人的重要素质。中华民族重视并提倡容人的品格。所谓“躬自厚而薄责于人”,“有容德乃大,无欺心自安”,是至今流传的佳言。

金融从业人员在处理人际关系时应采取求大同存小异的态度,摆事实,讲道理,以理服人。对待别人的非原则性缺点,不过多地追究,不求全责备,应采取严于律己,宽以待人的态度;对待在原则问题上犯了错误的同志,只要其认识到了自己的错误,并且改正了错误,本着知错、认错,不为错的态度,也应当采取宽容的态度团结他们;对于反对过自己并且证明反对错了的同志,能不计前嫌,不过多地计较个人利益,能以金融改革大局为重,团结一致、携手前进。克己容人是金融从业人员立身处世的美德。只有克己容人,各部门之间才能密切往来,和谐相处。否则,总是怀着猜忌、刻薄的心理与人共事,就会造成人与人之间的关系紧张、冷漠,就会只顾自己,不管别人,恃强凌弱,横行霸道。俗话说:行人相撞,退一步海阔天空;因事相争,让三分心平气和;世事如棋,让一着不亏为我;心田似海,纳百川方见容人。这就是金融工作者应树立的宽容品质。

(五)仁爱互助

仁爱是儒家所提供的一种道德原则和道德情操。孔子以仁爱精神去处理人与人之间的关系,并提出“己所不欲,勿施于人”“己欲立而立人,己欲达而达人”的推己及人的准则。在现代社会中,仁爱是一种人道主义的意识与情感,意味着与人为善,爱人如己,把自己与别人看做是同类,并具有同等价值。仁爱是一种奉献精神,是自我价值的一种特殊的实现方式,是一种与人共享幸福与安宁的内在渴望,表现出人对世界的一种生存热情和无比深沉的爱。一个人如果不能与人为善,尤其是在他人处于危难之时袖手旁观,这虽说不上是一种暴虐,但至少说明这个人是无情无义之人。

互助，就是互相帮助、互相合作。古往今来，任何人都不能脱离社会而存在，也不能脱离他人的帮助而生活。有这样一个小故事：一位瞎子和一位跛子因都不能顺利地去食堂打饭而苦恼。后来瞎子灵机一动："老兄，我背你，你给我指路，咱们一道去打饭，好吗?"跛子欣然应允。于是两个残缺的人合为一个完整的人。从这里，我们深深体会着人与人之间的关系，是一种相互依存的关系，彼此互助是人的一生所不可缺少的内容。"我为人人，人人为我"是社会生活的法则，从中我们才会有助人为乐、见义勇为的道德精神。互助，并不是等价交换；帮助别人，并不是以获得某种报偿为前提条件。但是，有付出，必有收获；你帮助的人越多，在困厄之时你得到的回报也就会越多。相反，一个自私利己、不肯助人的人，在他处于困厄之时，能向他施以仁爱的人，也相对会少得可怜。

仁爱互助要求金融从业人员以热忱的态度对待同志，对待客户，与人交往要做到礼貌热情。对他人富有同情心、正义感，以礼待人，举止礼貌，诚恳谦虚。对于遇到困难的同志或客户更要热忱关怀，耐心帮助，排忧解愁。金融从业人员只有把自己的情感投入到主动服务中去，热情招呼，设身处地为客户着想，尽心尽责地把工作做好，主动改进工作，不断提高服务质量，才能使自己的服务更周到，让客户倍感亲切，从中体会到金融行业的服务水准。

案例分析

胡晶湘——客户至上的展业能手

胡晶湘是中国人寿保险公司湖北省天门市岳口镇办事处主任。她在群众保险意识淡薄、展业环境艰苦的条件下，带领办事处职工，一顶草帽一个包，一块干粮一壶水，走千家，访万户，千方百计启发群众投保。凭着这样的顽强毅力，5年来，她个人年均收保费达100余万元。她坚持"客户至上"理念，为保户排忧解难。荷花村一个男孩溺水身亡后，家人忘记报案。她得知后，主动上门办理理赔手续，并举一反三，以此提醒自己和员工要时时想着保户。镇棉纺厂经营出现困难后，为让职工解除医疗保障的后顾之忧，她深入车间班组调查宣传，有针对性地设计保单组合，使1000多名职工得到了交费低、保障高的保险。她像慈母和大姐一样，手把手地带领员工队伍，既严格要求，又倾力帮助。下岗职工贺彦军从事营销员工作不久，家中突发火灾，一度失去生活勇气。胡晶湘及时组织员工捐款，并经常安慰他，使他振作起来，成为公司的展业能手，而且很快晋升为办事处副主任。如今，团队中已有8人成为年个人业绩10万元以上的展业能手。她不计个人得失，几年来，将个人应得的12万元奖金全部上交单位，用于单位奖励和职工福利，而自已却过着十分节俭的生活。1997年至2000年，胡晶湘连续4年被省、市公司评为“先进个人”“展业能手”。1998年，当选为天门市第四届人大代表。2000年，被荆门市分公司表彰为“优秀共产党员”。

资料来源：全国金融系统部分优秀共产党员先进事迹［N］. 人民日报，2001-06-20（12）.

金融部门人际道德的规范很多，以上提到的这些是最基本的条目，并且各个规范之间是相互联系、相互影响，共同发挥着调节金融部门人际关系的作用。人际道德规定了人际交往的基本行为模式，它表明在人际交往中的道德生活，个人没有绝对的自由。一切损人利己、恣肆放荡的交往行为，都将受到谴责。

第三节 金融部门人际道德修养的主要方法

市场经济是利益驱动的经济。市场运作的动力是来自参与市场各方面追求自利的动机。必须重视人际交往方面的道德教育，把这些年淡化了的上下级关系，变了味的同事朋友之情以及俗套的待人处事行为，从根本上调整过来，使中华民族人际之间的良好美德真正得到弘扬，让金融机构大家庭中充满热爱集体、团结互助、友好相处的气氛。

案例分析

招商银行青岛分行：重视员工的精神需求，谋求多种无“薪”激励方式，激发员工的工作热情和团队精神，提升员工满意度，增强组织的活力和凝聚力。

1. 推行职位公开竞聘上岗和客户经理制，进一步强化竞争激励机制，促使德才兼备、实绩突出、潜质优异的优秀人才脱颖而出，营造出“公开、平等、竞争、择优”的用人氛围，激发了广大干部员工的进取精神和工作热情，并从员工的职业生涯规划出发，帮助员工选择适合自己的职业发展道路。

2. 每周一次全行范围内的沟通。银行推行了每周一次的晨会制度，在晨会上公布上周全行发生的大事，让员工知道一周来的经营业绩和重大事项，使员工及时了解公司的情况，尤其是那些振奋人心的业绩、人物和事件。这在很大程度上鼓励和刺激了员工，激发出员工的荣誉感和归属感。

3. 重视员工业余文化生活，建立兴趣小组，并组织员工定期举行活动，分行给予一定的经费支持，这样的兴趣小组能很好地增进各部门之间员工的交流，提高组织的和谐度和凝聚力。银行利用工会、共青团等组织，成立了足球队、摄影协会、羽毛球协会、登山协会等组织，员工可以根据自己的兴趣选择参加不同的团体聚会。通过参加这些聚会，既开展了社交活动，又增加了员工间互相了解、沟通的机会，激励员工士气，提高员工满意度，而且培养了团队精神，塑造了团队文化。

资料来源：孙健，郭少泉. 商业银行人力资源管理［M］. 北京：经济管理出版社，2005.

金融从业人员在其职业生活中，都希望能生活在一个良好的人际关系氛围中。要建立和保持良好的人际关系，对金融从业人员的要求是比较高的，包括其品德、性格、能力、学识、仪表、交际手段和社会经验等。不仅如此，还需要金融从业人员有一套正确的人际道德修养的基本方法，否则人际道德修养是提高不了的。历史和现实中许多人的道德修养实践证明，下列几种修养方法是行之有效的。

一、学习

文明、理智、高尚总是同知识、文化相联系的；不明事理、粗俗、野蛮，总是和愚昧、无知、不学无术相联系的。古代希腊人甚至认为“知识即美德”，把知识本身就看做是一种美德。知识只能通过学习才能获得。

学习，既包括学习伦理道德知识，也包括学习一般的文化知识。学习一般文化知识，是有助于修养美德的，人们往往在读书钻研中使灵魂得到净化。如果说学习其他知识有助于修养的话，那么学习伦理知识，对于道德修养更是必不可少的。有了伦理知识，才能懂得什么是善，什么是恶，才知道如何去修养自己。学习，既包括学习书本上的知识，又包括学习实际中的知识。孔子说："三人行，必有我师焉：择其善者而从之，其不善者而改之。"（《论语·述而》）实际中的道德榜样或典型，比书本上的道德知识更直接、更生动，注意学习就更容易有深刻的感受。

良好人际关系的建立，关键是金融从业人员是否具有无产阶级的世界观，当金融从业人员树立了科学的世界观，对社会、对人生、对客户、对人与人之间的关系就会有一个正确的认识，就能科学地分析人际交往中出现的各种问题，就能冷静地、理智地对待交往中的矛盾和冲突，就能妥善地处理各种人际关系。

首先，金融从业人员有科学的世界观才能协调金融从业人员与客户以及金融从业人员之间的利益关系。在现阶段，经济利益是金融从业人员所追求的主要目标之一。因此，要协调和完善金融从业人员的人际关系，就首先必须协调金融从业人员的利益关系。金融从业人员在交往过程中，都应当摆正自己的位置，把国家和客户的利益放在首位，在保证国家利益不受损失的前提下，尽量满足金融从业人员的个人利益。如果金融从业人员一事当前，先替自己打算而不顾他人和客户的利益，甚至损人利己，这就会导致矛盾冲突激化，就会破坏正常的人际关系。

其次，金融从业人员在认识问题和处理问题时应以科学的世界观为指导，应求大同存小异。金融从业人员之间人际关系冲突，并不都是利益关系的冲突，而往往是思想观念、工作方法以及个人兴趣爱好差异造成的。由于金融从业人员思想基础、认识能力、社会经历、文化水平的不同，特别是世界观、人生观的差异，反映在认识问题上的观点和处理问题上的方法也不可能完全一致。当这种差别出现时，应该透过现象看本质，认识其本质和主流的东西，具体问题具体分析，不要带着先入为主的思想用有色眼镜看人，而应该坚持求大同、存小异、互相谅解、互相忍让，这样就可以正确处理人际关系中出现的矛盾和冲突。

最后，用科学的世界观和方法论来处理金融从业人员之间的人际关系。科学的世界观和方法论是金融从业人员处理一切问题的法宝，调解、处理金融部门人际关系也离不开它。有了这个法宝，金融从业人员就能够正确区分矛盾，认清敌、友、我，假、恶、丑，真、善、美。对于那些金融部门的蛀虫，就应该毫不留情地给予揭露，进行坚决的斗争。对于人民内部矛盾，只能用民主的方法、讨论的方法、批评的方法、说理的方法去解决，而不能用强制的方法、压制的方法去解决。

二、省察克治

这一方法是明代思想家王阳明通过总结以往“内省”“自松”“思过”等修养方法而提出来的。这一方法旨在发挥人们的主动精神，在自己内心深处用道德标准检查、反省，找出坏毛病、坏思想、坏念头，并加以克治。学习和省察克治是紧密联系的。只学习而不内省，犹如水过地皮湿，学习再多也无益处，难以有品德上的提高。只内省而不学习，犹如井底之蛙，不能提高道德认识，难以达到最高的道德境界。

金融工作是一项细致、复杂、涉及面广，经常与钱、财、物打交道的工作，因此，在金融部门人际职业道德修养的方法上，尤其应提倡“内省”。“内省”是我国历史上所倡导的道德修养方法，我们今天仍然可以借鉴。“内省”出自《论语·颜渊》篇：“内省不疚，夫何忧何惧?”意思是：我检查自己的言行，问心无愧，既然这样，又有什么忧愁和恐惧的呢？所谓“内省”是检查自己的言行是否有不对的地方。我国古人提出了“吾日三省吾身”的修养法则，刘少奇同志认为这条法则对共产党员也是适用的。通俗一点讲，“内省”就是内心的自我审判，自我批评。金融部门通过积极引导干部职工学会自省、慎独，就可以促使每个干部职工经常检查自己的言行，思考自己的得与失、善与恶、对与错，开展积极的思想斗争，自觉纠正言行偏差，并不断为自己提出更高的职业道德要求，逐步完成从自发到自觉、从外表到内心、从被动到主动、从他律到自律的行为转变，从而使自己的职业道德修养提高到一个新的境界。

金融从业人员道德基本原则是调整金融从业人员之间关系以及金融从业人员与客户之间关系的基本出发点和指导原则。金融从业人员有了集体主义观念，就能够思想统一、感情融洽、行动协调；就能对集体事业忠心耿耿，赤胆忠心，就会有职业责任感和荣誉感；就能形成良好的人际关系。

在金融职业生活中，金融从业人员要用集体的力量来促进和形成良好的人际关系，改善不良的人际关系。要使金融从业人员认识到自己的事再大也是小事，集体的事再小也是大事。金融从业人员只不过是社会一分子，绝不能盛气凌人，瞧不起客户，瞧不起职位比自己低的人。金融从业人员要向先进模范人物学习，学习他们“见先进就学，见后进就帮，见困难就上，见荣誉就让”的永不自满的精神，把自己融入集体事业当中，正确处理各种复杂的人际关系。

三、重视金融从业人员人格培养和强化服务意识

人格对金融从业人员人际关系有很大影响。良好的人格，能改善和增进金融从业人员的人际关系；而不良的人格，往往使金融从业人员人际关系紧张。待人热情、心地善良、真诚开朗的人，更容易与他人建立密切的关系；而一个心胸狭窄、性情孤僻、不善言辞的人就很难与人交往，就不易建立良好的人际关系。据某地区一个银行的调查，发现银行工作者的个性基本上分为以下两类。

一类表现为：

1. 尊重他人，尊重客户，举止文明，谈吐得体，富有正义感和同情心；

2. 热爱金融事业，对工作兢兢业业，一丝不苟，非常专注，有的甚至到了痴迷的程度；

3. 持重、耐心、宽容、宽厚，能耐心听取客户意见，不发脾气，不小瞧别人，能忍让；

4. 聪慧、爱独立思考，办事不拖拉，工作有条理，着装整洁、大方；

5. 说话办事留有分寸，不自吹自擂，不把话说绝；

6. 有多方面的兴趣、爱好，有审美眼光和幽默感；

7. 夫妻和睦，尊老敬贤，能尽家庭义务。

另一类表现为：

1. 唯我独尊，以自我为中心，随心所欲，有极强嫉妒心，缺乏同情心；

2. 对公益活动不热心，把自己置身于集体之外，而且爱发牢骚，说风凉话，冷言冷语；

3. 固执己见，极端虚伪，爱吹毛求疵；

4. 不尊重他人，不尊重客户，操纵欲和支配欲极强，爱在客户面前显露自己；

5. 对同事、对客户淡漠，孤僻、不合群，有敌对、猜疑和报复性格，而且行为古怪、喜怒无常、粗暴、神经质；

6. 兴趣贫乏，整天怨天尤人，患得患失，无特殊的爱好；

7. 势利眼，见风使舵，巴结领导等。

显然前一类型的人人缘较好，容易建立良好的人际关系。而后一类型的人则不易相处。当然这两种类型的个性也不是绝对的，有的金融从业人员兼而有之。建立平等的、和谐的、良好的人际关系关键是金融从业人员要在金融职业实践中不断地加强自身素质的培养和个性锻炼，提高自控能力，自觉地调整自己的意识和行为，有意识地控制自己的动机和情绪，这样才能不断地提高人际道德修养水平，逐步改造自己的不良人格，才能培养良好的人格，促进良好人际关系的形成。

四、创造人际交往关系中双向交流、意见沟通的环境条件

金融从业人员之间以及金融从业人员与客户之间进行信息交流和意见沟通对人际关系有很大的影响。首先，金融从业人员交往中的沟通是人的一种重要心理需要，是成员排除内心紧张，表达自己思想感情与态度，寻求同情与友谊的重要手段。金融工作战线长，分布广，而且工作量大，负荷重，接触各类人员繁杂。有时说者无意听者有心，容易产生隔阂和矛盾，这就需要金融从业人员沟通信息，消除误会，淡化矛盾，否则信息交流不畅，意见沟通渠道堵塞就会产生误会，容易激化矛盾。

辅助阅读资料

提高自身修养做到“十要十不要”

1. 要诚信，不要虚诳。
2. 要礼义，不要粗俗。
3. 要谦和，不要自大。
4. 要敬业，不要享乐。
5. 要乐群，不要离众。
6. 要责任，不要推诿。
7. 要创新，不要守旧。
8. 要兼听，不要偏信。
9. 要宽容，不要小气。
10. 要自律，不要放任。

本章小结

金融部门人际道德作为对金融人际关系的概括，是调节金融从业人员人际交往的最一般的行为规范。金融部门人际道德规范主要包括诚实守信、礼貌谦让、公道正直、克己容人、仁爱互助。金融从业人员要通过学习、省察克治、重视人格培养和强化服务意识、开展双向交流沟通等方法提高人际道德修养。

思考题

1. 金融部门人际道德规范的主要内容是什么？
2. 金融从业人员如何提高自己的人际道德修养？

主要参考文献

[1] 李天怀．金融职业道德概论［M］．北京：中国物价出版社，2003.
[2] 杨高林．现代商业银行企业文化［M］．北京：中国金融出版社，2004.
[3] 孙健，郭少泉．商业银行人力资源管理［M］．北京：经济管理出版社，2005.
[4] 张自慧．人际关系与人际沟通［M］．北京：人民美术出版社，2004.
[5] Suzanne C. de Janasz , Karen O. Dowd , Beth Z. Schneider．组织中的人际沟通技巧（第二版）［M］．时启亮，孙相云，译．北京：中国人民大学出版社，2006.

第七章

金融职业意识与职业责任

JINRONG ZHIYE YISHI YU ZHIYE ZEREN

【学习目的与要求】

通过本章学习，掌握金融职业意识的主要内容以及提高金融职业意识的意义和途径；在正确理解人生责任的基础上认识金融职业责任，结合自己的职业生涯规划，提高对金融职业的认同感。多关注金融业现状，搜集并分析金融案例，将所学内容应用于对当前国内外金融业的分析之中。

意识是相对于物质而存在的，是人脑对客观世界的反映。符合客观实际的意识能使人的行动具有目的性、方向性和预见性，对物质的发展进程起促进作用，错误的意识则起阻碍作用。金融职业意识是人们对金融职业的认识、评价、情感和态度的总和，是支配和调控金融从业人员全部职业行为和职业活动的调节器。

金融业的不断发展推动着金融职业意识的形成和发展，由于金融在现代经济体系中的地位日益突出，也使得金融职业意识日益受到全社会的关注，金融职业意识对于金融从业人员职业发展以及整个金融业的发展具有重要能动作用。本章将系统介绍金融职业意识的含义、内容、意义，以及如何培育良好的金融职业意识。

金融职业责任是由金融业的性质和职能决定的，是时代赋予金融从业人员的历史使命，良好的金融职业意识对于金融从业人员较好地履行自己的金融职业责任、推动金融和经济的发展具有重要意义，在系统介绍金融职业意识的基础上，本章将在第二节介绍金融职业责任的主要内容并探讨金融从业人员如何履行金融职业责任。

第一节 金融职业意识

金融职业意识的内涵十分广泛。本节从政策意识、法制意识、市场意识、服务意识、监督意识、效益意识、竞争意识、协同意识、创新意识等方面对金融职业意识进行描述。

一、政策、法制、市场意识

(一) 政策、法制意识

1. 政策、法制意识的含义和意义。金融政策法制意识指的是在金融业运行规律的基础上，人们对与金融相关的法律、法规、政策、制度的学习、认同和运用的态度和能力。

金融业是政府高度监控的行业之一。首先，金融是国民经济体系的核心，其运行状况对国民经济的运行具有显著影响力，当金融的运行适合经济运行时，金融会推动经济的发展，反之，则会阻碍乃至破坏经济的运行。由此，政府会监控金融的运行态势，以充分发挥金融对经济的正面作用，避免金融的不当运行给经济带来的危害。其次，调控金融业是政府调控宏观经济的最主要的手段和途径。政府调控宏观经济运行的主要手段是货币政策和财政政策，其中，货币政策“三大工具”（存款准备金、再贴现、公开市场业务操作）就是通过金融体系实施的。最后，金融业是一个高度风险的行业，从微观层面到宏观层面，都会因为风险的爆发而受到损害，并且这种危害会迅速传播到社会其他领域而危及整个经济体，甚至可能造成社会动荡，政府需要防范这种风险。因此，各国政府都高度监控本国的金融业，并且随着经济金融的国际一体化的深入发展，各国在对金融业的监管上加强了合作。

政府对金融业的监控主要是通过出台大量的法律和政策，并设立专门的监管机构加强对金融业的监管。金融业是政策和法律法规高度密集的行业之一，没有对有关金融的法律、政策较好的把握，没有较强的法制、政策意识，金融从业人员很难成为一个合格的金融职业者，很难有所作为和获得长远的发展。

2. 金融业对从业人员的政策、法制意识的要求。金融业是法律法规和政策高度密集的行业，对从业人员的政策、法制意识有较高的要求。

（1）银行业。从银行的业务种类看，目前我国商业银行的主要业务是吸收存款、发放贷款、办理转账结算。吸收存款，有《商业银行法》关于吸收存款的资格、存款人保护、存款利率规定、存款账户和现金管理、存款准备金等法律法规。商业银行发放贷款行为受到多种法律法规的约束，如借贷款主体资格的限制、贷款利率限制、贷款操作流程限制、贷款资金投向限制、担保的限制、票据操作的限制等，例如，我国法律法规明确规定，除非国家另有规定，商业银行在境内不得从事信托投资和证券经营业务，不可投资非自用不动产等；银行资金运作有资产负债比例管理规定与风险控制的约束；在贷款业务的操作上，对贷款的“三查制度”“审贷分离制度”“集体审批制度”等都进行了规范。

从过程看，各类法规规范贯穿银行各类业务的全过程。银行从业人员办理业务的过程就是一个法律过程，就是收集、制作、整理各类法律文件的过程。就拿商业银行对公客户经理来说，从寻找目标客户开始，就面临着法律的抉择：目标客户必须合法经营，要具有法人地位，才有可能在商业银行开户办理业务，成为我们的客户；营销成功后的第一步，就是客户在银行开户，在开户这个环节就会面临很多法律法规问题：基本账户只能在一家银行开立，开户需要查验客户相关证件原件，如开户许可证、营业执照、法人机构代码证、法定代表人授权委托书等，并留复印件，提交开户申请书，和客户签订账户管理协定，指引客户加盖一式多套预留印鉴卡，可见，仅开户这个环节就牵涉这么多的法律步骤和文件。

客户开户后，就可以为客户办理业务，主要是负债业务、资产业务、中间业务，也就是我们银行常说的“拉存款、放贷款、办理结算”，这些业务操作也都有相关的法律、法规进行规范。

如吸收客户存款，银行要监督客户资金来源的合法性，对于可疑资金要及时向上级和人民银行汇报，要提供对账、查询、保密等账户管理服务，银行要妥善保管并及时送达客户的对账单和回单（银行要尽量避免由该客户的客户经理递送对账单和回单，以防客户经理隐瞒账户信息，发生风险），这些都是客户进行账务处理和其他资信活动的重要法律依据。

客户的贷款业务更是和各项法律法规交织在一起，银行客户经理对这些法律、法规必须要有清醒的认识和全面的把握，这样才能和客户进行有效的、有分寸的沟通，从而高效率地推动业务的开展，才不至于做无用功，浪费自己和客户的时间和精力。如在客户贷款的资格条件方面，客户经理要能够清楚国家现行的关于银行信贷方面的政策（如在行业方面有鼓励性行业、限制性行业、禁入行业）、各家银行贷款政策等，才能做到有的放矢、有效地开展业务。

客户的贷款用途也是贷款业务中要考虑的一个关键问题。贷款用途必须合法、合理，在这个问题上，很多银行是有着惨痛教训的，相关银行工作人员也往往受到牵连。对于项目开发贷款，我国现行法规政策要求借款人必须要进行项目的可行性研究，还要出具环评报告，取得其上级部门和政府的相关批文才能开工建设，对于这类项目，银行必须在借款申请人办理了所有合法手续之后才能介入；在项目资金来源上，企业自有资金比例不得低于35%，银行贷款资金总额不能超过项目总资金的65%，并且根据项目的进展情况按比例投入，银行在贷款额度、资金使用上必须严格依法行事。

贷款的担保问题也是贷款操作中的重要和复杂的问题，操作稍有失误和不当，就会危及银行信贷资金的安全。根据我国《担保法》的规定，我国现行银行贷款原则上要求要提供担保，在对担保人资格、抵（质）押物的条件上都有明确要求，银行客户经理对这些条件要求要有把握，例如，学校、医院等公益事业单位不能对外提供担保，这在实际操作中会经常遇到。随着我国高校的不断扩招，各高校加大了基建的力度，而各级财政对高校的基建资金的投入普遍不足，于是各高校把寻求银行贷款作为解决资金不足的主要途径，这就有一个矛盾，高校作为借款主体，是难以提供有效担保的，第三方保证较难，而高校的资产也不能拿来抵押或质押，否则就是无效的，作为银行客户经理，如想开拓高校的资产业务，最可能寻求的就是信用贷款，那么，就需要我们作出判断，拟开拓的高校是否符合信用贷款条件。

担保贷款实施后，还有很多重要的法律环节需要掌控，否则，也会危及银行贷款资金的安全。例如，对借款人借款用途的监控，如果借款人挪用资金，即借款人没有按照贷款合同和担保合同指定的用途使用资金，而银行没有履行监控的义务，可能会引致第三方担保人对其担保责任的抗辩，影响银行信贷资金的安全。贷款即将到期，银行要及时向借款人发出“贷款到期通知书”，并取得对方的回执，贷款到期借款人没有按期还款的，银行要及时催收并通知第三方担保人，否则，也可能会引致第三方担保人抗辩，如果在追索有效期内（我国担保法规定为2年）银行不及时实施法律程序，银行将丧失对第三方担保人履行担保责任的请求权。还有，对于第三方保证贷款，选用一般责任保证还是连带责任保证方式也有着不同的法律含义，对银行贷款资金安全的保障程度也会有很大的不同。

以上只是对银行部分业务操作环节所牵涉的法律问题作举例说明，银行业务种类繁多，远不止于此，牵涉的法律、法规问题也伴随各类业务始终，没有对相关法律、法规、政策的透彻理解和把握，银行从业人员是很难有效开展业务的，这就要求我们有较强的政策、法制意识。

资料

常用银行业相关法律、法规、政策

《中华人民共和国中国人民银行法》《中华人民共和国银行业监督管理法》《中华人民共和国商业银行法》《中华人民共和国公司法》《中华人民共和国企业破产法》《中华人民共和国票据法》《中华人民共和国担保法》《中华人民共和国反洗钱法》《贷款通则》《人民币银行结算账户管理办法》《中华人民共和国外汇管理条例》《结汇、售汇及付汇管理规定》《银行外汇业务管理规定》，国际收支统计、申报的相关规定，外汇账户管理的相关规定，人民银行信贷查询系统的相关规定等。

（2）证券业。证券业也是法律、法规、政策密集规范的行业，对从业人员的政策、法制意识同样也有较高的要求。

经过几百年的发展，证券业对经济社会的渗入和推动作用日益加强，成为现代经济社会运转不可或缺的主要力量之一。证券市场的发展、各种证券交易工具的设计和运用是一个社会文明程度的标志，证券业的发展实质上就是各种与证券相关的法律、法规和政策的制定、不断完善和人们的法制意识不断强化的过程。像任何事物都有辩证的两面一样，证券业也是一把“双刃剑”，运用得不好，对社会具有危害作用，严重的话可导致金融、经济危机，甚至引发社会动荡。如美国20世纪20年代末股灾、1997年亚洲金融危机，进入21世纪，各国证券业不断爆发的规模、类型、危害程度不一的各类证券事件呈现有增无减的态势，证券丑闻不断，促使各国不断加强对证券业的法制规范和监管。

从证券的发行到交易、兑付，从证券投资者的投资行为到筹资者的信息披露、从证券监管者的监管行为到证券中介机构的各类中介业务行为，法律、法规均有明确细致的规范。如，证券的发行，各国法律对发行人的资格、发行的程序、信息披露都有严格的要求，证券从业人员在选择目标公司、对拟发行公司进行辅导包装的过程中必须要按照这些规范进行操作，才有可能取得业务的成功。再如，在从事证券经纪业务、委托理财业务中，要求证券公司不得承诺最低收益、客户保证金和自有资金分开、客户委托理财分账分人管理、不得挪用客户证券和资金、不得给客户提供融资融券服务等，还有对上市公司高管人员买卖自己公司股票的限制、上市公司信息披露的规定等。

近年来，我国证券业违法违规案件主要集中在上市公司信息披露、内幕交易、挪用客户资金、股价操纵等方面，案件发生频率、涉案金额、涉案人员均呈快速上升势头，给我国证券业的健康发展带来了严重的危害，也给我们每一个证券从业人员敲响了警钟。

据统计，自2002年以来，中国证监会共立案查处各类证券期货违法违规案件372件，作出行政处罚决定155件，市场禁入决定20件，责令整改通知书64件，对总计138家机构、686名个人进行了行政处罚及相关处理，发现涉嫌犯罪移送公安机关侦查案件76件。① 其中，“科龙电器”“银广夏”“南方证券”等案件涉案金额大、性质恶劣、社会影响大。

---

① 中国证监会. 创新执法体制，加强市场监督［EB］. 公告白皮书，2006（10）. 据中国证监会网站。

我国证券业作为金融业的一个有机组成部分，十年来的发展成就举世瞩目。随着其规模的不断扩大、社会影响的日益提高，如何对其进行规范便成了越来越受人关注的问题。尽管目前社会各界对证券市场的认识分歧比较大，但有一点却是共同的，那就是加强法治、依法运作。

由于证券市场的参与者是多方面的，因此，我们所说的“依法运作”也就有了多方面的具体内涵：对于投资者来说，就是要依法进行股票投资，通过正确认识自身的权利和义务，一方面有效地维护自身的利益，另一方面又要负担起自己应负的责任；对于上市公司来说，就是要依法经营，通过合理、合法的手段获取利润，不能靠损害广大中小投资者的权益来满足大股东或少数几个内部人的利益；对于证券公司、会计师事务所等经营、中介机构来说，就是要依法运作，不能为了谋求自身的利益而置现有的法律法规于不顾，通过损害他人甚至于整个证券市场的利益来达到自己的目的；对于监管部门来说，就是要依法行政，避免以“权”代“法”、随意监管、违法行政等不良现象的出现。

依法运作是以“懂法”为前提的，而要“懂法”就必须先“知法”“学法”。从我国证券市场目前的实际情况看，市场参与各方加强相关法律的学习非常重要。一些投资者疯狂投机、操纵市场，一些上市公司弄虚作假、欺骗股民，一些经营机构非法运作、牟取暴利，凡此种种都与相关人员法制意识淡薄、法律知识缺乏有着极为密切的关系。因此，“学法”对于他们来说，不仅非常重要，而且还十分迫切。

面对我国证券业的快速发展和遇到的问题，我国证券的法制法规建设也在加紧进行。《中华人民共和国证券法》和《中华人民共和国公司法》一起成为我国证券市场的基本大法，在此基础上，我国出台了众多规范证券业行为的法律法规，规范的对象包括证券的发行和交易、证券服务机构、上市公司、投资基金、期货债券等，明确规范了证券市场参与各方的法律关系、证券经营机构与投资者之间的法律关系、证券交易所与会员公司之间的法律关系、证券登记结算机构与结算会员之间的法律关系、电子交易法律问题、证券交易所的司法协助、证券交易所在诉讼中的地位及抗辩权、征集委托投票权、证券市场民事赔偿责任与中小投资者利益保护等。

证券业的高度发展对于从业人员的要求必然越来越高，具备较高的政策、法制意识是从业人员必备的素质，它对于从业人员自身的职业发展以及我国证券业可持续健康发展具有重要意义。

3. 提高政策、法制意识的途径。

（1）学习法律和政策，钻研业务。这是我们提高政策、法制意识的基础。

（2）运用法律和政策。严格要求自己按照法律和政策规定办事。

（3）多了解金融案例。注意关注国内外典型的金融案例，了解各类案例的原因、手段、后果，提高识别金融行为法律界限的能力，强化对金融违法违规行为后果的感性认识和警觉性。

（二）市场意识

1. 市场意识的含义与内容。市场意识是指金融从业人员以市场为导向，并始终使自己的职业行为与市场需求有机协调的自觉意识。具体包括以下几个方面：市场占有意识、市场导向意识、客户意识、服务质量意识、市场风险意识、市场约束意识、市场压力意识。

市场意识要求企业的经营管理要以市场为导向，视客户为上帝，注重产品质量、品牌形象和市场信誉。在日益激烈的竞争环境中，企业没有良好的市场意识，就难以生存和发展，金融业同样如此。市场意识表现在几个方面：产品设计和质量控制、营销和客户关系管理、内部管理。

在产品上，金融企业根据市场需求、有针对性地设计金融产品。如，商业银行推出的个人住房贷款带来了丰厚的利润和大量优质客户，这是商业银行顺应市场需求所推出的最成功的产品之一；针对居民财富的增长和投资意识增强、投资渠道多元化的市场形势，很多商业银行推出了各种理财产品，很多产品收益比传统定期存款利率高出50%以上，稳定了客户，扩大了资金来源。证券业的市场意识在产品上表现得更为明显，如，针对2006年以来我国股票市场进入大牛市行情，很多基金管理公司推出大量的偏股型基金。

在营销和客户关系管理上，金融企业树立“客户是上帝”“客户是我们的衣食父母”等理念，从客户的需要出发，寻求双方乃至多方利益共同点，力图实现“双赢”和“多赢”。只有理解客户的需求，设法满足客户的需求，才能赢得客户，赢得市场。只有符合双方共同的利益，金融企业和客户的合作才可能是稳定、长久的，金融企业才能得到实质性的成长。

在内部管理上，金融市场意识表现在金融企业的各项内部管理原则、机构设置、人力资源等以市场为标准，确立以市场部门和人员为核心资源的思想。当前，各金融机构均有“资源向市场一线倾斜，二线为一线服务”的管理特征，市场人员成为综合素质要求高、收入高、待遇高、提拔快、职业前景好的群体，可见，市场意识在金融机构的内部管理上逐步得到强化。

我国改革开放30年来，市场意识深入人心，但是，由于金融业长期处于垄断经营状态，金融企业、特别是国有银行和保险企业的市场意识仍较薄弱，始于20世纪80年代初的金融体制改革，逐步把原计划经济体制下的国有金融机构改制成“自主经营、自负盈亏、自求平衡、自担风险”的金融企业，但是，产权体制的不顺、人们观念的惯性，加之政府的保护和金融业的垄断性，我国国有金融机构市场意识还需要加强。

2. 强化市场意识的途径。

(1) 了解市场，理解客户。必须认识市场中未被满足的需要和趋势并能迅速作出反应，做到了解市场，心中有数，这就要求金融从业人员对市场进行细分，分辨出能为之服务的最具有吸引力的市场，确定目标市场。

(2) 建立广泛的信息渠道。市场瞬息万变，只有具有广泛的信息来源渠道，才能及时把握市场脉搏和市场先机。

二、服务、监督、效益意识

(一) 服务意识

金融业本身就属于服务行业，其产品就是各种服务，金融企业的职能、金融从业人员的人生价值也是通过其提供的服务实现的，同时，金融机构内部作为团队，也需要相互配合、相互服务，服务意识是基本的金融职业意识之一。

1. 服务意识的含义。服务意识是指人们基于对服务认识的基础上为他人或社会提供有经济价值的劳动的态度和责任感、荣誉感。服务意识决定了服务的态度、礼仪、质量、效率、服务环境的布置等，反过来，服务的态度、礼仪、质量、效率、服务环境的布置也体现了服务意识的强弱。

2. 良好的服务应具备的基本要素。西方对服务有个有趣的解释，基本上概括了良好的服务意识应具备的要素：服务就是SERVICE（本意亦是服务），其每个字母都有着丰富的含义：

S－Smile（微笑）：其含义是服务人员应该对每一位宾客提供微笑服务。

E－Excellent（出色）：其含义是服务人员应将每一个服务程序、每一个微小服务工作都做得很出色。

R－Ready（准备好）：其含义是服务人员应该随时准备好为宾客服务。

V－Viewing（看待）：其含义是服务人员应该将每一位宾客看做是需要提供优质服务的贵宾。

I－Inviting（邀请）：其含义是服务人员在每一次接待服务结束时，都应该显示出诚意和敬意，主动邀请宾客再次光临。

C－Creating（创造）：其含义是每一位服务人员应该想方设法精心创造出使宾客能享受其热情服务的氛围。

E－Eye（眼光）：其含义是每一位服务人员始终应该以热情友好的眼光关注宾客，适应宾客心理，预测宾客要求，及时提供有效的服务，使宾客时刻感受到服务员在关心自己。

上述服务要素对金融机构的窗口服务同样适用。如，商业银行对柜台服务制定了服务规范，使银行的柜台服务水平得到提高，改善了银行的形象。首先，商业银行改善了服务环境设施，提供大堂经理、叫号等待、自助设备、座椅休息、报刊、饮水、空调等设施，使得客户办理业务更加轻松；对柜员的着装、形象、语言作出要求，统一着装，微笑服务，礼貌用语；制定了银行柜员业务操作技能标准，达标上岗，提高了服务效率，减少差错。当然，也有部分银行机构柜台服务质量不尽如人意，顾客等待时间长，自助设备少，没有大堂经理引导，有的银行机构甚至没有叫号设备和座椅，顾客要长时间地站立排队。

案例分析

长期以来，我国银行存在排长队办理业务的现象，国有银行特别严重，反映了我国银行业的服务水平仍较低。2007年4月份，人民日报记者调查了北京商业银行办理业务排队的情况：从取号到办业务，在走访的4家国有银行网点中，记者的平均等待时间为85分钟，最短56分钟，最长167分钟；在5家股份制银行网点平均为35分钟，其中招商银行和北京银行分别为48分钟和47分钟。从记者拍摄的照片看，有些银行没有凳子、没有大堂经理引导、没有叫号机，很多人站立着、拥挤着。造成这种现象的原因之一即是银行的服务意识不强。

现代金融服务已超出柜台，表现出多渠道、多形式的特征，金融服务的时空大大延伸，服务的场所可以是客户的办公室、家里、工厂、工地、餐桌，时间也非常灵活，可以是八小时外、休息日，只要客户需要，金融机构的市场人员均可灵活安排，这是金融同业竞争和客户要求提高的结果。现代金融服务的新特征对金融从业人员工作的主动性、积极性、创造性提出了较高的要求，没有良好的服务意识，金融从业人员很难适应要求。

资料来源：人民日报，2007－04－02.

（二）监督意识

金融业是一个风险行业，风险点多，风险面广，风险损失后果一般较大，并具有传导性，除了政府立法规范和外部监管外，金融业的自律和内部风险控制措施对于防控金融风险同样具有至关重要的作用，国家法律法规对金融机构内部的监督制约机制也有规定，同时，金融机构对外部也具有监督的职能和义务。为此，金融机构在部门和岗位的设定上要求对内能够体现相互监督制约的机制，对外能够履行监督的职能和义务。金融从业人员需要具备较强的监督意识，才能保证内控机制的有效运转和对外监督职能的有效履行。

监督意识指金融从业人员根据相关法律法规和岗位职责要求，对他人业务行为的合法合规性进行监督的主动性、细致性、原则性和坚定性。对于他人的违规违法行为，金融从业人员要及时制止、指出和督促纠正，对于不听劝阻或性质严重的违规违法行为，要及时向上级汇报或举报。

金融机构内部的相互监督和制约的机构、岗位设置很普遍。各家金融机构均设有纪检部门、稽核部门，这两个部门监督检查本单位内部的经营管理行为，上级机构检查监督下级机构，同时，各部门和各岗位之间也具有相互监督的功能和职责要求。比如银行，账务处理的流程就是一个相互监督的过程，接柜、审单、记账、复核、事后监督，金库实行双人管库、双人守库、每日对账碰库、定期或不定期查库，形成了多层次的相互监督、相互制约的机制，信贷业务实行“审贷分离”制度，同一笔贷款的调查、审查和发放由不同的岗位实施，要求“双人调查”，审批实行“分级、集体审批”，通过这种设置，形成了对各种业务的全程监督。

案例分析

2001年，中国银行广东开平分行前后三任行长——许超凡、余振东、许国俊在长达10年的时间里，把大量银行资金转移到海外，总金额将近40亿元，竟然一直没有被人发现，案发后三名主要嫌疑人先后逃往美国和加拿大，虽然公安人员历经周折在2004年4月将余振东引渡回国，但银行方面的巨额亏空已然无法挽回，该案成为新中国成立以来最大的银行监守自盗案。

2005年，中国银行哈尔滨分行河松街支行原行长高山勾结外人，通过地下钱庄将存款转移到了境外，涉案的资金总额超过10亿元，此案成为新中国成立以来黑龙江省最大的金融诈骗案。

资料来源：www. cctv. com，2005－03－18.

金融机构不仅要完善内部的监督机制，同时还要履行对外的监督职能。我国人民银行、外汇管理局、银监会、证监会、保监会作为政府管理部门负责对整个金融业的监督管理，各商业性金融机构则在为社会提供金融服务的同时履行对外的监督义务，如银行对客户的账户管理、现金管理、反洗钱、外汇管理、信贷资金用途管理等。

金融业的这种内外监督机制的设置对于从业人员的监督意识提出了较高的要求。金融从业人员必须具备较强的监督意识，才能履行岗位职责，同时，具备较强的监督意识也是保护自身的需要。

资料

金融机构的重要监督义务——反洗钱

随着经济全球化、贸易自由化，国际金融活动更加活跃；与此同时，金融犯罪活动也更加猖獗，动辄即有数千亿美元“黑钱”在流动。“9·11”之后，恐怖组织通过金融体系跨境跨国融资，已成为国际关注话题。中国先后签署并批准了联合国《禁毒公约》《打击跨国有组织犯罪公约》《制止向恐怖主义融资公约》和《反腐败公约》等一系列与反洗钱及反恐融资领域相关的国际公约；在《刑法》中明确规定了“洗钱罪”；发布了《反洗钱法》《金融机构反洗钱规定》《人民币大额和可疑支付交易报告管理办法》《金融机构大额和可疑外汇资金交易报告管理办法》等金融机构反洗钱规章，建立了金融机构的客户识别尽职调查程式、交易记录保存制度和金融机构大额和可疑交易报告制度。以上法律法规赋予了金融机构监控各类资金账户、反洗钱的义务。如规定金融机构对大额交易与可疑交易要及时报告。《人民币大额和可疑支付交易报告管理办法》对其范围作出了具体规定。所谓大额支付交易，是指法人、其他组织和个体工商户之间金额100万元以上的单笔转账支付；金额20万元以上的单笔现金收付，包括现金缴存、现金支取和现金汇款等；个人银行结算账户之间以及个人银行结算账户与单位银行结算账户之间金额20万元以上的款项划转。如果市民个人账户短期内（10个营业日）累计发生100万元以上现金收付，就会被银行列入可疑资金交易——央行将相同收付款人之间短期内频繁发生资金收付、存取现金的数额、频率及用途与其正常现金收付明显不符等15种行为，划定为可疑。

金融从业人员如何提高监督意识呢？首先，认真学习与金融相关的法律、法规和岗位职责，熟悉业务流程，提高风险点的识别能力；其次，敢于制止、纠正他人的违法违规行为，不要碍于情面或上级压力；最后，培养和提高观察、分析、判断事物的能力，处理业务做到细致、耐心。

（三）竞争、协同、创新意识

1. 竞争意识。竞争意识是指人们对外界活动所作出的一切积极、奋发、不甘落后的心理反应，是人生存的本能反应。后天的生长环境和教育对人的竞争意识具有重要影响。

现代社会，竞争无处不在，如学习、升学、求职、升职、择偶等，职业竞争是现代竞争的主要内容。社会经济的发展使得人们对金融服务的需求快速增长，但同时，金融机构的数量和金融从业人员也在迅速膨胀，金融业产品具有较强的同质性，在我国尤其如此，这导致金融业的竞争日趋激烈，优胜劣汰的法则对于金融行业同样适用，金融业面临的竞争压力与日俱增。这种竞争不仅在金融同业之间展开，金融机构内部竞争也同样激烈，这种竞争的压力是从外部向内部传递的，造成金融机构内部不同分支机构、同一分支机构的不同部门、同一部门内各员工之间都形成了一种竞争的态势。有些金融机构管理机构会定期对下属各分支机构的各类业务量进行排名，开会时各分支机构的负责人的座位排次也按照其业务排名排定，每年还要实行末位淘汰，这种竞争态势可以说是惨烈，但这并不是金融机构刻意为之，而是不得已而为之，这也是市场竞争的必然结果，这种竞争的压力必然会体现在每一位从业人员的身上。各分支机构负责人对其下属机构和人员也会如法施行。无论对金融机构还是对金融业的从业人员来说，要想较好地生存和发展，必须要提高竞争意识和竞争能力。

那么，如何提高竞争意识呢？

第一，提高产品竞争意识。金融产品具有同质性，但是，银行还是可以通过适当的差异化增强自身产品的特色，提高对客户的吸引力。银行由于受到严格的监管，其产品同质性较强，各家银行的产品基本分为存款、贷款、结算三大类，各产品的操作规范、价格（比如存贷款利率、中间业务手续费率）基本由人民银行统一规定，产品差异化空间小，但并不意味着无法对产品进行差异化处理。

第二，加强服务竞争意识。金融业属于服务行业，金融业的存在和发展有赖于经济的发展，是服务于现代社会经济的，服务是金融业的价值所在。金融产品其实就是服务，提供金融产品，也就是提供各种金融服务，竞争力的高低在金融服务中得到体现，寓于金融服务之中，因此要求金融从业人员提高服务竞争意识。

第三，提高市场营销竞争意识。市场营销已成为现代金融业竞争的主要手段之一，竞争意识的强弱直接体现在金融业市场营销水平的高低上。越来越多的金融企业出现在城市的大型户外广告牌、电视的黄金时段广告、报纸广告及其他各种媒体广告上，银行、证券的客户经理、保险代理人想方设法拉业务，当然，不能把市场营销简单地理解为推销或做广告，推销或销售只不过是市场营销中的一部分功能。市场营销是指一个企业为适应和满足消费者的需求，从产品开发、定价、宣传推广到将产品从生产者送达消费者，再将消费者的意见反馈回企业的整体企业活动。

案例分析

招商银行——精心打造个人业务品牌

未来银行的竞争，个人业务将成为焦点。随着我国个人可支配财富的增长和人们金融意识的不断提高，和对公业务相比，个人银行业务在增长速度、稳定性、利润贡献度上都表现出了很多独到的优势，各家商业银行在个人业务上展开了日益激烈的争夺。在个人业务的开拓方面，招商银行走到了其他银行的前面。

早在 1996 年银行卡还不能实现通存通兑的时候，招商银行率先实现储蓄全国通存通兑，吸引了大量的经常外出的客户；招商银行作为股份制商业银行，由于其网点少，不利于其储蓄业务的发展，因此，招商银行早在 1997 年就率先推出了真正意义上的网上银行服务，在网上对公和对私业务上一直都走在国内银行业的最前面，使得客户足不出户就可以办理各种“非现金业务”，如查询、转账、汇款、支付、网上购物、网上手机充值等，对年轻知识阶层、高端白领、中小企业主等具有很强的吸引力，招商银行通过其颇具特色的产品提高了自身的竞争力。目前，在我国，招商银行的个人业务、个人储蓄存款占有整个业务的半壁江山，这是其他股份制商业银行无法比肩的优势。

资料来源：招商银行网站 http://www.cmbchina.com.

2. 协同意识。协同意识，也称团队精神。社会分工的不断细化要求人们的生产活动在紧密的协作配合中进行。金融业的岗位划分越来越细致，一个业务往往需要多个岗位协作配合才能完成，这就要求金融从业人员具有良好的协同意识。

良好的协同意识不仅是不同岗位协作完成各项业务的需要，团队成员的精神面貌、协同意识对于团队的竞争力具有重要影响。良好的协同意识会形成一种好的团队氛围，有利于团队的发展，激励团队士气，提高团队的效率和战斗力，而相互推诿、猜疑、消极颓废的氛围则不利于团队的发展，在激烈的金融同业市场竞争中处于不利的地位。

对于个人来说，具有良好的协同意识对于个人的长远发展也具有重要意义。一个人具备良好的协同意识，有利于融入一个团队，得到别人的认可，也才能够更好地得到别人的协助配合；有利于激发自己的责任感，督促自己高质量地完成工作任务，因为作为一个金融团队，每个人的工作任务往往是一个业务流程的某个环节，这个环节工作任务完成得好坏会影响到整个业务的质量，甚至关乎团队全局的重要利益，良好的协同意识会使个人深刻地认识到这个问题并激发其动力，同时，个人的工作效果和业绩也会体现，也有利于个人的发展。

协同意识不仅表现在金融工作不同环节的协作配合上，同时还表现在同一环节的团队配合上，这就要求从业人员在开展金融工作时能够各施所长、取长补短、相互帮助、互相激励，共同完成某项工作任务。在日益强调团队作战的今天，这种协同意识也是非常重要的，对团队和个人的发展同样具有重要意义。比如银行信贷业务市场开拓，现在各家商业银行均以支行为业务单位，支行设立以支行行长为首的公司业务部作为营销团队，公司业务部设有经理、综合岗位和6~10人的公司客户经理，有一定程度的分工，但主要是每个人均有自己的营销任务，即使如此，对同一目标进行营销时，团队配合也很重要，在现实操作中也很普遍地表现出团队配合的趋势，客户经理寻找目标并做一些前期的营销工作，在和客户达成合作意向或谈到实质性关键环节时，行长出面和客户交流、敲定更有效，一般情况下，行长的“资源”比较多，信息来源比较广，潜在的客户较多，但行长的时间、精力有限，行长会把他的很多“资源”介绍给客户经理“跟”，这样做下来的客户，业绩上客户经理也有份，这种上、下级的配合在商业银行的市场开拓中很常见，实际效果也比较理想，而过去的那种各自为战、散兵游勇式的营销则难成气候。

金融从业人员可以从以下几个方面提高自身的协同意识：

第一，明确自己岗位职责、熟悉各主要业务的操作流程是提高协同意识的基础。金融从业人员必须明白自己在团队中的角色，给自己一个明确的定位和目标，这样才能履行自己的职责，有效地配合其他团队成员，在团队的发展中发挥积极作用。

第二，和其他团队成员包括领导保持良好的沟通和融洽的人际关系是提高协同意识的必要条件。协同是一种互动，只有良好的沟通，团队成员间才能理解对方的需求，才能有效配合，才能及时地调整个别成员的不利行为，而融洽的人际关系能够保持团队成员间的友好氛围，让团队成员在友好、愉快、乐于互助的环境中协同进取。

第三，处理好个人和集体利益的关系。个人和集体的利益关系是老生常谈的问题，今天拿来讨论依然具有重要的现实意义。现代金融业的考核制度日益完善、细致，考核指标到人，金融从业人员面临的考核压力越来越大，这样容易造成部分从业人员“事不关己，高高挂起”的个人主义，甚至把个人利益凌驾于集体利益之上。必须指出，即使在今天，这种个人主义也是十分有害的，其结果害人害己。现代金融业的服务水平、竞争能力明显提高，这是团队努力的结果，任何一项金融业务都不是某一个人或某一个岗位能够单独完成的。如汽车保险，买保险时是保险业务员提供服务，当汽车出现事故需要向保险公司索赔时，就由保险公司的理赔人员负责查勘现场、通知汽车修理厂定损，理赔人员核定损失后，通知维修，然后办理理赔手续。在这个例子中，汽车保险客户是保险业务员的业绩，该客户索赔时，则由保险公司的理赔人员办理手续，优质的理赔服务关乎保险业务员的后续业绩和保险公司的声誉及长远利益，但是却难以量化到对理赔人员的考核上，理赔人员如果没有良好的协同意识，则难以优质高效地完成理赔服务，危害集体的利益，也无益于自身。

3. 创新意识。20 世纪 70 年代以来，在世界范围内掀起了金融自由化改革浪潮和金融创新的实践。创新是企业的生命，金融业作为一个特殊行业，其创新从来没有停止过，这既是金融业适应经济环境的需要，也是社会发展对金融业的客观要求。随着经济全球化、金融自由化进程的加速，以及科技进步，金融创新的速度也日益加快，金融从业人员的创新意识显著增强。

（1）金融创新的含义。金融创新就其实质来说，就是为了提高和改善金融资源分配效率，在金融交易结构、交易制度、交易组织、交易技术、交易工具和交易方法等方面发生的创新和变革。

（2）金融创新的原因。

第一，规避风险是金融创新的重要动因。进入 20 世纪 90 年代后，一方面，随着国际金融市场一体化的不断发展，国家之间经济金融联系越来越密切，在一国所发生的经济金融动荡和危机不可避免地会波及其他国家，比如 1994 年的墨西哥比索危机、1997 年的亚洲金融危机等，都对其他国家产生了连带影响。另一方面，由于国际资本流动带来的冲击，国际金融市场的动荡加剧了，在此背景下，金融机构为了防范和化解金融风险，不断要求开发新业务，创新金融工具，使金融创新在 90 年代后十分活跃。而风险防范的重点则从利率风险转移到汇率风险、信用风险等。

第二，以规避金融管制为特征的金融创新转变为以金融监管主体主动推动为特征的金融创新。20 世纪 90 年代以前发生的金融创新大多以金融机构规避金融管制为特征，而今天的金融创新则以金融监管推动为特征。世界各国特别是发达国家金融改革如火如荼，金融市场监管主体不再墨守成规，而是积极顺应世界经济金融发展趋势的客观要求，大胆进行金融改革，比如英国 1986 年金融“大爆炸”的伦敦金融改革、美国对商业银行和存款机构的放松管制，日本近年连续推出的金融自由化改革等。

第三，金融竞争是金融创新的重要原因。在金融创新过程中，提高创新者的市场竞争能力始终是创新的重要动力。20 世纪 30 年代以来，商业银行一直是最重要的金融机构，金融管制也主要以银行业为对象，商业银行与非银行金融机构界限分明。然而 70 年代后，一是为了突破利率管制需要，二是为了吸收日益增加的民间储蓄，非银行金融机构大量增加，且其业务在金融机构中所占份额逐渐上升。非银行金融机构的成长使之与商业银行之间竞争越来越激烈，二者的界限也正在逐渐消失，金融创新成为商业银行与非银行金融机构的主要筹码。

第四，金融技术在金融创新中的地位越来越居于突出重要的地位。20 世纪 90 年代之前，金融创新的技术推动特征还不十分明显，虽然信用卡、电子转账技术已经得到推广与应用，但技术因素似乎仍然只是金融创新的手段和工具。进入 90 年代以后，电子计算机技术，特别是网络技术的迅猛发展和广泛应用，使得金融技术因素不仅成为金融创新的手段，而且成为推动金融创新的强大压力和巨大动力。

金融创新是金融经济迅速发展的内在要求，它反映了金融资源供给与需求双方不断变化着的市场供求关系，反映了金融资源分配效率的不断提高。

（3）提高金融创新意识的意义。

第一，提高金融创新意识是提升我国金融业效率、防控金融风险的主要途径。我国金融改革开放一直在稳步推进之中，金融效率逐步提高，金融风险防控力度逐步加强，但是，我国金融业在发展中也暴露出了很多突出的矛盾和问题，这些问题解决得如何直接关系到我国金融业的安全和可持续发展。如，资产证券化对于解决我国银行不良资产偏高问题、降低商业银行体系运行负担和成本、提高银行资产的流动性等均具有重要意义。

第二，提高创新意识是提升我国金融机构竞争力，应对金融对外开放的必然要求。2006 年 12 月 11 日，中国加入世界贸易组织 5 年保护期结束，中国金融业全面开放，中国向外资银行全面开放人民币零售业务。与外资银行相比，中资银行创新方面差距非常大，仅花旗银行一家，从 1996 年起，已经不动声色地在中国申请了 19 项金融产品的“商业方法类”的发明专利。中资银行几乎没有金融产品的发明专利，主要是一些“实用新型”和“外观专利”，如点钞机、保险柜等。加入世界贸易组织以后，国内的银行业有很大的改善和进步，比如增加了很多金融产品，用卡的环境变化很大。但是，和国际上的大银行相比，还存在很大差异。这个差距不是在“硬”的方面，因为我们的产品并不少，而是在“软”的方面，也就是服务的品质和深度不行。

第三，提高金融创新意识是我国金融发展的动力之源。从世界各国金融业的发展来考察，金融发展的主要推动力来自于两个方面：其一是改革推动；其二就是创新推动。我国银行业在由计划经济向市场经济转轨的过程中取得了前所未有的加速发展，主要归功于体制转换和改革政策的推动。但是，在新的世纪里，金融发展中改革政策因素、体制转换因素的推动力将逐渐减弱，中国金融发展必须依靠新的动力——金融创新。

第二节 金融职业责任

金融职业责任是由金融的功能决定的，它包括金融从业人员对自己、对所供职的金融企业、对客户、对社会的责任和义务，并且和从业人员的人生责任密切关联。

一、人生责任与金融职业责任

（一）人生责任

人生的过程是一个不断索取和不断付出的过程，我们吃的粮食、穿的衣服、享受的教育是社会其他人的劳动，同时，我们每个人也担负着多种不同的人生责任，按责任对象划分，包括对自己、家庭、父母、职业、社会的责任。

人基本的人生责任是对自己的责任。一个人只有对自己负责，保持自爱、自尊、自重、自立的人格特征，才有可能承担起其他的人生责任，即我们通常所说的“一个人只有对自己负责，才有可能对其他人负责”。对自己负责，首先，我们要关爱自身身心健康、珍惜生命。父母给了我们生命，家庭和社会抚育了我们，在我们身上凝聚了父母和社会的爱和汗水。

自爱、自重，保持自己的身心健康，既是对自己的责任，同时也是对社会的责任。我们没有理由不珍惜它、甚至摧残它，那是一种极不负责任的行为。在这一点上，很多人存在错误观念，认为身体、生命是自己的，不关其他人的事，不关爱自身，有的甚至轻生，这不但伤害了自己，也伤害了亲人，并给社会造成损失。保持健康的身心，是我们担负起其他人生责任的基础。其次，对自己负责还表现在自尊、自立上。自尊、自立是我们履行人生责任、奉献社会、成为一个有价值的人的基本动力。一个自尊、自立的人，会通过自己的努力赢得别人的尊重，获得自己的生存和发展空间。一个人获得他人的尊重的程度和履行自己的人生责任的程度是高度相关的。

人在社会上承担着多重角色，如父母、子女、丈夫、妻子、员工、老板、领导、下属、教师、学生等，这多重角色也规定了其多重的人生责任，为人父母者，承担着养育子女的责任，为人子女者，在父母和社会的帮助下承担着健康成长、努力学习、孝顺父母的责任，当父母年老时，要承担起赡养父母的责任，作为丈夫和妻子，承担的是相互关爱、忠贞、营造温馨家庭的责任，作为单位的员工，承担的是履行职责、为单位和社会创造价值的责任，老板承担的是企业风险和企业的社会价值的责任，领导要通过有效的管理带领企业和员工运转，下属要履行岗位职责和服从工作安排，教师教书育人，学生则要努力学习、健康成长。

面对多重的人生角色和责任，我们要有正确的认识。有人说，做人真累，要承担这么多的责任；有人说，我是爸爸的儿子、妻子的丈夫、领导的下属，那么，究竟我是谁，迷失了自己。这种认识是不正确的，是对人生意义、人生责任的一种错误理解。在人类思想史上，马克思第一次对人的本质作出科学界定。马克思关于人的本质的思想主要有三个命题：一是“劳动或实践是人的本质”，二是“人的本质是一切社会关系的总和”，三是“人的需要即人的本质”。从某种意义上说，人的价值就体现在对自己人生责任的履行上，只有通过不断地履行自己的人生责任，我们才能够体验人生的温情、亲情、工作的快乐、创造的快乐、得到社会认可的幸福，使自己的聪明才智得以体现，才能真正实现自己的人生价值，使自己有限的人生变得丰富、充实。

（二）金融职业责任

对于金融从业人员来说，金融职业责任是其人生责任不可分割的一部分。金融职业责任是由金融的功能决定的，它包括金融从业人员对自己、对所供职的金融企业、对客户、对社会的责任、义务，主要有以下几个方面：

1. 诚信责任。金融业就是经营信用的行业，信用的运转依赖的是诚信，诚信是金融业的基础。诚信是现代社会基本道德规范，人无信不立，社会没有诚信将难以正常运转。相比于一般行业，金融业是用别人的钱来赚钱的行业，中间是长长的委托—代理链条。这一特性使金融业对诚信更加依赖。而金融从业人员的特性也与一般行业不同，最重要的首先不是他的业务素质，不是智商和情商，而是诚信的品质。在所有的行业中，诚信品质都非常重要，但对于金融从业人员来说最为重要。进入21世纪，金融诚信问题依然面临严峻挑战，金融丑闻一而再、再而三地发生，给经济金融的安全运行、社会的诚信环境带来严重危害，这不断地警示我们，金融业不同于一般企业，对于金融业来说，诚信是非常重要的，而金融从业人员的诚信品质是第一位的。在日益强调诚信的今天，人们的诚信意识依然有待强化，社会诚信依然受到挑战，构建诚信社会、弘扬诚信文化是文明社会的迫切建设任务和重要标志之一。

案例分析

诚信危机——美国安然公司的倒闭

安然有限公司是一家位于美国得克萨斯州休斯敦市的能源类公司，在纽约证券交易所上市，股票代码：ENRNQ。安然公司是美国最大的能源公司之一，在全球500强企业中排名第7位，总资产为620亿美元，业务遍及40多个国家和地区，拥有约21000名雇员，2000年披露的营业额达1010亿美元之巨。《财富》杂志自1996年到2001年，持续6年将安然评为“美国最具创新精神公司”，2000年安然更被该杂志评为“全美100最佳雇主”。然而，2001年12月2日，该公司申请破产保护，成为美国历史上最大的破产案。

早在1987年，安然公司就开始做假账虚增利润、进行股票内幕交易、违法避税。2002年1月9日，美国司法部宣布对安然进行罪案调查，发现安然公司通过与“特定目的公司”进行关联交易来虚增营业额和利润，而这些“特定目的公司”都是由安然实际控制的。这些关联交易导致公司的许多经营亏损未在财务报表中披露。安然问题的不断揭露使得安然的股价一路由90美元下滑至30美分。由于安然股票历来被视为蓝筹股，因此这对金融市场造成了史无前例的毁灭性打击。2005年12月28日，安然公司前首席会计师向法庭认罪，承认犯有证券欺诈罪。他被判7年监禁，并处罚金125万美元。2006年1月，美国法院对安然公司创始人、前董事长和前首席执行官在公司丑闻中的作为进行审判，一同受审的还有公司前财务总监。起诉书长达65页，涉及53项指控，包括骗贷、财务造假、证券欺诈、电邮欺诈、策划并参与洗钱、内部违规交易等。为安然服务的著名五大国际会计事务所之一的安达信被诉妨碍司法公正，并因此倒闭，更由此引出另一电信巨头世通（WorldCom，世界通讯）公司的丑闻，随后世通公司宣告破产，取代安然成为历史上最大的倒闭案。花旗集团、摩根大通、美国银行等也因涉嫌财务欺诈，向安然破产的受害者分别支付了20亿、22亿和6900万美元的赔偿金。安然事件导致了《萨班斯—奥克斯利法案》的产生，该法案被视为自20世纪30年代以来美国证券法最重要的修改。

资料来源：根据新浪网及侯申华的《诚信恐慌》（北京：中华工商联合出版社，2004）部分内容整理。

相对于美国等西方发达国家，我国的诚信制度和社会的诚信意识更加落后，我国金融从业人员担负着构建诚信金融、推进社会诚信的重任。

诚信建设对于我国金融业的稳健运行和发展具有重要意义。长期以来由于诚信的相对缺失而给我国金融业带来了巨大的风险，众多“老赖型”企业拖欠银行大量的贷款，使我国银行贷款的不良率长期居高不下，股票市场的欺诈、操纵行为成为股市大起大落的重要推手，给广大投资者带来了损失，阻碍了我国股市的健康发展。

随着我国金融深化的推进，社会经济、金融的运行对诚信的依赖度加深，客观上需要进一步加大社会诚信的建设。这一点在金融业的表现更加明显。如，我国征信体系的建设速度很快，并已在银行信贷中得到了很好的利用。人民银行已开通“银行信贷查询系统”，各商业银行可以通过该系统查询借款企业在各家银行的借款情况，某企业在某家商业银行有不良贷款记录，则其他银行可以一目了然地查询到，这样就可以有效避免过度多头贷款、甚至多头骗贷情况的发生。我国的个人征信系统建设也步入了快车道（又称“个人信用信息基础数据库”），已在多个省市区联网运行。

个人征信系统是由中国人民银行组织各商业银行建立的个人信用信息共享平台，该系统通过采集、整理、保存个人信用信息，为金融机构提供个人信用状况查询服务，并为货币政策和金融监管提供有关信息服务。全国统一的企业和个人信用信息基础数据库的建设目标是在很短时间内基本形成覆盖全国的基础信用信息服务的网络。这个基础数据库首先将依法采集和保存全国银行信贷信用信息，主要包括企业和个人在商业银行的借款、抵押、担保数据以及身份验证信息，在此基础上，逐步扩大到保险、证券、工商等，形成覆盖全国的基础信用信息服务网络。该系统首先向商业银行提供企业和个人信用信息的查询服务，满足商业银行对信贷征信的需求；同时依法服务于其他部门的征信需要，并依法逐步向有合格资质的其他征信机构开放，对我国诚信建设具有重要意义。

诚信是金融从业人员首要的职业责任，是立业之本，而且，金融业对从业人员的诚信责任有着更高的要求。一个社会的诚信环境是金融业运行的基础，金融从业人员对诚信责任的践行是金融业安全稳健运行的关键环节。金融业内部人员诚信出问题，可能会对金融业造成严重危害，并且波及范围较广，影响社会声誉，也给社会诚信造成恶劣影响。因金融业内部人出问题而给社会带来严重损失的案例举不胜举，近年有愈演愈烈之势，各国在加强外部监管的同时，也要求各类金融机构强化内部控制制度，防范金融业内部人的诚信问题。

2. 服务责任。金融业属于服务行业，其提供的产品即是各种服务，为客户和社会提供优质高效的金融服务是金融从业人员的职业责任。金融业的社会价值和功能通过服务得以实现，金融从业人员通过服务履行自己的职业使命。

3. 金融深化责任。金融深化程度是社会进步程度的表现之一，现代经济已进入金融经济时代，金融对经济渗入的程度日益加深，对经济的推动作用也日益加强，同时，金融业本身也日益繁荣。我国金融业和我国的经济一样保持着高速的增长，金融深化大幅提高，但是，金融深化水平尚不够，经济的发展需要金融业提供更有效率的金融服务，在这个过程中，金融从业人员承担着进一步推动金融深化、繁荣经济、繁荣金融业的责任。

4. 风险防控责任。金融业是一个高风险行业，金融从业人员处于金融风险的第一线，防控风险是每一个金融从业人员必要责任。

（三）人生责任与金融职业责任

金融职业责任是金融从业人员人生责任的重要组成部分，全面履行人生责任的重要前提是履行自己的职业责任，在众多的人生责任中，职业责任具有特殊重要的地位，只有较好地履行了职业责任，才有可能充分地履行其他的人生责任。

二、履行金融职业责任

选择了金融职业，就选择了金融职业责任，从此，履行金融职业责任就成了金融从业人员人生的重要组成部分，只有较好地履行了金融职业责任，才能使自己的事业有所进步，使自己的人生价值得以实现，才能赢得他人和社会的尊重，因此，履行金融职业责任，既是金融从业人员人生的重要内容，也是其人生的重要动力。

那么，如何更好地履行金融职业责任呢？

第一，认知金融业。只有很好地理解了自己所从事的行业，知道该行业的价值所在、进取方向、职业前景、行业规则等，才有可能热爱这个行业，有足够的动力履行职业赋予自己的责任。

第二，按照金融职业道德规范的要求严格要求自己，保持良好的职业操守。

第三，培育树立良好的职业意识，自觉地将之运用到自己的日常工作中。

第四，保持进取心态，树立金融职业理想。

第五，履行金融职业责任，要有使命感、责任感、自豪感。

本章小结

社会的不断变革在影响和改变着我们每一个人，人生的理想、价值实现的渴望、竞争的压力和动力交织着，对于身处变革和竞争更加激烈的金融业的从业人员来说，唯有与时俱进、保持良好的职业意识、切实履行自己的职业责任，才能适应时代发展和金融职业的要求，为全面履行自己的人生责任、实现人生价值打下基础。

思　考　题

1. 金融从业人员为什么要具备较强的政策、法制意识？
2. 请关注我国反洗钱动态，并举一个典型的反洗钱案例。
3. 金融从业人员如何提高自己的协同意识？
4. 请谈谈创新意识对于金融业的意义。
5. 如何履行金融职业责任？

主要参考文献

［1］魏磊．金融道德文化教程［M］．北京：中国金融出版社，1998.
［2］侯申华．诚信恐慌［M］．北京：中华工商联合出版社，2004.

第八章

金融职业道德节操与修养

JINRONG ZHIYE DAODE JIECAO YU XINGYAN

【学习目的与要求】

通过本章学习，使学生了解金融职业道德范畴的基本内容，正确把握作为一名金融从业人员应树立怎样的善恶观、义务观、良心观、荣誉观以及幸福观；在以后的实际工作中，能够坚守金融从业人员的职业节操，把握正确的道德修养的途径，追求金融职业道德修养的“至善”境界。

金融职业道德范畴，是反映金融职业活动中最本质、最普遍的道德关系和行为调节方向的基本概念。金融职业道德范畴如善与恶、义务、良心、荣誉、幸福等，是金融职业道德规范体系的重要组成部分，是金融职业道德关系的反映，体现了当今社会对金融职业道德规范的要求。金融职业道德范畴是金融职业道德原则的体现，积极实践金融职业道德范畴，可以帮助金融从业人员认识和理解金融职业道德现象，提高自身的职业道德节操与修养。

金融职业道德节操是指金融从业人员在道德品质方面的坚定性和坚持性，它是金融从业人员在职业活动中立身处世的标准。金融职业道德修养是金融从业人员依据金融职业道德要求，对其职业道德品质的自我改造和自我完善。

社会主义金融职业道德建设的终极目标就是培养具有高尚职业道德节操与修养的金融从业人员，并在金融实践中加以贯彻，在此基础上实现金融行业与社会风气的净化。金融从业人员只有积极践行金融职业道德的要求，把外在的道德要求转化为内心的道德信念，才能更好地为本行业、为现代化建设服务。

第一节 金融职业道德范畴

一、善与恶

（一）善与恶的内涵

善与恶是人类永恒的话题，在社会生活中，每个人都会根据一定的道德观念、道德意识形态去评价自己和他人的行为，形成一定的善恶观。所谓善恶观，就是由人们的物质生活决定的，并在社会生活实践中形成的对于人的行为或事件进行善恶评价的根本观点。在不同的历史时期，由于人们社会地位、阶级观念、文化水平的不同，会形成不同的善恶观念。

马克思主义认为，人类社会中的善恶观念，是个人利益和社会利益之间行为选择的结果，是人类社会历史的产物。所谓善，是指符合一定道德原则和行为规范的行为或事件，善的定义包含行为与价值两部分。

从善的本质来看，它是一种旨在让人们生活得更美好的利他行为，善行是美好的品行，慈善的举动，这和善的本质是相契合的。从善的现实意义来说，善具有实实在在的社会价值，善能够帮助社会受益者，解决他们的问题，使人类生活得更幸福。善还能够产生良好的社会效益，感化人们的心灵，形成良好的社会风尚。

恶是与善相对立的范畴，是指违背一定道德原则和规范的行为或事件。恶产生于人的利己本能与利他本能的失度。不能正确把握利己与利他的分寸，就是恶的根源，换言之，恶的根源就在于处理不好个人利益与他人利益的关系。

（二）金融职业道德善恶观的培养

1. 加强理论学习，培养正确的善恶观。马克思主义认为，评价人们行为善恶的标准，就是是否有利于最大多数人的利益，是否有利于社会的进步与发展。在我国，评价一个单位、一个部门、一个人是非得失的标准是"三个有利于"，即"是否有利于发展社会主义的生产力，是否有利于提高社会主义的综合国力，是否有利于提高人民的生活水平"。符合"三个有利于"的行为就是善，反之就是恶。对金融从业人员来讲，与社会主义市场经济、集体主义相符合的道德范畴，如公平竞争、诚实守信、爱岗敬业等行为就是善；而极端个人主义、见利忘义、损公肥私的行为就是恶。

加强理论学习，是培养正确善恶观的重要途径。学习优秀伦理道德知识，接受一切善的事物的熏陶，有助于培养善的行为。金融从业人员要树立正确的善恶观，必须坚持马克思主义善恶观的指导。在学习和实践过程中，不断提高自己的鉴别力，改造自己的主观世界。此外，学习不仅表现为对善的理论知识的学习，更重要的是要在丰富的生活中学习。向一切好的事物学习，向善的榜样学习。

2. 勿以善小而不为，勿以恶小而为之。"勿以善小而不为，勿以恶小而为之"是三国时期刘备临终前嘱咐他的儿子的一句话，意思是说，不要因为好事影响小就不去做，也不要因为坏事影响小就去做。这句话在今天仍具有指导意义。

勿以善小而不为。一滴水可以折射出太阳的光辉，一件好事可以看出一个人高尚纯洁的心灵。在工作中，轻视平凡的好的小事，就不会作出伟大的业绩。千百年来，古人有许多强调"做小事"的重要性的名言警句：集腋成裘、聚沙成塔。从小事做起，从点滴做起，在平凡中不断培养高尚的品德。

勿以恶小而为之。一个人犯错误，也往往是从并不起眼的小事开始的。俗话说"千里之堤，溃于蚁穴"，讲的就是这个道理。坏事虽小，但它能腐蚀一个人的灵魂，日积月累，量变会导致质变，最后跌进犯罪的泥坑，成为可耻的罪人。如果金融从业人员平时不注意自己的道德修养，久而久之就会养成一身坏习气，如果依然我行我素，不防微杜渐加以改正，就会发展到违纪违法，最终受到法律的制裁。

3. 严于解剖自己。鲁迅先生在《坟·写在〈坟〉后面》说过：“我的确时时解剖别人，然而更多的是更无情面地解剖我自己。”所谓严于解剖自己，就是进行认真的而不是敷衍的自我批评。这种自我批评不是在外在社会舆论的压力下被迫作出的，而是经常自觉进行的一种自身修养。

在现实生活中，我们要做到时时为善，处处行善是很不容易的，因为我们经常会受到利益的诱惑。只有通过自省、自我解剖，才能克制自身过分的欲望和私利。曾子有句名言：“吾日三省吾身。”（《论语·学而》）意思是说一天之中要多次反省自己的言行。抛开曾子反省的具体内容，对于这种自我反省的修养方法，我们还是有必要继承的。

二、义务

（一）义务、道德义务与金融职业道德义务

义务是指个人对社会，对他人应尽的职责。人是社会的动物，每个人都必须和其他人共同合作才能谋生存、求发展。在群体中，如何调节自己的行动以便和其他人友好合作，和整个群体和谐相处，这对每个人来说，无论在认识上还是实践中，都是必须解决好的大问题。

所谓道德义务，是指人们在一定的内心信念和道德责任感的支配下，自觉履行的对社会和对他人的义务。金融职业道德义务是指金融从业人员在职业生活中，依据一定的内心信念和道德责任感，对他人和社会自觉履行的道德责任，是社会主义金融职业道德诚信原则和其他道德规范对金融从业人员的要求。

不管是义务还是道德义务或者金融职业道德义务，它的履行看起来是非常平凡的事情。它们都是做人的本分，是一个社会成员的应分，所提出的要求只是“尽职”。但是我们完全可以在仅仅履行我们的基本义务中进入崇高的境界，造就崇高的人格。

（二）金融职业道德义务的基本要求

金融业是一个特殊的行业，社会影响大，客观上要求金融从业人员具有良好的职业道德。作为一名金融从业人员，应当履行的基本的金融职业道德义务主要包括以下几个方面：

第一，遵纪守法、恪守信用，正确行使党和人民赋予的权力。遵纪守法，照章办事是职业道德义务起码的要求。金融业不仅集中掌握着国家的

货币资金，而且还负有对其他一些经济活动的管理和监督职能。每个金融从业人员，尤其是领导干部，都应该正确认识手中的权力和义务。所有金融从业人员都必须严格执行党和国家的金融方针、政策以及各项法规和制度，坚决依法办事，不徇私情。

与此同时，广大金融从业人员还应该恪守信用。金融业的产生源于社会对信用的需求；金融机构的地位源于社会对信用程度的认可；金融产品更是围绕于信用价值的“信用工具”。在利益日益分化，关系日益复杂的现代商业社会中，“信用”应当是每个商业社会的参与者希望得到的最根本的保障，一种游戏规则最起码的要求。对金融从业人员来讲，行业内部信息属商业秘密，不得随意向外泄露，以免给自身或客户带来不利影响或损失。

第二，钻研业务、提高金融服务质量，以过硬的技能为客户提供周到、快捷、高效的服务。金融业具有复杂性与创新性的特点，勤奋学习、精通业务，是由金融行业的内在特性决定的。勤奋学习、精通业务不仅是金融业提倡的职业品德，也是金融从业人员自身发展与进步的重要途径。金融从业人员应当刻苦学习和钻研本职工作的基本理论和业务知识，努力提高自身水平。

第三，文明服务、团结协作。这要求金融从业人员有高度的职业责任感，强烈的为人民服务意识。每一位金融从业人员，都是金融岗位上一面流动的旗帜，我们说的每一句话、做的每一个动作、处理的每一件事情都展现了我们的金融形象，体现了金融行业的团队精神。要做一名现代金融的合格员工，就应该时时想着集体，从单位的发展大局出发，处处维护集体的利益，心往一处想，劲往一处使，推动金融行业健康快速发展。

第四，金融从业人员还必须有奉献社会的精神。对于一名金融从业人员来讲，由于职责的特殊性，负有保护国家和个人财产安全的责任，因此奉献精神也属于职业道德义务范畴。奉献是当一个人的个人利益与集体利益、国家利益发生矛盾时，毫不犹豫地牺牲个人利益，服从集体利益和国家利益，必要时甚至献出自己的生命。

（三）金融职业道德义务的特点

金融职业道德义务作为一种特殊的义务范畴，与政治义务、法律义务等相比，具有以下突出特点：

首先，金融职业道德义务不以谋求权利或报偿为前提，具有无私性。

政治权利与法律义务是一对相互对立的范畴，人们在履行法律义务的同时享受政治权利。而对金融职业道德而言，履行义务是金融从业人员应尽的职业道德，它不是以某种相应的权利或报偿为前提。当然，人们在履行金融职业道德义务后，可能会得到舆论的赞赏，物质或精神的权利，但这绝不能成为履行义务的初衷或目的。也就是说，作为金融从业人员而言，在履行自己的义务时，不能把谋求个人的权利或报偿作为动机、补偿或目的。否则，其行为不能构成金融职业道德义务。

其次，金融职业道德义务是一种自觉的行为，它是社会关系赋予金融从业人员的使命、职责和任务。履行道德义务不是在外界强制作用下进行的，而是在内心信念和意志的驱使下的自觉行为。人们对道德义务的理解越深刻，履行职业道德义务的信念就越坚定。对一般公民而言，其政治权利与义务是有限的；而对金融从业人员来讲，对金融职业道德义务的追求是无限的。

（四）金融职业道德义务的培养

道德现象包括观念和行为两个方面。金融从业人员要想具备并自觉履行金融职业道德义务，必须通过提高理论知识学习和加强实践锻炼两个方面进行：

一是要学习金融职业道德理论知识，提高对金融职业道德义务的认识，辩证地理解义务与行为选择的关系。历史和现实的经验证明，做好金融工作，关键是要有一支政治可靠、道德高尚、精通业务的干部职工队伍，万事以人为本，思想与道德是人的行动指南。因此持之以恒地开展金融职业道德教育是摆在我们所有金融工作者面前的首要工作。职业道德教育的好坏，直接关系到金融行业整体素质的高低。一般说来，人们履行道德义务通常要经过一个从“必然王国”到“自由王国”飞跃的过程。最初，人们不能正确理解履行道德义务和道德行为选择之间的关系，总感到履行义务是一种约束。这就需要坚持不懈地加强对金融从业人员的理论指导，提高他们对金融职业道德义务的理性认识水平，使广大金融从业人员从职业责任的高度上进一步理解、认识所应达到的职业行为水平和职业行为规范，提高金融从业人员学习金融理论知识及钻研业务工作技能的自觉性，从而全面促进金融工作质量和服务水平的提高。

二是要倡导自我修养，言行一致，从小事做起，培养自身的道德责任感。在职业活动中，依据职业道德原则和规范进行“自我改造”“自我锻炼”，努力实践金融职业道德义务。自觉实践道德义务是一个循序渐进的过程，要放眼长处，从小事做起，勤奋好学，持之以恒，同时还要虚心接受批评和意见，自觉接受群众监督。其实，许多金融行业的模范工作者就是在平凡的岗位上创造不平凡事迹的。目前，我国正在建设社会主义市场经济，金融行业作为拉动我国经济的支柱产业之一，需要大量的优秀金融人才。只要我们从现在做起，从我做起，从小事做起，就一定能够在这个浪潮中大显身手，切不要做“语言的巨匠，行动的矮子”。

三、良心

（一）良心的内涵

中国古代，良心被定义为“不忍之心”，也就是指我们常说的同情心、恻隐之心、羞耻之心等。现代，良心是一种道德意识，是人们在履行对社会和对他人的责任和义务的过程中形成的道德责任感和义务意识的总和，是一定的道德观念、道德情感、道德信念在个人意识中的统一。

良心在人们的道德生活中具有特殊的意义。在行为发生之前，良心指导人们确定和检查道德动机，规定目的和手段的选择；在行为过程中，指导行为者进行自我控制和监督；在行为结束后，帮助检查行为后果并作出道德评价。

（二）金融职业道德良心的特点

金融职业道德良心是指金融从业人员在职业生活中，履行对他人、对社会的义务过程中形成的职业道德责任感和自我评价能力。它是金融职业道德观念、情感、情绪在金融从业人员意识中的内在统一，是金融职业道德的原则要求体现为金融从业人员内心的动机、信念和情感的一种自我审度能力。

金融职业道德良心属于职业良心范围，它涉及金融行业的所有工作人员。对金融从业人员而言，职业良心尤为重要。

1. 金融职业道德良心与金融职业道德义务密切联系。义务是对他人、对社会应尽的责任；良心是对自己的行为应负的道德责任感，形成和表现于履行义务的过程中。一个人只要选择了一份职业，理应接受伴随而来的社会义务和工作职责。金融行业具有特定的形式与内容，不同岗位上的金融从业人员，都是金融业的重要组成部分，不仅应具有自觉工作的认识与情感，更重要的是应当用理性驱使自身更好地履行金融职业道德义务。

案例分析

5100 万元巨款，堆在一起是什么感觉？就算都是百元大钞，叠在一起也有 50 米高，总重量将近两吨，可是，这笔谁都没办法一下搬动的巨款，居然从农业银行河北省邯郸市分行的金库里消失得无影无踪，这起银行盗窃大案，震惊全国，当中的种种细节波谲云诡，迷雾重重，如此离奇的案件究竟是怎么发生的？

2007 年 4 月 14 日下午 2 点，农业银行河北省邯郸市分行的有关人员吃惊地发现，金库里的 5100 万元现金被盗，但是，这一案件被隐瞒 2 天后，银行在自查无望的情况下，开始向警方通报这一案件，接警后，警方迅速作出判断：负责看守金库的任晓峰、马向景有重大嫌疑。

4 月 17 日凌晨，公安部下发了 A 级通缉令，随即各地公安机关连夜展开布控。

随着媒体的报道，全民被迅速动员，悬赏缉拿的奖金额也从 5 万元被迅速提升到了 20 万元，就在通缉令下发的第二天，犯罪嫌疑人马向景在北京被发现踪迹，当天下午 3 点左右，马向景在北京大兴区的一个出租房旁被抓获。抓获时，他随身携带的挎包里，装有 60 万元赃款。

农业银行邯郸市分行盗窃案顺利告破，当事人该抓的抓了，该撤的撤了，层层设防、固若金汤的银行金库，居然出了两个胆大包天的内鬼，实在让人想不到。从公安部发出的 A 级通缉令上，我们了解到，任晓峰今年 34 岁，马向景今年 37 岁，两人都是农业银行邯郸市分行现金管理中心的管库员。应该说，这份工作在当地算是相当不错，熟悉他们的人都说，这两人平时看着都挺老实，只是有点小毛病。任晓峰平时喜欢赌点钱，是个痴迷的彩民；而马向景，案发时，刚干了一个月，生活还节俭，就是好喝酒，常常喝得酩酊大醉。这样两个不起眼的普通人，竟然从银行“眼皮”底下偷走了 5100 万元现金，银行严密的保卫措施怎么会如此不堪一击呢？

资料来源：央视《经济半小时》2007 年 4 月 25 日播出节目《邯郸金库惊天窃案：5100 万元到底去了哪里》节选。

评论：有人认为，这起案件的发生不是偶然的，因为按照国家规定，金库钥匙要由两名金库管理员来保管，同时还必须有一套严密的监控设施来进行监视。但是，这家金库现成的制度没有严格执行，现成的监控设备没有有效利用，出问题是早晚必然的事情。还有人认为看管金库是一个“良心活儿”。

讨论：你如何看待金融领域内制度与良心的关系？应该如何协调二者的关系？

2. 金融职业道德良心具有主动性。金融职业道德良心是一种隐藏在人们内心世界的高层次心理活动，是人们内在的精神力量，具有主动性。它是一种高度自觉的行为，是不需要外界力量强制执行的主动行为。

在同样的客观条件下，人们对行为的选择是由良心支配的。良心依据履行义务的道德要求，对行为的动机进行自我检查，选择道德行为，否定不道德行为。在金融职业活动中，当金融从业人员在作出某种行为之前，良心将根据金融职业道德的要求，对行为动机作出检查，这种检查即使在没有社会舆论和外界力量的监督下，也能自觉承担。金融从业人员在没有外界力量监督的情况下，对符合金融职业道德的行为加以肯定，对不符合金融职业道德的行为加以否定，才显示了道德良心在人们选择道德行为、避免不道德行为中的能动作用。

3. 金融职业道德良心具有持久性。良心形成以后不会轻易改变，具有较大的稳定性，相当长时期里都在内心起着指挥的作用，不断调整人们内心的矛盾，拒绝不道德行为，从事道德行为。特别是在行为进行中，发现错误、情感干扰和情感变化时，良心能够改变人们的行为方向和方式，纠正自己某种自私欲念和偏颇情感，避免产生不良后果，即所谓“良心发现”。从这个意义上说，良心的更大作用是在行为之后。作为一名金融从业人员，如果意识到自己的行为是履行了道德义务，符合道德要求，就会感到职业良心上的满足；反之，就会感到惭愧和悔恨，受到职业良心的谴责。

资料

一名基层金融工作者的法、情和良心

长期以来，因为与钱打交道的特殊性质，金融行业里浮出的腐败案件层出不穷，仿佛银行成了滋生蛀虫的温床。尽管近些年，国家屡次提出反腐倡廉，并且每年都从高层中揪出几条“大虫”，然而，在下层中，在老百姓的眼皮底下，许多“小虫”们依然在“潇洒”地活着，甚至有不断繁衍的趋向。作为一名基层金融工作者，我自己就生活在老百姓的眼皮底下，工作上每天也与他们打交道，我深知老百姓存点钱是多么不容易。我也知道老百姓对腐败是多么深恶痛绝，因为腐败损害的不仅是国家，最终还是老百姓的利益。

对我来说，我不敢去腐败，因为有法律在。法律规定，腐败的行为是犯法的，尽管腐败的人总是想着法子去掩盖腐败的行为，但是“狐狸的尾巴总会露出来”，那一天也就是腐败之人被剥夺自由的日子。法律是无情的，有情的人不应该去触犯那无情的法律。

对我来说，我不忍去腐败，因为有情感在。人与其他动物的区别就在于我们人有更深的情感，不管是父母的养育之情，还是长辈的关怀之情，还是朋友的友爱之情、领导的提拔之情……我们的生活就处于情感的包围之中。正因为我们身背着情感，所以我们不能为所欲为。也许你可以丢弃这份有情的情感，但你终逃脱不了那份无情的法律。

对我来说，我不能去腐败，因为有良心在。我本身就是一个从农村走出来的人，我知道老百姓每挣一分钱都是那么不容易，而腐败损害的正是老百姓的利益。一个人腐败了，逃跑了，或许可以漠视背负的情感，或许能够逃避法律的惩治，但是，无论你走到哪，你都逃不脱自己良心的责问和惩罚。

资料来源：http://www2.wenzh.com/list.asp?unid=79237.

（三）金融职业道德良心的培养

培养金融职业道德良心，就是要把社会主义金融职业道德原则、规范和具体的职业道德要求，变成内心的道德要求，并且用这种内在的要求自觉指导自己在职业生活中的言行。良心的培养，要经历一个从被动遵守到自觉追求的过程。

良心是外部义务变为内在的个人道德需要，变为个人内在道德品质的结果。因此，每个金融从业人员要把献身于金融工作视为自己的义务，变成自己的职业良心。从理论上肯定金融职业道德的具体内容，以此来指导自己的职业言行。

此外，良心的培养，还要自律。敢于和善于经常剖析自己，这是加强金融职业道德良心修养的成功经验。无数事实证明，善于剖析自己的人，丢掉的是缺点和不足，获得的是信任和成功。当外在要求全面内化为内心的行为准则时，个体就进入了“良心直觉”阶段。

四、荣誉

（一）什么是荣誉

荣誉和耻辱是从正反两个方面表达人们道德价值评价的一对伦理范畴。荣誉是对正向道德价值的褒扬，是社会和个人对人们履行一定社会义务的相应行为的肯定。它有双重含义。一是社会的价值认定。人们履行了某种社会义务，对社会作出了一定的贡献，社会对其行为的道德价值表现为敬重，给予奖励，加以颂扬，以及授予称号等。从这个方面讲，荣誉是评价人们贡献和功绩的一种社会道德价值的尺度。二是个体的心理感受，即个体因人生价值实现而获得的自尊和欣慰。从这个意义上说，荣誉又是体现个人行为选择的道德责任感和自我评价能力。

中国最早提出荣辱观念的荀子，则把荣辱分别划分为两种情况：势荣和义荣、势辱和义辱。他认为因权势大地位高而得到的荣誉是势荣，因德行好得到的荣誉是义荣；因行为丑恶而受到的侮辱叫义辱，受权势压制或打击而受到的侮辱叫势辱。真正的荣辱是“义荣”和“义辱”，绝不能以“势荣”取代“义荣”。中外先贤丰富而深刻的伦理智慧，无疑已成为我们今天社会主义荣辱观形成、发展的营养之源。

（二）荣誉的作用

1. 荣誉可以增强人们的责任感。从一定意义上讲，荣誉感是一个人的进取精神和正确行为的目的。成绩可以创造荣誉，而荣誉可以让人懂得什么是责任。

一个没有荣誉感的行业是没有希望的行业，一个没有荣誉感的员工不会成为一名优秀的员工。美国西点军校的《荣誉准则》上记录着：“每个学员决不说谎、欺骗或者偷窃，也决不容许其他人这样做。”西点赋予士兵的荣誉意识，让士兵在任何一个团队中都大受欢迎。在西点的教育中，荣誉教育始终处于优先的地位，将荣誉看得至高无上。在西点，要求每一位学员必须熟记所有的军阶、徽章、肩章、奖章的样式和区别，记住他们所代表的意义和奖励，同时还必须记住皮革等军用物资的定义、西点会议厅有多少盏灯，甚至校园蓄水池的蓄水量有多少升等诸如此类的内容。这样的训练和要求，会在无形中培养学员的荣誉感。这值得金融行业借鉴，因为一个优秀的员工不能不对自己的工作、对自己所效力的行业有一个全面清楚的了解。

如果一个员工对自己的工作有足够的荣誉感，以自己的职业为荣，必定会焕发出无比的工作热情，提高自身的责任意识。每一个部门都应该对员工进行荣誉感的教育，每一个员工都应该唤起对自己的岗位和行业的荣誉感和责任感。可以说，荣誉感是团队的灵魂。如果一个员工没有荣誉感，即使有千万种规章制度和要求，他可能也不会把自己的工作做到完美。

2. 荣誉具有激励作用。激励指的是鼓舞、指引和维持个体努力指向目标行为的驱动力，它对行为起着激发、加强和推动的作用。受到高度激励的员工会努力工作，实现绩效目标。人们一旦树立了荣誉感，就表明他已经把履行一定的道德义务变成了他的内心信念和自觉要求，表明他决心把这种信念和要求转化为相应的行动。当今世界的竞争可以说是人才的竞争，而能否为国家多作贡献，既是员工应履行的义务和责任，也是员工个人价值能否被社会承认的标志。员工所追求的是成就感、责任感、贡献感的满足。应当看到，社会、政府、机构、组织以各种形式对社会成员荣誉的肯定，均能对取得荣誉的个人和相关成员带来极大的精神激励。

3. 荣誉具有评价作用。荣誉通过社会舆论力量，来表现社会对金融行为的愿望和要求，明确表示支持什么，反对什么，使员工对自己的职业行为更加关注。它驱使金融从业人员力求通过调整自己的职业行为，从社会评价中得到肯定和赞扬，避免否定和谴责。它要求金融从业人员树立正确的荣誉观，珍惜荣誉，努力按照金融职业道德的基本原则和规范支配自己的行为。在现实生活中，错误的荣誉观还有一定的市场。因此，要充分发挥荣誉的社会评价功能，帮助金融从业人员树立正确的荣誉观。

（三）培养金融职业道德荣誉观

金融从业人员把自己的岗位看成是履行社会职责的立足点，自觉把自己的职业与社会主义事业联系在一起，把人们的共同理想与金融具体任务结合起来，并从中感受到愉悦和人生价值实现之后的满足，我们称为金融职业道德荣誉感。

职业荣誉感是培养金融从业人员敬业精神、增进职业道德水准的基础。没有树立金融职业道德荣誉感的人，很难自觉履行对自己、对金融事业、对党、对国家、对社会应尽的道德义务。因此，使金融从业人员树立金融职业道德荣誉感，是当前金融业在职业道德方面的一项重要工作内容。

1. 提高政治理论水平，树立正确的荣誉观。要想树立正确的荣誉观，必须认真学习马列主义、毛泽东思想、邓小平理论、“三个代表”和科学发展观的重要内容，把“八荣八耻”的观念贯彻到我们的金融行业中。认真学习金融理论，认清金融行业在社会主义市场经济中的重要作用，自觉摆正自己在金融行业的地位，把个人的平凡融入集体事业中，从中实现自我价值。

荣誉感不是虚荣心。荣誉来自于辛勤的劳动，是实现社会所崇尚的价值后的回报。通过自己的努力有所建树，为社会创造了价值，才能取得荣誉。荣誉是与真理一致的，是一切高尚品德的回馈，代表着无私的奉献。虚荣心，即追求表面荣耀之心，是一种不良的心理品质。虚荣是个人荣誉感在内心的畸形反映，表现为把个人荣誉看得至高无上。虚荣的人不去思索一件事情本身是善是恶，只考虑这样做是否有损个人所谓的名节，为了个人的所谓荣誉，不惜作出最坏的事情。荣誉感促人向上，虚荣心使人向下。虚荣心很难说是一种恶行，但如果所有的行为都围绕虚荣心而生，就只不过是满足虚荣心的手段。

在现实生活中，常常看到一些人做事情往往只是为了获得表面荣誉，以得到周围人的赞赏和羡慕。这种人爱出风头，好讲排场，以炫耀自己的资本而获得内心虚伪的满足；为了抬高和美化自己，他们采取种种手段，欺骗说谎、弄虚作假，这都不是正确的荣誉观。正确的荣誉观是一种积极向上的心理品质，是人们学习和工作的强大动力，能激发人们更好地发挥主动性和创造性，以追求进步，成就光荣。

2. 正确处理个人荣誉与集体荣誉的关系。个人荣誉和集体荣誉的关系，实际上反映的是个人利益和集体利益在行为评价上的关系。我国实行的是生产资料公有制，从根本上讲，个人利益和集体利益是一致的。个人利益服从集体利益，国家、集体在实现利益的同时应该重视个人利益。这就要求在个人荣誉和集体荣誉的关系上，前者服从后者。作为一名金融工作者，以高度的责任心为社会作贡献，相应地也会取得人民的尊重和应得的荣誉。这不仅是人民和集体对一个人道德行为的赞赏和褒奖，同时也为整个金融事业增添了荣誉。那种把个人利益摆在集体利益之上，把个人荣誉的追求看做是唯一奋斗目标的做法是不可取的。作为一名金融从业人员，当个人荣誉和集体荣誉发生冲突时，应按照金融职业道德的原则要求服从集体荣誉。

3. 重塑人们的知耻心。耻辱感和荣誉感相伴生。荣与辱不仅相互区别，而且相互联系，在一定条件下可以相互转化。过度追求荣誉，把荣誉当成人生的唯一目的，就会使荣誉向反方向转化，沦为耻辱。

马克思指出，耻辱是一种内向的愤怒，耻辱本身已经是一种革命。斯宾诺莎在《伦理学》一书中认为，如同怜悯一样，耻辱虽不是一种德行，但就其表示一个人因具有耻辱之情，而会产生过高尚生活的愿望而言，也可以说是善的。

在我国发展商品经济、实行改革开放的历史前提下，一些人唯钱是图，唯利是争，丝毫不顾忌他人利益和社会集体利益，使金融业的信誉蒙垢，完全丧失了与人的人格尊严密切相关的羞耻心，给我国社会主义现代化建设事业造成了严重的危害和损失，以至于我们今天不得不在完善改革开放政策和措施的同时大声疾呼，行己有耻，把重塑人们的知耻心当做一个严峻的道德课题和文化教育课题提出来，以期引起社会各界的重视。

五、幸福

（一）幸福的含义

从哲学层面上讲，“幸福是（至）善的主观体验。追求（至）善即追求幸福。（至）善的实现即是幸福的实现”[①]。从道德方面讲，幸福就是有德行。古希腊的苏格拉底曾提出“道德即幸福”。这一观点认为，道德本身就是幸福，有德就有幸福，失德便无幸福可言，道德是通往幸福的唯一途径，人一旦到达道德上的完美，幸福便纷至沓来。

（二）幸福的分类

根据幸福的特点至少可以分为独享型幸福、共享型幸福、排他型幸福、互动型幸福等几种类型，这从某种程度上说明了一种幸福和另一种幸福之间的区别。

1. 独享型幸福。这种幸福是个人独享的。当一个人得到这种幸福的时候只有他自己本人感觉幸福，其他人不会因为他的幸福而感觉幸福或者痛苦。这种幸福的特点是与他人无关，不会对他人产生影响。

2. 共享型幸福。这种幸福是两个以上的一群人共同的幸福。当这种幸福来临时，它会对多数人产生作用，使多人感觉并沉醉在幸福之中。这种

---

① 高兆明. 道德生活论［M］. 南京：河海大学出版社，1993：261.

幸福的特点是受益面大，并且可能不会影响他人的幸福，或者说不会使他人感觉痛苦。

3. 排他型幸福。这种幸福是建立在别人痛苦的基础上的。你幸福了，肯定有人为此痛苦。当一方胜利时自然对手失败了，正所谓几家欢乐几家愁。职场竞争、荣誉竞争、利益竞争等，都是排他型幸福。

4. 互动型幸福。因为他人幸福而感觉到的幸福叫做互动型幸福。这种幸福是被动的，是由感情因素产生的。这种幸福的特点是：有幸福的诱因——别人幸福；你与得到幸福的人之间有感情因素相联系——例如爱情、亲情、友情等。

（三）在金融工作中如何获得幸福

每个人对幸福的理解是不同的，但追求幸福的愿望与行动却是人人都有。对于金融行业的职员来说，要想在平时的工作中感到幸福，必须注意以下几个问题：

1. 认清个人幸福和集体幸福的统一问题。社会生活是相互联系的整体，个人离不开集体，社会集体也离不开个人，因此个人幸福与集体幸福是统一的，没有整体的幸福就没有个人的幸福，个人追求幸福的愿望只有在集体幸福不断增长中才能得到实现和保障。这要求金融从业人员在为社会贡献中塑造自己，满足自己，同时也要求集体、社会积极关心每个人的发展，最大限度地满足个人的精神和物质需要。个人幸福与集体幸福真正有机的统一的原则是集体主义。“只有个体与社会统一的幸福，才是真实的幸福，只有在二者统一的基础上，才能真正实现自我的幸福。”① 因此，对金融从业人员来讲，要想得到幸福，就必须树立爱岗如家的观念，把个人幸福和集体幸福统一起来。

2. 正确对待工作中的挫折。幸福不代表一帆风顺，就算有坏事情发生在自己身上，只要你还有工作的能力，你对社会有贡献，社会没有放弃你，甚至很细微的事情，也可以是幸福。从一定意义上讲，幸福属于情感世界，是一种感觉，即人的一种满足感。幸福是人的一种完美理想的存在状态，在对幸福的追求过程中会蕴涵着痛苦。逆境是人生不可避免的，对人生存在具有意义，身处逆境可能是不幸的，但却未必是绝对不幸的，关

---

① 樊浩．道德与自我［M］．长春：吉林教育出版社，1994：241．

键之一就在于人自身的自强不息。“绝对的不幸是对身处逆境与屈辱的麻木。”① 当前，我国金融行业正处于转型时期，由于改革尚未到位、体制仍不完善等原因，不可避免地产生了一些消极现象。如果不能正确对待工作中的挫折，看到一些消极现象就失去内心平衡，结果必然误入歧途，最终也远离了幸福。因此，对金融从业人员来说，必须能够正确对待工作的挫折，以积极的心态面对困难，如此才能到达幸福的境界。

3. 金融从业人员要塑造正确的幸福观，必须加强对道德人格的塑造。从主观因素讲，幸福是相对的，只有树立正确的幸福观，正确认识幸福，学会感受幸福，才能真正获得幸福。事实表明，在一定的社会条件下，一个人幸福与否往往并不由财富和地位决定，而是与其主观感受密切相关。有了正确的价值取向，才能感受幸福。在此基础上，要想获得真正的幸福，还必须加强对道德人格的至善追求。幸福不仅是道德生活的目的，而且它还与义务、使命一体化，是对每一具体人生目标实现后的满足感。道德人格作为一种追求，是激励个体不断奋进的最大力量。对道德人格的追求过程也是人自我完善的过程，同时也是幸福感的滋生过程。如果一个人没有对自身道德人格的塑造，他就不可能有真正的幸福感的体验，也就更谈不上形成正确的幸福观了。

4. 培养金融从业人员正确的幸福观，还应当在全行业开展人文素质的教育。人文素质使人明确了人的存在、价值和境界，人文素质的高低，直接决定着人的道德文明水平的高低，直接决定着人对幸福的真实把握。培养当代青年正确的幸福观应当从抓人文素质教育开始。文艺使人爱美，使人能更生动、更现实地把握幸福感，了解幸福的含义；历史赋予人崇高的使命感，使人在历史的脉动中追寻幸福的真谛；哲学让人透悟智慧，让人在瞬息万变的时代洪流中真实把握人生幸福，指导人生圆满地实现，这些都应当成为人文素质教育的重要内容。

---

① 高兆明．幸福论［M］．北京：中国青年出版社，2001：106．

第二节 金融职业道德节操

一、金融职业道德节操的含义

（一）节操的含义

节操是表征人的品质的伦理学范畴，指的是一个人的气节和操守。节操是做人的标准，是检验灵魂的试金石。具有高尚节操者，诚信无欺，见义勇为，甚至能够舍生取义。纵观历史，守节操者流芳百世；无节操者，为世人所不齿。

职业道德节操是指人们在道德品质方面的坚定性和坚持性，也指人们在任何处境下笃守某种道德准则的行为表现。金融职业道德节操是指金融从业人员在道德品质方面的坚定性和坚持性，它是金融从业人员在职业活动中立身处世的标准。

（二）古代的节操观

节操在中国的封建时代是一个非常重要的社会现象，贯穿于当时中国社会政治生活和现实生活的方方面面。在古人眼里，“节”字有顽强坚持的意义，“操”的意思就是“德”，是一种行为规范。

在节操盛行的中国正统政权时代，节操实际上就是当时社会的道德准则和行为规范。在阶级社会里，节操总是从属于一定的政治，从属于一定阶级的利益。不同的阶级为了维护自己的利益，总是极力提倡本阶级的节操观。在以自然经济为基础的封建时代，为了建立一个稳定的社会结构，这一时期的节操强调秩序、恭顺的服从，其内容主要有忠君、孝亲、从夫等内容，以此维护封建等级制度，这实际上是当时社会的道德准则和行为规范。

由此，我们可以看出，节操在古代中国历史上就是当时的道德规范，它的内容基本上根据当时的儒家教义，并伴随中国封建时代的发展和演变而不断演化。随着封建时代的逐渐衰落，它的内容也慢慢趋于僵化和保守，并最终走向历史的反面。

（三）共产主义的节操观

共产主义道德的节操，要求人们始终忠诚于共产主义事业，坚持共产主义的信仰，为人民大众的利益奋斗终生。这种节操观是建立在对社会发展规律的科学认识和自觉掌握的基础上的，因而是人类历史上最进步、最崇高的道德节操。这种节操也是我们现在的职业道德节操所要追求的境界。

二、金融职业道德节操的意义

（一）节操的作用

1. 节操对内的作用。节操对内的作用表现在坚定不移、始终不渝地信仰一定的政治制度、政治理想和道德理想，并决心为这种信仰付出自己的一切。中国人讲节操，在这方面中华民族的传统道德有许多明确的规范。它强调国家利益、民族利益、道义高于一切，要求士人在这些重大的是非方面立场坚定。孔子说："志士仁人，无求生以害仁，有杀身以成仁。"（《论语·卫灵公》）在中国历史上，产生过不少持节不屈的英雄人物，他们影响着一代又一代的中国人，以致成为中华民族可贵的传统。

资料

朱自清的骨气

我们中国人是有骨气的。许多曾经是自由主义者或民主个人主义者的人们，在美国帝国主义者及其走狗国民党反动派面前站起来了。闻一多拍案而起，横眉怒对国民党的手枪，宁可倒下去，不愿屈服。朱自清一身重病，宁可饿死，不领美国的"救济粮"。唐朝的韩愈写过《伯夷颂》，颂的是一个对自己国家的人民不负责任、开小差逃跑、又反对武王领导的当时的人民解放战争、颇有些"民主个人主义"思想的伯夷，那是颂错了。我们应当写闻一多颂，写朱自清颂，他们表现了我们民族的英雄气概。

资料来源：毛泽东. 别了，司徒雷登［M］//毛泽东选集：第四卷. 北京：人民出版社，1991：1495－1496.

注：朱自清（1898—1948），原籍浙江绍兴，生于江苏东海，现代文学家、教授。抗日战争结束后，他积极支持反对蒋介石统治的学生运动。1948年6月签名于抗议美国扶植日本和拒绝领取“美援”面粉的宣言。当时他的生活非常困苦，这年8月12日终因贫病在北平逝世。在他逝世以前，还嘱咐家人不要买国民党政府配售的平价美援面粉。

2. 节操对外的作用。节操对外的作用表现在国家、民族遭受外来侵略的时候不顾一切挺身而出，为捍卫国家、民族的利益同敌人进行坚决的斗争，直至牺牲自己的生命。从这方面讲，节操通常涉及民族的、国家的根本利益，涉及为人的根本原则，关乎国格、族格、人格。由于这种勇于牺牲的节操总是和广大人民群众的利益，和民族、国家的利益紧密联系在一起，所以能对历史的进步起推动作用。

3. 节操与职业。节操表现在行业关系上，就是行业气节。自古至今，各行各业，只有保持良好的节操，以人品为重，注重自身修养，有社会责任感，诚信为本，才能事业有成，在这里，有无数的历史经验值得借鉴。具体到金融职业活动中，就是不畏压力，不为利诱，在任何时候、任何情况下都要坚持实事求是，一切从实际出发；要忠于职守，以国家的有关方针、政策、法令、法规、制度为准绳，严格把关，坚持塑造独立、客观、公正的职业形象，无私无畏、尽职尽责，全心全意为客户服务。这样，在培养职业节操的同时也就贯彻和体现了职业道德原则和职业道德规范的具体要求。

（二）金融职业道德节操的意义

金融业是一个特殊的服务行业，社会影响大，客观上要求金融从业人员具有良好的职业道德，坚定地遵守职业节操。邓小平同志曾经说过：“金融很重要，是现代经济的核心。金融搞好了，一着棋活，全盘皆活。”① 这深刻地揭示了金融在现代经济生活中的重要地位和作用。尤其是随着我国社会主义市场经济体制的逐步完善和对外开放的不断扩大，金融行业已成为整个国民经济活动的枢纽，金融在调节经济运行中的作用越来越重要。保证金融安全、高效、稳健地运行，关系到国民经济持续、快速、健

① 邓小平．视察上海时的谈话［M］//邓小平文选：第三卷．北京：人民出版社，1993：366.

康发展，关系到人民群众的切身利益和社会稳定。

面对物欲横流的当今社会，作为身在金融行业的干部职工，每个人手中都有那么一点点大大小小的权力，但是，我们应该如何慎待自己手中的权力呢？要抵挡形形色色、五花八门的诱惑，就必须有自己的正见、远见、定见，特别要注意从点滴小事上“养吾浩然之气”，培植自己的节操和意志，对一些是非昭然的问题敢于刚正不阿地说“是”或“不”，做到毫不含糊，斩钉截铁。我们应当始终以廉洁模范为榜样，以沉痛的案例为教训，让自己做到“常在河边走，就是不湿鞋”，坚决把违法乱纪的苗头扼杀在萌芽状态。

第三节 金融职业道德修养

一、金融职业道德修养的方法和特点

什么叫修养？从词义上看，“修”是指整治、提高，“养”是指培养、陶冶。概括而言，修养主要是指人们在政治、道德、学术以至技艺等方面的涵养和锻炼的功夫，以及经过长期努力所达到的一种能力和思想品质。道德修养主要是指人们（道德主体）按照一定社会整体的道德要求在道德认识、道德情感、道德意志、道德信念、道德习惯等方面所进行的自觉的自我改造、自我陶冶、自我锻炼和自我培养功夫。

金融职业道德修养是金融从业人员依据金融职业道德要求，对其职业道德品质的自我改造和自我完善。金融职业道德修养是金融从业人员道德修养的重要构成部分，它使道德修养在更具体、更深刻的层面上得以展示。加强金融从业人员的职业道德修养是当前我国金融职业道德建设的当务之急。

（一）金融职业道德修养的方法

1. 学思结合。古希腊哲学家苏格拉底认为，美德出于有知，知识是一

切德行之母。道德修养的第一个方法就是学习和掌握各种道德知识和做人的道理，并对各种所学的道德知识和人生哲理予以深入思考，学习和掌握一定的道德知识是形成道德品质的前提。道德修养的过程不仅是掌握道德知识的过程，也是同各种落后、错误的道德观念斗争的过程。“人非圣贤，孰能无过”，由于种种原因，每个人都会有这样或那样的缺点和错误，都会受落后、错误、腐朽道德思想的侵蚀和影响，这就要求我们在掌握正确道德知识的同时，认真开展批评和自我批评，严格要求自己，自我解剖，通过反复检查以发现和找出自己思想中的不良念头和行为上的不良习惯，不断抵制和消除外在各种诱惑的侵蚀，保持清醒的思想。

2. 慎独。“慎独”一词出于《礼记·中庸》：“天命之谓性，率性之谓道，修道之谓教。道也者，不可须臾离也，可离非道也。是故君子戒慎乎其所不睹，恐惧乎其所不闻。莫见乎隐，莫显乎微。故君子慎其独也。”“慎”就是小心谨慎、随时戒备；“独”就是独处，独自行事。意思是说，品行高尚的人在别人看不见的时候，总是非常谨慎的，在别人听不到的情况下，也总是十分警惕的。最隐蔽的东西最能反映出人的品质，最微小的东西最能显示人的灵魂。所以，品行高尚的人，当他独自一人，无人监督时也总是非常小心谨慎地不做任何不道德的事。“慎独”作为修养方法，就是强调在没有外在监督的情况下始终不渝地、更加小心地坚持自己的道德信念，自觉按道德要求行事，不会由于无人监督而肆意妄行。

一个人应该怎样进行“慎独”？实践告诉我们，讲“慎独”，首先要在“隐”处下工夫。当一个人独立进行职业活动时，更要求我们做到自珍自爱，用社会主义道德的要求进行自我约束、言行一致、表里如一。如果不注意在个人独处、无人监督的情况下“慎独”，就容易形成“双重人格”，天长日久，自己内心深处的“隐私”就会益发滋长，必然会危害到他人、集体和国家的利益。

其次，要做到“慎独”，还要注意从一点一滴的“微小”事情做起。例如，在金融行业发放贷款过程中，哪怕是发放小额贷款，也会遇到借款人给信贷人员一点“小意思”。对此，有些信贷人员不以为然，认为这是人之常情，不把这些“小事”放在心上。殊不知，一滴之墨，可黑一缸之水；一件小事，可毁终生名节。许多案例证实，金融系统的一些犯罪分子，正是被一瓶酒、一条烟、一套西装、一盆名花、一条项链等看起来是生活小节的东西打开缺口的，以后从无到有、由小到大、从少到多，一步步走向了犯罪的深渊。

最后，要做到慎终。有部分金融从业人员，一辈子兢兢业业，无私无弊，身正影直，可是将到离岗时“捞了一把”，造成终身遗憾；也有少数金融从业人员，前半生穿过了大风大浪，最后却“淹死”在小河小坑里；还有少数金融从业人员前半生绷紧了“无欲则刚”这根弦，而临近退休时失去了最后一道防线。为此，站好最后一班岗，克服“59 岁现象”，为一生的金融工作画圆句号，应是每一个金融从业人员的最终追求。

3. 要密切联系实践，坚持不懈地修养自己。职业道德本身有知行统一的特点，讲金融职业道德修养不能脱离实际空谈，只有在金融工作实际中进行学习和锻炼，把金融职业道德原则运用到国家建设中去，并以实际的社会效果对照检查个人对这一原则的理解，进而为人们的利益坚持好的，改正错的，才能不断提高自己的职业道德修养水平。人们常说“活到老，学到老，改造到老”，这就要求金融从业人员不断地锤炼，长期坚持不懈，这样才能自觉地提高职业道德能力和水平，真正成为一个高尚的人，一个有道德的人。

道德修养的目的是为了使人们具有优良的道德品质，更好地改造客观世界和主观世界，发展社会生产力，全心全意为人民服务，通过道德修养使自己成为情操高尚、意志坚定的国家建设者，对社会进步作出贡献。所以，我们强调金融职业道德修养离不开金融工作实践，只有把金融职业道德修养与金融工作实践结合起来，做到身体力行，自觉地、经常地进行自我修养和锻炼，才能使金融工作者的职业道德修养水平不断升华，达到一个崭新的境界。

（二）金融职业道德修养的特点

社会主义金融职业道德建设的基本任务，就是要使金融从业人员树立正确的金融职业价值和职业责任观念，培养从业人员献身金融事业的职业情感，锻炼做好金融工作的职业意志。在这一前提下，规范自身的行为，以积极的道德素养和道德风貌，来焕发工作积极性、创造性，并保持高昂的工作热情和工作干劲。因此，进行金融职业道德教育，加强金融职业道德建设，对于提高金融工作质量和水平，具有直接的促进作用。

金融业是一个特殊的行业，如果金融从业人员职业道德低下，在其自身需要得不到有效满足时，受其思想状况、道德修养、价值取向的影响和左右，为了满足自身的需要，牟取私利，就会产生道德风险，其结果必然会给金融行业及人民的利益带来损害，不但影响经济建设，而且还会危及社会稳定。

在我国发展社会主义市场经济的过程中，金融业日益成为许多人羡慕的行业，在这种情况下，金融从业人员的道德修养显得尤为重要。只有全体金融从业人员进行长期自觉的道德修养，才会有自觉的金融行为，才能在金钱、荣誉、权力、物质的诱惑面前形成抗腐拒蚀的能力。

相反，金融从业人员如果不注重自我道德修养，在金钱、实物面前馋涎欲滴，就会作出败坏金融行业信誉的丑事。目前在金融行业贪污、挪用公款、索贿受贿、内外勾结、窃取银行资金、以权谋私、利用职权侵吞国家财产等经济案件屡有发生，大案要案居高不下；部分金融从业人员有章不循、违章操作、违规经营。如乱提利率、搞账外经营、公款私存、信贷资金流入股市，进行投机操作；有的一线员工利用交接班之机，私自伪造活期存折和定期存单，自制假存单骗取银行资金等。所有这些，都是严重扭曲的金融行为，严重损害了金融行业的信誉，阻碍了我国金融业的健康发展。

因此，加强金融从业人员的金融职业道德修养，具有现实性的意义。

二、金融职业道德修养的境界

（一）道德境界的含义

道德境界是一种复杂的道德意识现象，是指人们通过接受道德教育和进行道德修养，达到的道德觉悟程度以及形成的道德品质状况和道德情操水平。道德修养具有阶段性的特征，个体道德修养不断完善的过程就是个体从对道德认识到道德信念再到道德行为的不断反复扬弃的过程。对社会而言，不同社会成员的道德品质状况，会呈现出不同性质的境界；对个体而论，人们处在道德修养的不同阶段不同时期，也就有了不同的道德境界。一般来说，既定的道德境界既是一个道德修养过程阶段的目标，又是下一个阶段的起点和基础。

（二）我国现阶段道德境界的层次

个人进行道德修养的目的是为了提升自己的道德水准，进入更高层次的道德境界。现阶段，根据人们认识和处理公私关系的能力和水平，将道德境界划分为自私自利的道德境界、追求个人正当利益的道德境界、先公后私的社会主义道德境界、大公无私的共产主义道德境界。

1. 自私自利的道德境界。这是道德境界的最低层次，其本质特征是唯利是图，只顾自己，不管他人，为了一己私利可以不顾一切，甚至不择手段地损害他人或社会集体的利益。这种道德境界目前在社会上还有一定的市场，具体到个人会有程度上的差异，但总体上有损于社会整体利益。

2. 追求个人正当利益的道德境界。这种道德境界的本质特征是对个人利益的满足在先，对他人利益、社会集体利益的顾及在后，虽不致为了自己的利益去有意损害他人或社会集体的利益，但也不会为了他人或社会集体的利益而放弃自己的利益。

3. 先公后私的社会主义道德境界。这是道德境界的第三个层次，其本质特征是在利益满足方面能先社会、集体后个人，先他人后自己，并且能为满足社会集体利益而放弃一些个人利益。在我国现阶段，社会物质精神财富还没有极大丰富，因而，人们的行为还不能不考虑和谋取个人利益。这种道德境界关心社会整体利益比关心个人利益为重，关心他人利益比关心自己利益为重，他们在积极谋求社会公共利益的发展中，也包含着谋求个人的正当利益。

4. 大公无私的境界。这是道德境界的最高层次，其本质特征是毫不利己，专门利人，一心为公，公而忘私，能够为社会集体他人利益不惜牺牲个人的一切。这种道德境界是先公后私境界的直接升华，是共产主义道德理想人格在现实社会中的化身。在现实社会生活中，能够达到这个境界的也是极少数，但他们代表着社会的道德发展方向。

（三）金融职业修养道德境界

金融业是我国社会主义建设的支柱产业之一，金融从业人员选择此作为自己谋求发展和为社会作贡献的途径，金融从业人员职业道德修养的境界当以符合金融业发展的方向和社会的要求为重。在此，我们不倾向于另行界定金融职业道德修养的最高境界，而是以追求全人类“至善”的精神作为金融从业人员最高境界的要求。

我们尽量避免用绝对的完善来定义真理，但是对道德及道德修养的境界而言，的确是存在一个“至善”的范畴。在近代西方道德哲学中影响最大的，莫过于康德的道德哲学。所谓“至善”，按照康德的意思就是人们在自由意志的基础上，出自义务或职责，自愿地执行道德法则。这样的行为之所以“至善”，就在于它是绝对的、无条件的，不同于动物性的求生本能或任何感性愉悦，与任何爱好、愿望、需求、利益或结果无关，而只是为了服从道德法则。从道德层面上讲，至善是人生追求的最高境界，人类把有限的生命投入到无限的为人民服务之中去的精神境界，就是至善的特征。对于道德境界而言，我们不能孤立地界定其最高境界，实际上，不管是对个人还是对社会，最高境界有着无比宽广和丰厚的内容。了解人类的至善，有助于确立自己在人生各个阶段的道德修养目标，并为之奋斗。

马克思主义道德在全面继承人类历史上各种至善论合理因素的基础上，在总结无产阶级革命和建设实践的基础上，提出了科学的至善理论。“马克思主义在确认以往的阶级社会只有至善的理论而没有至善的现实的同时，更指出人类的发展就是一部不断渴求至善、探寻至善并在追求至善的过程中不断地发展至善和人自身的历史，从而认同了个体由来已久的对至善的追求。”① 他认为，至善就是人的自由和和谐的全面发展，以及人的发展和社会发展高度统一的状态或境界。至善的实现要以阶级、私有制和剥削、对立的消亡为前提条件，至善的实现至今还未成事实。实际上，对道德领域而言，从古至今，生活于不满、丑恶、缺陷中的人们不计其数。但是，正因为人类历史上有无数的个体，怀抱着对道德人格的至善追求，憧憬着人生幸福的实现，前赴后继，人类才由此而显得壮美与伟大，人类也才得以在阶级发展的历史长河中不断保持并弘扬作为万物之灵的崇高与荣光。

本章小结

金融职业道德范畴是反映金融领域中最本质、最普遍的道德关系和行为调节方向的基本概念。包括善与恶、义务、良心、荣誉、幸福等，这体现了当今社会对金融职业道德规范的要求。金融职业道德节操是指金融从业人员在道德品质方面的坚定性和坚持性，它是金融从业人员在职业活动中立身处世的标准。金融职业道德修养是金融从业人员依据金融职业道德要求，对其职业道德品质的自我改造和自我完善。金融从业人员只有积极践行金融职业道德的要求，才能追求金融职业道德修养中的最高境界。

---

① 郭广银，杨明．当代中国道德建设［M］．南京：江苏人民出版社，2000：220.

思　考　题

1. 良心是否人人具备，每个人良心各异的原因是什么？
2. 如何理解幸福，怎样可以获得幸福？
3. 谈谈在金融领域中，如何才能更好地坚守节操？
4. 金融从业人员如何才能使自己的道德修养达到最高境界？

主要参考文献

［1］刘艳山. 金融职业道德［M］. 福州：福建教育出版社，1999.
［2］高裕民. 金融职业道德导论［M］. 北京：中国金融出版社，1995.
［3］魏磊. 金融道德文化教程［M］. 北京：中国金融出版社，1998.
［4］阚乃虎. 试论大学生善恶观的形成与优化［J］. 安徽技术学院学报，2003（17）：179－181.
［5］耿富欣，郑曦卿，尚广军. 金融职业道德论［J］. 经济师，2001（2）：157－160.

第九章

金融职业道德评价与行为选择

JINRONG ZHIYE DAODE PINGJIA YU XINGWEI XUANZE

【学习目的与要求】

通过本章学习，了解金融职业道德评价的含义、作用、依据及评价标准和方式；正确理解和把握金融职业道德行为选择的含义、特征，理解金融职业道德行为选择中目的和手段的关系、自由和必然的关系，培养高尚的职业道德品质，在金融职业活动中正确地进行金融职业道德评价，使之符合于社会主义金融事业的发展方向，实现金融从业人员的人生价值目标和职业道德理想。

第一节 金融职业道德评价

金融从业人员是否具备良好的金融职业道德，需要对其进行正确的金融职业道德评价。在金融职业生活中，金融从业人员经常为某一件事或者某一种行为争长论短，议论纷纷，当他们认为金融从业人员的某种行为是道德的，就会加以赞扬和支持；而对于金融从业人员的某些不道德行为就会加以批评和抵制，这就是金融职业道德评价。正确地进行金融职业道德评价，对于培养金融从业人员高尚的职业道德品质，对于形成良好的职业道德风尚具有重要的意义。

一、金融职业道德评价的含义

（一）金融职业道德评价的含义

生活在社会中的人们，总是自觉或不自觉地根据一定的道德标准对实际存在的社会现象或自己的行为作出判断。在我们的社会里，有的社会现象或行为对社会产生积极作用，有利于社会和他人的利益，符合社会主义道德规范的要求，就被认为是有道德的，就会受到人们的赞扬、支持和鼓励，人们就会用善良、正义、公正、诚实、崇高等观念对这些行为作出肯定的评价。有的社会现象或行为对社会产生消极作用，损害了社会和他人的利益，违背了道德原则和规范的要求，就被认为是不道德的，就会受到人们的谴责和批判，人们就要用丑恶、偏私、不公正、虚伪、卑鄙等观念对这些行为作出否定的评价。

同样，当一个人具备了一定的道德观念和道德感情以后，他就会对自己的行为作出评价。例如，一个善良的人，当他为别人解除了痛苦，就会认为自己的行为符合助人为乐的道德要求，从而产生愉快和满意的感觉。相反，当他偶尔做了一件不利于他人的事情时，就会认为自己的行为违背了道德的要求，在良心上就会感到极大的痛苦和内疚。这些都属于道德评价的范畴。

所谓道德评价是指生活在社会中的人们，按照一定社会或阶级的道德原则和规范，通过社会舆论或个人心理活动等形式，对他人或自己的行为进行的善恶褒贬活动。道德评价有自我的道德评价和社会的道德评价两种基本方式。自我评价是个体或群体依据自身的价值取向，对自身行为所作的善恶认识和道德判断，主要通过良心内省的形式来进行。这种评价可以深入到行为者的灵魂深处。社会评价是客观上对个体或群体的行为所作的善恶褒贬活动，主要通过社会舆论的形式来实现。它反映社会的人心向背，对人的行为具有强大的约束、规劝和指导作用。自我评价和社会评价是相辅相成的，自我评价要受社会评价的制约，而社会评价只有为该社会成员的自我评价所认同，才能发生有效的作用。在社会生活中，道德评价是一定社会或阶级的道德原则和规范发挥作用的重要杠杆，对于发挥道德的功能和作用、调节人与人之间的关系，对于个人道德品质的形成、社会道德风尚的改善，以至对道德从实有到应有的转变等都具有重要意义。从某种意义上说，没有道德评价就没有道德。引导人们正确地开展道德评价，是进行社会主义道德建设的一项重要内容。

在金融职业生活中，金融从业人员对自己和他人的行为都是非常关心的。金融从业人员总是根据一定的金融职业道德原则和规范来衡量他人或自己的行为。对他人的行为是肯定还是否定，是赞扬还是谴责，对自己的行为是感到欣慰，还是感到内疚，这实质上就是金融职业道德评价活动在起作用。所谓金融职业道德评价就是在金融职业生活中，金融从业人员以一定的金融职业道德原则和规范为标准，通过金融从业人员的内心信念、传统习惯、社会舆论等活动形式，对金融从业人员自己和他人的行为，进行善恶判断，表明褒贬态度，以调整金融从业人员之间以及金融从业人员个人与社会之间的关系。

金融职业道德评价是金融职业生活的需要。作为特殊的社会意识形态的金融职业道德是为了调整金融从业人员之间以及金融从业人员与社会之间关系的需要产生的，这种需要决定于一定时代的社会经济关系和政治制度，并通过金融职业道德评价表现出来。

金融职业道德评价是以金融从业人员的行为作为对象的。对金融从业人员的职业道德行为需要不需要进行评价，它关系到金融从业人员对自己的职业行为应不应该负道德责任问题，也关系到金融从业人员在金融职业实践活动中，对自己的行为有没有这样的自由问题。金融职业道德评价，一般包括两个方面，一是社会对金融从业人员的职业行为评价，二是金融从业人员对自己行为的评价。

（二）金融职业道德评价的作用

金融职业道德评价是道德评价在金融职业工作中的具体运用，是金融职业道德教育过程中的重要环节。通过金融职业道德评价对金融从业人员的职业道德行为进行调节和约束，能够对金融从业人员产生巨大的精神力量，有利于金融从业人员优良职业道德品质的形成和发展，有利于金融职业道德规范在实践中的落实。

1. 金融职业道德评价是维护金融职业道德原则与规范的保障。一定的金融职业道德原则和规范，是一定社会和阶级在金融职业生活中的具体体现。在金融职业生活中，如果离开了金融职业道德评价，任何金融职业道德原则和规范也就失去了意义。当金融从业人员背离了金融职业道德原则和金融职业道德规范的要求去行动时，他就不能不考虑自己的行为的社会后果及影响，不能不担心社会舆论的谴责和自己良心的责备，这时金融职业道德评价就表现为维护和执行金融职业道德原则和金融职业道德规范的现实力量。因此，金融职业道德规范的维持或破坏，就是金融职业道德的弘扬或沦丧的主要标志。如果金融从业人员的行为符合了一定的金融职业道德原则，就是善的行为，反之则是恶的行为。金融从业人员的职业道德行为是否遵循了金融职业道德基本原则和规范，是靠金融职业道德评价来进行的。

2. 金融职业道德评价对金融从业人员的社会行为具有调节作用。金融职业道德调节是指调节金融从业人员之间、金融从业人员与社会之间的关系。从实际上来说，金融职业道德的这种调节作用主要是通过金融职业道德评价来实现的。金融职业道德的调节作用主要表现在以下三个方面。

（1）金融职业道德倡导善行，树立典范。在金融职业生活中，涌现出来的先进工作者，他们是金融部门的先进代表，在他们的身上集中地体现了金融从业人员的优秀职业道德品质，他们是其他金融从业人员学习的榜样。只有通过大张旗鼓地宣传他们的先进事迹，才能激发全体金融从业人员积极性、主动性和创造性的发挥，才能在全行业系统形成学先进、赶先进、努力争先进的金融工作小气候，才能够弘扬正气，抵制邪气。

（2）金融职业道德能疏通行为障碍。金融从业人员在履行金融职业道德义务过程中遇到障碍和挫折时，金融职业道德评价能够帮助金融从业人员积极排除和疏通。在开展金融业务时，由于金融工作本身的复杂性以及金融客户的广泛性，使得金融从业人员在工作时不可避免会发生一定的矛盾，如何解决这些矛盾，除按金融工作规章制度执行外，社会舆论的影响是很重要的，所谓“公道自在人心”讲的就是这个意思。

（3）金融职业道德评价抑制、约束和预防金融从业人员不道德行为的发生。当金融从业人员被错误思想所影响，在职业道德上出现滑坡，甚至发生严重错误时，金融职业道德评价就会发生作用，制止金融从业人员的恶行。

从形式上来看，金融职业道德所凭借的社会舆论、内心信念和传统习俗等手段，比政治、法律等手段要温和得多。但实质上，金融职业道德评价的调节作用，比起法律和政治的调节作用往往要深刻得多、广泛得多、久远得多，可以起到政治和法律无法起到的调节作用，同时可弥补财经纪律、金融纪律在时间和空间上的某些局限性。

3. 金融职业道德评价影响金融从业人员个人职业道德品质的形成。金融从业人员职业道德品质的养成不是与生俱来的，而是在长期的金融职业道德教育和道德修养中逐渐形成的。在金融职业道德活动中，金融职业道德评价不仅能通过社会舆论的善恶褒贬，使金融从业人员明白是非曲直，更重要的还在于它能够深入到金融从业人员的内心深处，作用于人的金融职业道德情感，由金融从业人员的职业良心来调节自身的思想和行为，保证金融从业人员的道德品质不断趋于高尚。因此说，金融职业道德评价对金融从业人员职业道德的品质形成有更为突出的影响。

总之，金融职业道德的职能靠金融职业道德评价来发挥，金融职业道德的作用在金融职业道德评价中实现。在金融职业生活中，充分发挥金融职业道德评价的作用，对于社会主义精神文明建设，对于社会风气的改善，对于金融从业人员的健康成长都有着十分重要的意义。

二、金融职业道德评价的依据

金融职业道德评价旨在判断善恶。要正确地评价金融从业人员的行为，不仅要科学地确定评价标准，而且要科学地确定评价依据。金融从业人员的行为过程，特别是金融职业道德行为过程，作为金融职业道德评价的直接对象，动机和效果是它的两个重要的构成因素。

（一）金融从业人员的动机和效果

金融从业人员的行为总是由一定的主观愿望指导的，而且也总会产生一定的客观效果。所谓动机，指的是金融从业人员行为所趋向的一定目的的主观愿望或意向，它是金融从业人员为了追求某种预期目的的自觉意识。在金融从业人员日常生活中，金融从业人员的行为都是有一定目的的，即在金融从业人员发生某种行为之前，首先产生某种行为的动因，也就是动机。动机一般产生于金融从业人员的行为之前，在行为过程中推动、指导金融从业人员的行为，但也可以在行为过程中产生新的动机，引起新的行为。金融从业人员的动机有的是很复杂的，甚至会产生相互矛盾的动机，这种相互矛盾的动机支配金融从业人员的行为，使金融从业人员的行为出现复杂的情况。金融从业人员动机一般表现在看待问题和处理事情、从事工作的立场和观点上。在金融从业人员行为的整个过程中，动机引导着金融从业人员的行动向一定目标前进。在金融职业生活中，金融从业人员行为的动机总是以社会实践的需要为前提的。也就是说，金融从业人员的动机是受一定社会政治经济条件制约的。

效果是金融从业人员职业道德行为过程中的一个重要因素。所谓效果就是金融从业人员行为产生的结果，也就是行为主体的道德行为给社会或他人带来的实际后果。效果能被金融从业人员感觉到，一经产生，就是一种客观存在。当然效果的好坏受社会政治经济条件的制约。效果可以和动机一致，也可以不一致，或者和动机完全相反，但不管怎么样，都会有一个结果的。不过，效果不论好坏，都是金融从业人员行为的客观记录。所以，从效果中去考察金融从业人员的行为是有说服力的，并且可以进而考察金融从业人员行为的动机。

（二）动机和效果的辩证统一是金融职业道德评价的依据

为了深刻了解金融职业道德评价的依据，我们有必要首先了解道德评价的依据。

在评价人们行为善恶的依据问题上，伦理学界历来存在着割裂动机和效果而各持一端的两个派别。一派强调行为者的动机为判断善恶依据而否认效果，称为动机论；另一派强调应以行为的效果为判断善恶的依据，而否认动机，称为效果论。在西方伦理学史上，德国唯心主义哲学家康德是动机论的最著名代表。他明确提出一个善良意志之所以是道德的，是因为它本身的意向是善良的，至于这个善良意志能否带来好的后果那是无关紧要的，后果好坏决不能影响动机。他说，一个人看见小孩落水，只要他产生了搭救小孩的善良动机，并尽力去做，即使没有成功，也是善良的。相反，如果一个人首先就怀着期待溺水者父母报答或得到某种荣誉的动机去搭救小孩，即使救起了溺水者也是不道德的。康德认为：“行为的道德价值不在于所期望于这个行为的结果。”评价人的行为的主要根据不是行为的效果而是先天的“善良意志”。“善良意志”是道德行为的来源，从善良意志出发的行为，才是唯一的道德行为。所以，只有出于善良意志的行为，才具有道德价值，从善良意志出发的动机，才是道德评价的唯一标准。康德看到了动机在评价人们行为中的重要作用，这包含了一定的合理因素，但康德所强调的是他完全离开人们行为的社会效果而单纯片面地强调动机，这就不对了。离开人们的社会实践，不接受社会现实检验的动机是根本不存在的，这种动机只是一种空洞无物的主观幻想。

与此相反，19世纪英国哲学家穆勒、边沁等人是效果论的主要代表人物，他们从抽象的人性论出发，认为个人利益是人类行为的基础，趋乐避苦是人的先天本性，衡量行为善恶的根本标准就是看其是否能满足个人利益，使人快乐的就是善，使人痛苦的就是恶。边沁在他的《道德立法原则》一书中说：假如动机有善可言，那只是因为他们的效果使然。这就是说评价善恶的根据与动机无关，只有由动机产生的意图，才有道德的价值。穆勒和边沁的效果论只强调行为的后果，完全否定了行为主体的动机的作用，割裂了效果和动机的关系，这是一种形而上学的机械论。无论是动机论，还是效果论，都不能真正解决善恶评价的根本问题，如果以动机作为道德评价的根据，判断就没有客观准绳，无法判断行为者的动机究竟是好的还是坏的；只以效果作为道德评价的根据，不仅容易把有些怀着不良动机而暂时产生的好效果简单地称为善的行为，而且会把那些由于经验不足，或认识片面、考虑不周而造成不好效果的行为，简单地归为动机不良。所以这两种评价都是不科学的。

马克思主义坚决排斥片面的唯动机论和唯效果论，强调必须以动机和效果的辩证统一作为道德评价的依据。马克思主义的唯物辩证法认为：动机和效果是辩证的统一，它们既相互对立，又相互联系，互相转化。也就是说在考察判断某一行为善恶时，既要看动机，又要看效果，联系动机看效果，透过效果看动机。

在金融职业实践中，金融从业人员的动机与效果本身是一个问题的两个方面，金融从业人员应该辩证地看待这一问题。

第一，金融从业人员好的动机会产生好的效果。这是因为金融从业人员好的动机，从最终意义上来说，必然会产生好的行为，产生好的结果。因此金融从业人员应该把效果作为检验其动机好坏的标准。

第二，金融从业人员不好的动机，常常会引导出坏的结果。这是因为不好的动机在通常意义上将不会有好的结果。一个金融从业人员，完全忘掉了自己的金融宗旨，被资产阶级利己主义思想毒害，那么在开展金融业务工作时，就可能从利己的动机出发，向客户吃拿卡要，甚至以权谋私，贪污受贿，最终受到党纪国法的制裁。

第三，在一定情况下，金融从业人员好的动机可能会引出坏的结果，坏的动机也可能会引出好的结果。一般来讲，客观事物在发展中受各方面条件的制约。由于金融从业人员对社会主义市场经济规律的认识要有一个过程，也由于在金融从业人员的行为过程中还有不少意想不到的情况等，可能会出现动机与效果的不一致。

综上所述，金融从业人员动机和效果不能分离，两者是辩证统一的关系。因此评价金融从业人员行为的善恶，既要看动机，又要看效果，只有把金融从业人员的动机效果统一起来，作为金融职业道德评价的依据，才能评价金融从业人员的职业道德行为。当然，我们讲金融从业人员动机效果的统一，不是把二者并列起来，不分主次。毛泽东同志说："社会实践及其效果是检验主观愿望或动机的标准。"[①] 这就是说，金融从业人员的社会实践和效果是判断金融从业人员行为道德与否的重要依据。一个金融从业人员真正良好的动机，与其效果的背离是暂时的，最终总是会在社会实践的基础上统一起来的。一个具有良好动机的金融从业人员，总是追求良好的效果，而如果暂时与主观愿望不合，产生不良效果，他必然要在金融实践中总结经验教训，使效果与动机统一起来。

三、金融职业道德评价的标准和方式

（一）金融职业道德评价的标准

标准是进行金融职业道德评价的尺度。区别金融从业人员行为的善与恶是金融职业道德评价的基本任务。判断金融从业人员的行为是属于善的，还是属于恶的，就需要有一个衡量的标准。

1. 道德评价的标准。道德评价的标准问题，古今中外的伦理学家众说纷纭，争论不休。善与恶这两个基本范畴实质上就是道德评价的标准。古希腊哲学家苏格拉底、柏拉图等人，以知识和理念作为善恶标准，提出"知识就是道德"，当然苏格拉底所说的知识不是感性经验的知识，而是概念的知识，是"至善"的知识。苏格拉底还在西方伦理思想史上第一次明确、系统地提出了善恶是相对的，应该根据不同的时间、地点、条件确定道德标准，反对当时盛行的伦理绝对主义。苏格拉底的学生柏拉图在伦理

---

① 毛泽东. 在延安文艺座谈会上的讲话［M］//毛泽东选集：第三卷. 北京：人民出版社，1991：868.

思想方面继承了苏格拉底“知识就是道德”的伦理思想，认为只有理性才具有绝对价值，才是至善。沉思美好的理念世界，才是人生的终结目的，善的理念是一切事物善的根据，一切理念之上的最高的理念是至善，至善是最高的道德目标和标准。康德则把他的“绝对命令”，即先天的善良意志，作为唯一的评价善恶的标准。而费尔巴哈则把能否满足幸福作为评价善恶的标准。

我国伦理学史上的“义”“利”之争，实质上就是善恶标准之争。孔子说，“君子喻于义，小人喻于利”（《论语·里仁》），也就是说，凡是合于“义”的，就是善的，反之就是恶的。孟子则主张“舍生而取义”（《孟子·告子上》）。墨子认为，“天下有义则生，无义则死；有义则富，无义则贫；有义则治，无义则乱”（《墨子·天志上》）。

总之，历史上不同时期的思想家，由于历史的局限性，他们不可能也不能够揭示道德评价的根本标准。其实质就是从抽象的善恶观念出发，否认道德的阶级标准，否认道德评价的历史性，宣扬超阶级、超时代的善恶标准。马克思主义伦理学认为：善恶观念是人们社会实践的产物，是个人对社会复杂道德关系的反映。善恶评价实质上是一种价值评价，因此，在考虑道德评价的标准时，就不能离开一定的主体和对象的具体关系。由于主体和对象的多样性和复杂性，就决定了主体在不同的作用对象面前有不同的道德价值。在金融职业生活中根本不存在着适合于一切社会、一切阶级、一切时代的永恒不变的道德评价标准。道德评价标准应是历史的、阶级的、具体的，不同的社会、不同的阶级有着不同的道德评价标准。

2. 金融职业道德评价的标准。金融职业道德评价的基本标准仍是善恶标准。善与恶是金融职业道德意识中的最基本概念，它们反映了金融从业人员对其行为进行道德判断和道德评价时的最基本的态度。

第一，善恶标准不是永恒不变的，而是随着金融职业的发展，随着社会历史的发展而变化的。在当前，我国金融部门的根本任务是建立适应社会主义市场经济的一套新的经营管理体制，大力发展金融事业，使社会主义金融在改革开放大业中成为一个“极好的机构”。因此，金融职业道德评价的标准就是：能够促进金融事业发展的，能够使金融部门加快管理体制改革，尽快适应社会主义市场经济要求的行为就是善的，反之则是恶的。

第二，金融从业人员在职业实践中的善恶观与社会主义的善恶观是一致的。在人类社会道德史上绝对不存在脱离当时社会的善恶标准，而另行一套评价金融从业人员的善恶标准。社会或阶级的整体利益是各种善恶标准的根本基础。各个国家、各个金融机构的善恶标准，虽然同各自的历史传统和管理方式、经营方法有关，但在总体上和根本上，都是由不同社会或阶级的整体利益决定的。

第三，判断金融从业人员行为善恶的标准，最终应当立足于社会和金融发展的历史必然性。在金融职业道德评价中，判断金融从业人员行为善恶应当遵循科学的标准，即只能是由合乎于历史必然的社会或阶级的整体利益中引申出来的金融职业道德原则和金融职业道德规范。从最终意义上来说，只有符合历史必然性，能够促进社会发展，能够促进金融事业发展的行为，才是真正善的行为，否则就是恶的行为。

从我国金融工作的性质和任务来看，金融职业道德评价的行为标准是：是否有利于社会主义市场经济体系的建立，是否有利于推进金融经营管理体制的改革，是否有利于金融事业的发展，是否能够促进金融部门社会效益和经济效益的提高，是否能够向社会、向客户提供优质服务，是否有利于广大人民群众生活水平的提高和金融从业人员生活水平的提高。只有按照这样的善恶标准评价现实生活中金融从业人员的职业道德行为，才能得出客观的和公正的结论。

（二）金融职业道德评价的方式

金融职业道德评价的方式，主要包括社会舆论、传统习惯和内心信念。相对于被评价的行为当事人来说，社会舆论来自于外部的因素，内心信念是自身内部的因素；而传统习惯则可能是行为当事人之外的因素，也可能就属于行为当事人自身的因素。我们掌握了金融职业道德评价的标准和金融职业道德评价的依据，就可以对金融从业人员的行为作出正确的善恶判断，而这种善恶判断就是通过上述这三种评价方式来进行的。

1. 社会舆论的形式、性质和作用。社会舆论是一定社会对某些人或个体的行为、社会组织的活动施加精神影响的手段。社会舆论的内容包括政治舆论、文艺评论、宗教舆论和道德舆论等。

社会舆论的形式各种各样，基本上可划分为两种，即自觉的和自发的。自觉的社会舆论，一般指国家政权和社会组织利用其所掌握的各种宣传工具（报刊、广播、电影、电视、书籍等）对社会成员所进行的道德宣传教育。当某种道德观念被大多数人接受以后，就能形成强大的社会舆论，这种社会舆论通过对人们行为的赞扬或谴责，深刻地影响着整个社会的道德风尚，促使人们按照一定的行为规范来约束自己的行为，调整和他人之间的关系。

自发的社会舆论，主要指风俗、传统和习惯。它是人们在社会和集体生活中自发地、重复地、历史地形成的，是通过人们有意识的努力，以保持从先辈那里继承下来而不致改变的风俗、传统和习惯作为一定民族的人们习以为常的行为方式。与群众存在着千丝万缕的联系，是一种不言自明的常规，在人们的道德活动中起着十分重要的作用。

在金融职业道德生活中，社会舆论是人们根据金融职业道德评价的标准，对金融从业人员的思想、行为和服务态度的赞扬和批评。社会舆论在金融职业中表现为两个方面，一方面是金融系统内部群众的议论，另一方面是金融系统外部客户和广大人民群众的议论。

在金融职业道德评价中，社会舆论有着特殊的作用。

第一，人们可以借助社会舆论，对金融从业人员的行为、品质作出善恶判断，并表明相应的倾向性态度。在金融职业道德生活中，通过社会舆论的力量表扬和肯定一些金融从业人员善的品行，谴责和否定个别金融从业人员恶的职业行为，会使金融从业人员产生一定的压力，形成一种学先进、赶先进、人人争先进的巨大精神力量，从而深刻地影响整个金融系统的风气和社会的风尚。当然一些社会舆论并不一定都是正确的，这就需要金融从业人员敢于扶正祛邪，敢于同歪风邪气作斗争。

第二，金融从业人员通过社会舆论所表达的社会情绪，把金融从业人员的职业道德行为规定在一定的社会要求范围之内。舆论是社会控制的重要力量，舆论的导向要有利于金融从业人员增强自信心和克服困难的勇气。金融从业人员在社会舆论的赞同、规劝或谴责下，能够明白什么是善，什么是恶，什么是自己应该做的，什么是自己不应该做的，从而在金融职业道德原则和规范的指导下，改变、调整或坚持自己的行为方向和行为方式。对于金融从业人员来说，就是要注意广泛听取社会舆论对自己行为的评价，对社会舆论采取分析的态度，顺应正确的舆论，抵制错误的、不健康的舆论。

2. 传统习惯的特点、构成和功能。传统是指过去传下来具有一定特点的某种思想、作风、信仰、风格、习惯等。习惯是指长时期养成的不易改变的说话、行动、生活等方式。所谓传统习惯，仅就社会道德生活方面而言，是指人们在长期社会生活过程中，逐步形成和积累起来的，已被人们普遍承认和熟悉的一些日常的、稳定的道德经验、道德常识、道德情感和道德行为等。金融从业人员的传统习惯是金融从业人员长期以来形成的一种比较稳定的、习以为常的职业行为倾向。传统习惯能使金融从业人员在一定的情况下，自动地、不假思索就能进行某种动作，它表现为一定的工作情绪和传统的工作方式。

（1）从一定意义上来看，传统习惯是社会经济关系和金融职业生活过程的直接反映。也就是说，传统习惯的形成与发展过程和金融从业人员的职业生活过程是同一过程，即有什么样的社会经济条件，什么样的金融职业生活方式，就会形成什么样的金融职业传统习惯。如：金融从业人员恪守信用这个传统习惯，尽管金融业的发展经历了几千年，但它过去是，现在是，将来也仍然是金融从业人员要恪守的传统习惯。

（2）传统习惯是一种自发的社会舆论。也就是说，它是来自金融从业人员职业生活过程中直接体验和行为的积累。它存在于金融职业生活的各个方面，与金融从业人员有千丝万缕的联系，并流传悠久，具有稳定性的特点。如金融从业人员为储户保密、守口如瓶的职业传统世代相传，在金融从业人员之间是一种不言自明的职业道德常规。

（3）传统习惯不是外部灌输或强加给金融从业人员的。金融业务工作有一套相对独立的运行过程，处于一个封闭或者半封闭的状态。因此，金融从业人员的职业传统和习惯的形成及发展基本上不受外界的干扰，它是由几代甚至几十代金融从业人员流传下来或金融从业人员自己长期积累和养成的一些不假思索的“常识”和“惯例”之类的东西。它具有简易但不肤浅的特点。

（4）传统习惯虽然是金融从业人员较为低级的职业道德要求，但在金融从业人员职业道德生活中，却有着极为重要的地位。金融从业人员职业道德的行为过程，可以说大半都是在沿袭世世代代金融从业人员历史传统和习俗的基础上逐步提高的。金融职业道德的发展过程也就是继承历代金融从业人员的职业传统习惯和创新的过程，然后又将比较完善和充实的传统习惯用于将来和流传后代。

在金融从业人员的职业生活过程中，传统习惯有新旧之分，旧的传统习惯，尤其是一些颓废的传统习惯，在今天社会主义市场经济条件下已不再具有生命力，而且它的存在总是要影响着金融工作新的传统习惯的形成。因此，金融从业人员应对传统习惯进行具体的、历史的分析，从而采取不同的态度，即谴责、抵制那种阻碍新的金融职业道德成长的落后保守的传统习惯，扶植、宣传能够促进新的金融职业道德成长的进步的优良传统习惯。

在金融职业道德评价过程中，传统习惯是一个重要的因素，有着重要的作用。首先，传统习惯是评价金融从业人员行为善恶价值最初的、最起码的标准。金融从业人员在评价其行为善恶时，总是以“合格”与“不合格”、“应当”与“不应当”作为标准，从而规范金融从业人员的行为，把金融从业人员的行为纳入符合传统的轨道。其次，传统习惯是评价金融从业人员行为整体善恶的重要根据。人们在评价金融从业人员职业道德行为时，不是看一时一事的动机和效果，而是评价金融从业人员一贯的行为表现。最后，传统习惯能引导金融从业人员在其职业道德生活中作出正确的选择，由此改变整个社会的风气，形成一代新风尚。所以，在当前的社会主义市场经济蓬勃发展中，要使金融从业人员养成新的传统习惯，充分发挥新风尚的作用，从而使社会主义金融职业道德得到发扬光大。

3. 内心信念的特点和作用。内心信念在伦理学上主要是指道德信念，也就是我们通常所说的良心。内心信念简称信念，是指人们在一定的认识基础上确立的对某种思想或事物坚信不疑并身体力行的心理态度和精神状态。人的信念包括多方面的内容，金融职业道德意义上的内心信念，是一个金融从业人员对某种金融职业道德理想、金融职业道德观念和金融职业道德规范的正确性、正义性和崇高性的笃信，以及由此而产生的强烈责任感。金融职业道德上的内心信念，在金融职业道德品质的统一体中居于核心地位，它是金融职业道德认识、职业道德情感和职业道德意志的有机统一，具有综合性、稳定性和持久性的特点。

内心信念能够使金融从业人员自觉地选择其职业行为，是金融从业人员职业道德行为选择的内在动机和精神力量。内心信念在金融职业道德评价中的重要作用主要表现为以下几个方面。

第一，内心信念作为一种强烈的道德责任感，是促使金融从业人员评价其行为善恶最直接的内在动力。在金融从业人员的行为选择和自我评价中，内心信念通过人们日常所说的良心发挥其作用。比如，金融从业人员经常所说的“我很内疚”“很不安”“很高兴”等，就是金融从业人员内心信念的一种表现。当金融从业人员履行了金融职业道德义务，受到客户表扬和赞成时，金融从业人员就能感到一种精神上的满足和愉悦，并发誓在以后的金融职业道德行为中坚持下去；当金融从业人员未履行职业道德义务，受到客户的批评时，就会感到羞愧不安，受到“良心的责备”，感到后悔，从而发誓在以后的工作中以此为戒努力避免犯重复性的错误。

第二，内心信念能支配金融从业人员选择正确的职业行为，这也是金融从业人员职业道德评价中的直接标准。在金融工作实践中，金融从业人员通过对自己的职业行为进行比较、鉴别、分析、判断，就能够在以后的金融工作实践中坚持正确的金融职业道德行为，杜绝不道德的金融职业行为。

第三，一个金融从业人员的内心信念一旦形成，还可以对其他金融从业人员的职业道德行为进行善恶评价，并对社会舆论已经作出的判断进行再评价。金融职业道德评价不可能一次完成，一个金融从业人员的职业行为限于当时的社会政治、经济历史条件以及社会舆论的存在，在评价时可能不能够正确地、恰如其分地进行评价，那么，随着时间的推移，迟早会得出一个正确的评价结论来。

案例分析

挪用近3000万元　7年无人察觉
——浙江一信用分社主任自首才“东窗事发”

新华社杭州3月22日电　浙江省长兴县一名信用分社主任利用职务之便，将集体所有的近3000万元资金私自挪用，而在被告人作案的7年里，信用社竟无人察觉，直到被告人最后投案自首。

1996年12月底，被告人孙文红还只是长兴县雉城信用社陆汇头分社的一名普通会计，因其父从事煤炭经营缺乏资金，她就利用职务上的便利，以填制阴阳进账单的方法，将长兴某单位转存到陆汇头信用分社的50万元资金，私自划入了长兴育盛综合经营部的账户（实为工星物资公司煤炭采供站账户），供其父亲从事经营活动。

第一次轻松得手后，孙文红胆子越来越大，在随后的7年里，她通过填制阴阳进账单、自制虚假传票、冒名取款、冒名贷款等手段挪用资金20多次，最少的一次也有18万元。1998年，孙文红竟被提拔为信用分社的主任。随着职位的提升，孙文红挪用资金的数额也越来越大，有一次，在短短一个多月里，她就挪用1000多万元资金。

2003年1月，1400多万元的缺口让孙文红寝食不安。经过一番思想斗争，孙文红最终向长兴县信用联社交代了自己挪用单位资金2900多万元的犯罪事实，并退回了数百万元赃款和赃物，至案发时止，仍有1400余万元不能归还。

资料来源：江南时报，2004－03－23（10）；www. people. com. cn/GB/paper447/11614/1046917. html.

点评：在作案的六七年间，孙文红几乎是每时每刻都在提心吊胆地过日子。她不敢看警匪类的消息和文学书，不敢与人谈论破案，听到街上警笛响起就会心惊肉跳不能平息……她觉得自己随时在等待着被逮捕、被审讯、被判刑、被囚禁、甚至被杀头。孙文红变得脾气非常暴躁，经常与人吵架，甚至是摔东西。长期的思想负担，使她不能吃上一顿有滋味的饭，不能睡上一个安稳觉。自进了监狱之后，她才觉得是解脱了。

受孙文红案件牵连，她原来工作单位相关责任人受到了相应的处分和处理，其中有3人被开除公职，1人被开除留用察看，2人被行政降职，2人行政记大过，3人行政记过，2人行政警告，3人行政通报批评。看到自己的犯罪行为既给信用社造成了巨大的损失，又给昔日同事、领导带来这么严重的后果，孙文红感到羞愧难当。她说："我刚被拘留时，单位里的同事不晓得我发生了什么事，还过来看我。他们平时都太相信我了，以为我根本不会做坏事，后来他们知道我犯了罪，就再也不来看我了。我没有想到会有这么多人为我的事受了牵连，我想他们肯定是恨死我了，就是将来刑满出狱后，我也无颜再面对他们。现在想来，我最对不起的是信用社。信用社培养和成就了我，而我却成了信用社的'家贼'。"

孙文红投案自首的客观起因是检察院的查账，主观原因则是她心理防线的崩溃。金融从业人员自身要自重、自律、自警，洁身自好。要坚持原则，按章办事，决不能以亲情、友情代替制度。

第二节 金融职业道德行为选择

金融职业道德行为是基本的道德活动现象，是金融职业道德原则、规范和范畴转化为实际道德活动的过程。金融职业道德行为是怎样发生的，金融职业道德行为能否自由选择，如何选择金融职业道德行为，这些都是金融职业道德学所必须回答的问题。每一个金融从业人员，都应当正确地理解和把握金融职业道德行为特征和金融职业道德行为选择的条件，以便调整和指导自己的职业道德行为，使之符合于社会主义金融事业的发展方向，实现人生价值目标和职业道德理想。

一、金融职业道德行为选择的含义和特征

（一）金融职业道德行为选择的含义

要了解和认识金融职业道德行为选择以及它的含义，首先必须了解和认识行为及道德行为的含义。

1. 行为的含义。行为是泛指一切对象的运动、变化、发展。生理学、生物学把行为看做有机体对外部刺激所做的反射动作。行为主义心理学把人与动物对刺激所做的一切反应都称之行为。而行为遗传学则坚持人类行为的遗传性、先天性，认为每一个人从出生开始，行为就已经被设计好。在伦理学中，行为是泛指人类自觉的有目的的活动。在西方“行为科学鼻祖”亚里士多德的伦理学著作中，他曾详细地、系统地考察了人类行为的各个方面。他把人们的活动同目的性和意志联系起来，强调人的社会性和理性的生活。还有一些西方伦理学家认为：“行为就是一个物体的有关它周围环境的任何一种变化。”于是即把“日月循环、星光闪烁、行云流水、草长花开……”也都称为行为。这些对行为的看法，虽不乏是有价值的，但显然是把人的行为同物体的运行加以直接等同，混淆了人的行为与物体运行的质的区别，也混淆了人的行为与心理机制、

生理机制的区别。它没有正确地理解人类社会生活的本质，没有正确地揭示人们的行为对于社会物质生产和经济政治生活的依赖关系，没有揭示人类行为的本质特征。

马克思主义继承和发展了历史上一些伦理学家和思想家的思想。马克思主义认为，不应从人的自然本性和物质构成出发，而应从人的社会本性、人类的社会实践和社会关系去考察人类的行为特征。人的行为是人所特有的能动性的表现，是人的有意识的活动。人的行为与物体的运行，与物体的物理、化学变化，以及与动物的活动有根本区别。人的行为不同于动物的活动，动物的活动是本能，人的行为则是有自觉意图、有意志支配的。人总是社会的人，脱离社会的孤立的个人是不存在的，人的一切行为都是在特定的社会环境、社会关系中，通过改造自然、改造社会和改造人本身的社会实践活动而形成和发展起来的，离开了改造客观世界的活动，就不会有人的行为。

2. 道德行为的含义。在人类复杂的社会经济生活中，人的行为是多种多样的、复杂的、具有多层次的结构和极其丰富的内容。从社会生活领域来说，有经济行为、政治行为、法律行为、艺术行为、宗教行为、日常生活行为，还有道德行为，等等。所谓道德行为就是在一定的道德意识支配下表现出来的有利于或有害于他人和社会的行为，即可以进行道德评价、负有道德责任的行为，也称做伦理行为，如果用善恶标准来评价，凡是有利于他人和社会的行为就是善的行为，也就是道德行为；凡是有害于他人和社会的行为就是恶的行为，也就是不道德行为。

（二）金融职业道德行为的特征

金融职业道德行为是伴随着金融职业行为而产生的。因此，金融职业道德行为既具有一般道德行为的基本特征，又具有其不同于一般道德行为的特殊性。所谓金融职业道德行为是指在一定的金融职业道德意识支配下的行为，它是泛指金融从业人员在善恶意识支配下作出的行为，包括善行和恶行。

1. 金融职业道德行为是自知的行为。一种道德行为，必须以行为者对自己同他人和社会的利益关系有自觉认识为前提。也就是说，金融从业人员作为行为者必须要知道自己的行为包含对他人和社会的利害关系，只有这样，才能对自己的行为负有道德责任，才能知道或懂得对自己的行为所进行的金融职业道德评价的意义。比如，在金融经营管理活动中，金融从

业人员是严格按照有关规定和制度办事，全心全意为人民服务，还是利用职权假公济私、损公肥私侵害人民群众的利益，两者都是一种自觉的道德意识。基于这样的职业道德意识而发生的行为都是金融职业道德行为。当然前者符合金融事业发展方向，有利于金融事业，因而是善的行为、有道德的行为。而后者有损于金融从业人员的形象，有损于金融事业发展，因而是恶的行为、不道德的行为。

2. 金融职业道德行为是自由选择的行为。一种道德行为，必须是行为主体根据自己的意志所作出的抉择。如果自己无能为力，无法控制的，不是自己自由选择的，就不具有道德意义。金融从业人员的自觉行为是一种选择目的的行为，选择目的表现着金融从业人员特有的意志。因此说，在金融从业人员行为问题上，凡是通过金融从业人员的有意识的思虑所作出的抉择，都具有道德意义。不管这些道德行为是善的，还是恶的，不管是有道德的行为，还是没有道德的行为都应该承担一定的道德责任，给予一定的金融职业道德评价。在这一点上，它同法律、政治行为是有区别的。

（三）金融职业道德行为选择

一个人道德行为的选择是由这个人所处的地理环境和知识、能力所决定的，金融工作者也不例外。金融职业道德行为的选择是金融从业人员的职业道德活动的主要形式。金融职业道德行为选择是行为发生之前的个人心理活动过程。包括金融职业道德行为能否自由选择，金融职业道德行为选择的条件等。

1. 金融职业道德行为能否自由选择。要知道金融从业人员职业道德行为能否自由选择，首先我们应了解道德行为能否自由选择。

所谓道德行为选择是在人们的道德意识支配下，自觉自愿地选择某一行为，它是人们有目的的道德活动的一个重要方面。人究竟能不能根据自己的意志，自觉地选择自己的行为呢？这是伦理学和哲学史上长期争论不休的问题，也是一个悬而未决的问题。

唯心主义者认为，人的行为当然包括道德行为在内不受客观必然性的制约，自由和必然是互相排斥的，任何人都可以为所欲为，想怎么办就怎么办，想干什么事就干什么事。这就是所谓绝对性的意志自由。德国古典哲学创始人康德认为“理性纯乎自发”，“自由是一切有理性者之意志的特征”，“道德的最高原则是意志自律”。康德还特别强调“按照你的意志所遵循的能够成为普遍道德律的准则去行动”。康德的这种意志律就是绝对的意志自由论。近代唯意志论者也是这种绝对意志自由的典型。如近代费希特的“绝对自我”，现代柏格森的“生命哲学”，存在主义的“自由选择”，等等。但真正称得上系统的唯意志论体系者是18世纪德国哲学家叔本华的生存意志主义和尼采的权力意志主义。叔本华认为，世界是自我的表现，自我是一种求生存的欲望冲动，生存意志是世界的本质和基础。尼采则认为，世界的本质是权力的意志，是一种贪得无厌的权力欲望和应用权力进行创造的本能。他们鼓吹的这种所谓“超人”哲学无非是让人们可以无视一切法律规范和道德规范去胡作非为。旧唯物主义者则从另一个极端割裂必然同自由的辩证关系，强调人的意志要受到客观必然性的支配。承认主观受客观决定，但又忽视了人的主观能动性，否认人有选择自己行为的意志自由，人的一切活动都受外界客观环境决定，没有任何意志自由。人只能听天由命，任凭环境的摆布，从而陷入了唯心主义的“宿命论”。

马克思主义伦理学认为，道德行为自由选择既不是人们可以不受客观环境的制约而为所欲为，也不是人们在道德行为自由选择面前束手无策，听天由命。马克思主义首先承认客观必然性，也承认历史必然性，历史发展同自然发展一样，有其不依人的意志转移的客观规律。历史条件给人们的行动规定了一些界限，人们的思想行为不可能超出这些界限。但是，在客观历史规定的界限内，人们的行动有几种可能存在，在这些可能的行动之中，人们的道德行为可以进行自由选择。总之，人的意志有相对自由，行为可以自由选择。

所谓金融职业道德行为的选择是指金融从业人员在自己的实际行动之前，预先作出的某种道德行为的决断，它是金融从业人员有目的的职业道德活动的一个重要方面。金融从业人员的行为一方面受客观环境制约，是不依金融从业人员主观意志为转移的；另一方面金融从业人员是有主观能动性的，金融从业人员的行为是有相对自由的。在任何一种历史条件下，金融职业生活中，总是同时有几种行为可供选择的。在今天的金融职业生活中，金融从业人员所走的道路，仍然是多种多样的，甚至是截然不同的。有的金融从业人员奉公守法，手过万金，两袖清风，常在河边站，就是不湿鞋；有的贪污受贿，弄权渎职，损公肥私；有的对腐败现象不敢坚持原则，睁一只眼，闭一只眼，保持所谓“洁身自好”。因此说，对于任何一个金融从业人员来说，无论干什么事，无论什么行为都是具有自觉意图的，他们的职业道德行为可以进行自由选择。个别金融从业人员那种金融职业道德行为不能自主选择的观点，无非是为自己不道德行为进行自我辩护的一种托词罢了。

2. 金融职业道德行为自由选择的条件。在明确金融职业道德行为的选择性之后，我们应明确金融职业道德行为选择的条件，否则金融职业道德行为选择是不可能的。

（1）金融职业道德行为选择的客观条件。马克思主义认为，人们的行为选择总是要受社会的客观条件和历史环境的制约。人总是生活在具体的历史环境中的，当历史环境提供了选择某种行为的客观可能性时，此种行为的选择才能发生。任何个人都不能超越自身所处的历史环境去进行选择，在不同的历史条件下，不同的社会生产方式决定了人们有着根本不同的道德观念。金融从业人员是生活在社会上的活生生的人，他们的职业道德行为选择受社会客观历史条件的制约。

首先要受社会主义政治制度、经济制度、法律制度的制约，还要受金融部门各种规章制度的制约以及金融系统整个生活环境、工作环境的制约。社会主义金融部门的性质决定了金融从业人员要有良好的职业道德行为，要选择对国家、对人民、对客户有利的职业道德行为，而不能也不应选择不道德的行为。

其次，金融从业人员选择的行为还要受社会风俗和传统习惯的影响。我国是一个有着灿烂历史的文明古国，我国金融工作者有很多优秀的职业传统和职业习惯，金融从业人员的道德行为选择就必须选择那些符合金融职业道德传统和习惯的金融职业道德行为，否则不可能得到金融从业人员的理解和赞成，也不会得到社会的理解。

最后，金融职业道德行为选择还要受家庭、人际关系以及一些偶然的因素的影响。例如亲属突然生了重病，急需用钱，而自己又无能为力时，利己主义行为就可能产生。

（2）金融职业道德行为选择的主观条件。在客观环境规定的几种可能的行为中，究竟选择哪一种，这就取决于个人的主观能力了。

金融工作是历史环境和社会经济发展的必然产物，金融从业人员的行为是受客观条件制约的，但金融从业人员又是客观环境的改造者和支配者。金融从业人员思想、感情意志是社会存在的反映，具有相对的独立性。客观环境只是提供金融从业人员行为的多种可能性，究竟采取何种行为，完全取决于金融从业人员个人的决定。在这种意义上来说，在客观环境的前提下，金融从业人员个人的主观努力就极端重要了。金融从业人员并不是在客观环境面前望“行为”兴叹，也并不是被动地、消极地接受客观环境的影响，而是在不断地认识客观规律，利用规律来改造社会，使客观环境发生变化。金融从业人员由于世界观、人生观不同，道德观念和道德情感不一样，因而在同一环境面前作出了完全不同甚至根本对立的职业道德选择，这也是经常发生的。当然，由于金融从业人员理论政策水平、知识水平和认识能力不同，在日常金融职业生活中也有一种好心办坏事的行为，使得金融从业人员在其职业行为选择中不可避免地具有一定的盲目性，难以预料自己行为的效果，这样就给金融从业人员的职业道德行为选择带来了困难。这就要求金融从业人员正确认识和把握金融事业发展的规律，按照客观规律去选择自己的行为，只有这样，自己选择的行为才能是自由的、有道德的。为此需要金融从业人员不拘泥于陈规陋习，不盲从，不怕困难，不怕压力，并将正确的选择付诸于实际行动，促进金融职业道德的进步和金融事业的健康发展。

二、金融职业道德行为选择中目的和手段的关系

目的与手段是金融职业道德行为选择的一个重要问题，正确认识和解决目的与手段的关系问题是正确进行金融职业道德行为选择的重要条件之一。

（一）金融从业人员职业行为选择中目的和手段的关系

金融从业人员的职业行为首先与其目的相互联系，目的是金融从业人员行为的直接前提，金融从业人员行为总是有自觉意图和预期目的的。所谓金融职业道德的目的是指在金融职业活动中，金融从业人员行为主体达到的行为结果。目的常常以意图、动机和理想的形式表现出来。所谓金融职业道德手段是指金融从业人员职业道德行为的方式和方法。

目的与手段是金融职业道德行为选择过程中的重要环节。金融从业人员在职业道德行为选择中，既要选择目的，又要选择手段，把二者统一起来。金融职业道德行为中的目的与手段是辩证统一的关系，不能把它们对立起来、割裂开来，目的的道德性质由它的内在原因——动机所决定，目的在行为全过程中具有指导意义。手段是为目的服务的，它受目的制约。手段又有反作用，不道德的手段难以实现道德目的。因此，手段不道德，

目的也不道德。孔子说过："视其所以，观其所由，察其所安。人焉廋哉!"（《论语·为政》）其意是考察一个人所结交的朋友，观察他为达到一定目的所采取的方式方法，要了解他的心情，安于什么，不安于什么，那么，这个人怎能隐藏得住呢？也就是说，知人要多方面观察，要看行为的目的动机，还要看行为的结果。

金融从业人员职业道德目的的形成，既有客观因素，又有主观因素，其客观因素是行为者的社会环境或行为对象，其主观因素即行为者的理性、情感和意志。这两者在一定方向和一定条件下的结合，就形成特定的目的。目的是行为的前提，因而在行为选择中，对金融职业道德目的的选择是首要的，但是，仅仅这样还不够，行为选择既要选择目的，也必须选择手段。

（二）在金融职业道德行为选择目的与手段的关系问题上，必须克服两种形而上学的片面观点

一种是目的决定论。认为只要目的正确，合乎道德，就不要考虑手段是否道德，也就是只要能达到目的，就可以不择手段。在金融职业生活中也有类似上述的错误思想观点，个别金融单位领导不能正确地处理国家、金融部门和个人的利益关系，不能正确地处理社会效益和经济效益的关系，一味强调金融部门的自我效益，更有甚者，他们不是鼓励金融从业人员增收节支，挖掘储源，而是乱浮利率、乱设网点、私拿回扣，利用职位岗位之便，套用挪用企业储户资金，吃拿卡要。诸如此类，在目的决定论者看来，只要能给其带来效益，只要能给职员带来实惠，手段是否正当是次要的。其实这是为个人不道德行为进行的辩护，也是不符合金融职业道德规范的。

另一种是手段决定论。认为目的是不重要的，重要的是手段，手段就是一切，手段可以支配目的，并且能改变目的。金融部门的根本任务是为我国现代化建设筹集资金、供应资金，为人民和客户提供优质服务，使社会主义现代化事业能够顺利发展下去。因而金融从业人员的一切手段都必须围绕着社会主义现代化事业这个总目标，现阶段就是围绕着全面建设小康社会这个目标。那种全面地为储蓄而储蓄，为增收而增收，为节流而节流，通俗地讲就是为赚钱而赚钱的职业行为是错误的。

因此，无论是金融职业道德目的决定论，还是金融职业道德手段决定论，都是违背马克思辩证唯物主义理论的，都是片面错误的。把金融职业道德的目的和手段绝对化，或者只注重手段而不看目的是否正确；或者只注重目的，而不管手段是否正确合理，把二者割裂开来，对立起来，就不可能使金融从业人员作出正确的职业道德行为选择。

在金融职业道德行为选择中，目的和手段相互依存，不存在没有目的的手段和没有手段的目的。一般说来，在两者的关系中，金融职业道德手段依赖于并从属于金融职业道德目的，有什么样的金融职业道德目的，就有达到目的的相应手段，金融职业道德手段是为金融职业道德目的服务的，金融从业人员要实现合乎金融职业道德的行为目的，应该采取合乎金融职业道德的行为手段。如果金融从业人员采取不道德的手段，不仅其目的难以实现，而且会改变行为的道德性质。

在一定条件下，金融职业道德目的与手段是可以互相转化的。在一种情况下表现为目的，而在另一种情况下则会变成手段。反之，金融职业手段在一定条件下也可以变成目的。金融职业道德目的和手段的这种辩证统一，要求金融从业人员在职业道德行为的选择中，既要严肃认真地选择金融职业道德目的，又要严肃认真地选择相应的手段，从而做一个受人民和客户爱戴的有良好职业道德素质的新人，金融职业道德研究中的手段和目的既是统一的，又是辩证的。手段中包含着目的的实现，目的中也包含着手段。只有把二者辩证地统一起来，才能更好地发挥作用。

案例

姜世珍事迹材料

万州商业银行营业部主任姜世珍是2006年全国“五一”劳动奖章的获得者，同时，她也是万州区和重庆市金融界全国“五一”劳动奖章的唯一获得者。

姜世珍1976年参加工作，一直在金融系统工作了30年，从农村信用合作社到市信用联社营业部、再到万州商业银行，每到一处，她都积极做好每一件小事，成为万州金融系统的标杆和旗帜。万美铝业公司曾经因为急需流动资金采购铝锭等原材料，当时该企业在万州商业银行的贷款授信额度只有300万元，而企业必须要有600万元的贷款额度才能满足经营规模扩大后的正常生产资金需要。当信贷人员把这一情况汇报给姜世珍后，她立即组织相关人员与企业联系，加班加点完善相关材料，采取特事特办的方法，逐级上报审批、跟踪服务，只用了短短两天时间就办妥了增加300万元授信额度和开出300万元的银行承兑汇票手续，比常规提前了10多天时间，保证了企业的正常生产，促进了企业的发展。

“帮扶中小企业，服务优良客户，支持地方经济发展，是地方银行的职责所在。”姜世珍主动与地方有关部门联系，选择符合产业政策，有利于促进地方经济产业发展的优质项目予以重点支持；她曾多次不顾自己羸弱的身体深入到喧嚣的车间和尘土飞扬的工地，亲自参与信贷调查和项目评估；她曾连续三昼夜坐汽车、火车奔波在周边地区，积极帮助企业寻找市场，开拓产品销路，使一些濒临倒闭的企业起死回生，为一些经营状况一般的企业得到迅速发展而出力；当她得知一外来企业出现经营困难资金短缺后，曾亲自与企业一起找原因，跑市场，解决资金困难，同企业共渡难关。

姜世珍在到营业部工作后的短短3年内，就向万州区的重点企业和优良项目累计发放贷款4.2亿元，支持了300多户中小企业和个体私营企业的发展，这些企业在近一年的时间里，累计实现产值9.6亿元，实现利税1.4亿元，有的已经发展成为当地的重点骨干企业和创利创税大户。

另外，万州由于各种原因造成下岗失业人员多，为了帮助他们实现就业再就业，姜世珍带领银行员工积极支持下岗工人再就业。原东凌机械厂的下岗工人潘东想发展养殖业，苦于资金限制一直无法如愿，万州商业银行营业部获悉后，立即与他联系。从2003年起，先后为其发放小额贷款4.5万元，支持潘东创业，现在潘东的养殖规模已达到肉鸽1万只，年出栏肉鸽近10万只。姜世珍经常带领信贷人员到所扶持的下岗职工家中进行指导，促进他们顺利发展生产。据统计，万州商业银行营业部先后为700多户下岗职工提供资金扶持800多万元，促进了就业再就业工作，推动了地方经济的发展，为万州的平安稳定作出了努力。

进入万州商业银行以后的8年时间，她先后负责的白岩路支行、总部营业部都创造了辉煌的业绩，把两个单位先后发展成为万州金融界、重庆金融业的知名品牌。8年内她所在单位累计为万州商业银行实现利润7500万元，存款增长6.5亿元。8年里她累计营销个人客户2300多户，单位客户170多家，累计组织存款4.2亿元，支持300多户中小企业和私营企业的发展。

正是有了这些日常成绩的积累，积小善为大善、志远善取近善，才取得了如此大的成就。姜世珍于2004年3月被全国妇联授予全国城镇妇女“巾帼建功”标兵，2005年12月被授予重庆市职业道德建设“十佳”标兵，2006年被重庆市总工会评为第三届职业道德建设先进个人，2000年4月被授予重庆市劳动模范，2002年3月被万州区妇联评为“巾帼建功”先进个人，她连续8年被万州商业银行评为先进个人，所在单位连续8年被评为先进集体。

资料来源：三峡传媒网，2006－05－12.

三、金融职业道德行为选择中自由和必然的关系

自由和必然是哲学和伦理学的重要范畴。当然也是金融职业道德的重要范畴。那么，什么是自由？什么是必然？它们之间是一种什么样的关系，需要我们作出科学的解释。

在金融职业道德行为选择中，金融从业人员既要受客观必然性的制约，又要有主观意志支配的自由，自由中有着必然性的制约，必然中有着自由意志的选择。固然金融从业人员不能任意选择历史条件，但这绝不意味着金融从业人员只能一味消极地应付这种历史条件。历史条件是给人的活动划了一定的界限，但在这个界限内，金融从业人员都可以在多种可能性中相对自由地进行选择。这种自由和必然的辩证关系，是解决金融职业道德行为选择中的主观能动性同客观可能性相互关系的基础。所谓必然，是指在自然界和人类社会中不以个人意志为转移而独立存在的客观规律。所谓自由，是指对这种客观规律的认识及选择行为的主观能力。当金融从业人员没有认识客观必然性时，只能受客观必然性的支配，没有什么自由可言；而当金融从业人员认识了必然性，并在金融职业实践中运用必然性为自己服务时，金融从业人员就成为客观世界的主人，也就获得了自由。金融从业人员只有正确地把握必然与自由的辩证关系，才能作出正确的金融职业道德行为选择。

1. 在金融职业道德行为选择中，金融从业人员的意志和活动都要受到社会客观规律的制约。

首先，任何金融从业人员都不能随心所欲地选择自己职业活动的社会条件，而只能在特定的社会条件下从事职业活动。如果超出了社会条件的许可，就必然受到社会规律的严厉惩罚。比如在金融职业内部，由于社会

分工的存在，金融从业人员总是承担着一定的工作。而每一种工作都是开展正常的金融业务活动所需要的，都是与人民、客户利益息息相关的工作。当然由于各地社会政治经济发展的不平衡，金融从业人员职业内部收益也是不平衡的。如果金融从业人员挑肥拣瘦，互相攀比，那么就会造成金融经济秩序混乱，影响金融事业的发展。

其次，金融从业人员个人行为的动机和内容是社会需要决定的。金融部门根据其职员的兴趣、爱好、特点、特长为其分配一个适合金融从业人员最大限度地发挥作用的工作，这是我国金融部门的优势所在，也是金融领导干部应该做的。然而，金融从业人员也必须根据金融事业发展的需要来不断地调整自己，使之更好地适应社会的需要。如果金融从业人员个人行为的动机和内容不是考虑社会的需要，一心只是从自己的个人利益出发，甚至为了达到个人的目的而不择手段，那么其结果是自己的目的不仅不可能实现，而且还要受到金融职业道德的谴责，也为党纪国法所不容。

最后，金融从业人员的职业行为和活动范围要适应一定社会的生产关系的发展。金融从业人员既是自然的人，又是社会的人，作为自然的人，普天下的人都是相同的，而作为社会的人，由于所处的社会制度不同，所受的教育不同，因而每个人的政治信仰、道德理想也是不同的。社会主义社会生产关系的建立，为金融从业人员最大限度地发挥自己的聪明才智提供了可能。然而，如果金融从业人员违反了社会主义社会生产关系的要求，坑害集体，损害金融部门利益和客户的利益，这样的道德行为就是极端错误的，必须予以坚决的制止。

2. 金融从业人员能够认识这种客观必然性，而且能够自觉地驾驭它们，获得行为上的自由。

恩格斯说："自由是对必然的认识。……自由不在于幻想中摆脱自然规律而独立，而在于认识这些规律，从而能够有计划地使自然规律为一定的目的服务。"[①] 金融从业人员对历史必然性的认识愈深刻、愈全面，其个人意志在金融职业道德选择和金融职业道德活动中就愈显得自由。如果金融从业人员不能认识客观必然性的要求，只能是到处碰壁，行为会处处受到限制，从而得不到自由。只有当金融从业人员认识到自己对社会、对人

---

① 恩格斯. 反杜林论［M］//马克思恩格斯选集：第三卷. 北京：人民出版社，1995：455.

民应尽的义务时，这样的行为才是自由的，是社会历史发展所需要的。因此从这个意义上来说，金融职业道德并没有限制金融从业人员的行为自由，相反为金融从业人员的行为自由提供最大限度的可能。

3. 金融从业人员的职业行为在受到客观必然性制约的同时，其主观能动性起着很大的作用。

金融从业人员尊重客观必然性无疑是对的，然而尊重客观必然性并不意味着金融从业人员在客观必然性面前无能为力。金融从业人员应该认识它，并运用它为之服务。那种在客观必然性面前缩手缩脚、长吁短叹、怨天尤人的悲观思想是错误的。而金融从业人员只有面对现实，认清形势，最大限度地发挥自己的主观能动性，任何艰难险阻都是能够克服的。金融从业人员活着就得有点精神，有点志气，有点不服输的勇气。

正确认识必然与自由的关系，对于金融从业人员自觉地树立社会责任感和道德责任感有着极为重要的意义。每一个金融从业人员都应当正确认识现实社会条件及其历史发展趋势，把自己融入社会主义金融事业之中，充分发挥自己的主观能动性，找到其人生的最大乐趣和归宿。

本章小结

金融职业道德评价与行为选择是金融职业道德教育过程中的重要环节，它既是对金融职业道德教育效果的检验，也是一种行之有效的教育方式。金融职业道德评价是维护金融职业道德原则与规范的保障，对金融从业人员的社会行为具有调节作用，影响金融从业人员个人职业道德品质的形成。动机和效果的辩证统一是金融职业道德评价的依据。社会舆论、传统习惯和内心信念，是金融职业道德评价的主要方式。

在金融职业道德行为选择中，金融从业人员既要受客观必然性的制约，又要有主观意志支配的自由，自由中有着必然性的制约，必然中有着自由意志的选择。

正确地理解和把握金融职业道德评价与行为选择，对于培养金融从业人员高尚的职业道德品质，树立良好的职业道德风尚，实现金融从业人员的人生价值目标和职业道德理想具有重要的意义。

思　考　题

1. 什么是金融职业道德评价？其作用是什么？
2. 如何把握金融职业道德评价中动机与效果的辩证统一？
3. 金融职业道德行为选择中目的和手段的关系是什么？

主要参考文献

[1] 龚宏富. 财经职业道德 [M]. 杭州：浙江大学出版社，2004.
[2] 李天怀，王平川. 金融职业道德概论 [M]. 北京：中国物价出版社，2003.

后　记

金融工作在国民经济和社会发展中发挥着越来越重要的作用，已成为现代经济的核心；同时，金融行业也是与广大人民群众生活息息相关的重要窗口行业。金融从业人员树立有利于金融改革发展和为社会提供优良金融服务的职业道德观念尤为重要。

教高〔2006〕16号文件指出，高等职业院校要坚持育人为本，德育为先，把立德树人作为根本任务。财经类高职院校在培养银行、保险、证券、投资、会计等高等应用型人才的过程中，必须有效加强金融职业道德教育，加强学生的诚信品质、敬业精神和责任意识、遵纪守法意识的培养。《金融职业道德概论》紧密结合财经类高职院校培养金融行业高素质技能型应用人才的目标，坚持符合高职学生特点、突出高等职业教育特色这一基本思路进行编写，重在培养学生的金融职业道德节操和修养，增强高职学生金融职业道德行为选择能力与实践能力。本教材主要有以下三个特点：

第一，在教材内容的选取方面，注重了金融职业道德理论知识的基础性和实用性，采用了金融行业的最新道德规范和具体准则要求；

第二，在教材内容的组织方面，始终坚持以案例贯通各章节内容，所用案例真实、恰当、新鲜；

第三，注重教材内容的实践性，紧密结合行业领域的实用性问题和学生能够身体力行的实践性问题，引导学生应用所学知识解决实际问题，使学生有充分的机会将基础知识与职业实践结合起来，增强其职业适应能力。

本教材把金融职业道德作为主题，从金融伦理和职业道德的内在联系入手，阐述金融职业道德的内涵、特征、基本原则和研究意义；从介绍一般意义上的职业道德及其基本规范到具体介绍银行、证券、保险金融领域三大行业的相关职业道德基本规范和行业具体准则；在此基础上阐释金融部门人际道德、金融职业意识与职业责任、金融职业道德节操与修养，最后以金融职业道德评价与行为选择为教材落脚点。教材结构体系由一般到特殊再到一般，内容逐层递进，每一章节形成独立板块结构。

本教材由浙江金融职业学院副院长王琦副教授主持编写。参加编写工作的同志有：浙江金融职业学院邹宏秋（第一章）、谢晓青（第二章）、王国雨（第三、四章）、王瑛（第五、六章）、杨天运（第九章），番禺职业技术学院王强（第七章），福建金融职业技术学院刘双（第八章）。全书由王琦、邹宏秋统稿和修改，唐霞参加了修改。

作 者

2008 年 7 月